विश्व के 20 महान् समाज सुधारक

विश्व के 20 महान् समाज सुधारक

गोपी कृष्ण कुँवर

प्रभात प्रकाशन

प्रकाशक

प्रभात प्रकाशन प्रा. लि.

4/19 आसफ अली रोड, नई दिल्ली-110002

फोन : 011-23289777 • हेल्पलाइन नं. : 7827007777

इ-मेल : prabhatbooks@gmail.com ❖ वेब ठिकाना : www.prabhatbooks.com

संस्करण

2026

पेपरबैक मूल्य

तीन सौ पचास रुपए

मुद्रक

श्री साई प्रिंटर्स, साहिबाबाद

★

VISHWA KE 20 MAHAN SAMAJ SUDHARAK

by Shri Gopi Krishna Kunwar

Published by **PRABHAT PRAKASHAN PVT. LTD.**

4/19 Asaf Ali Road, New Delhi-110002

ISBN 978-93-5266-796-3

₹350.00 (PB)

अपनी प्रेरणास्रोत व मार्गदर्शक
पूज्य माताजी
स्व. श्रीमती शकुंतला देवी की
पावन स्मृति को समर्पित।

लेखकीय

समाज निरंतर परिवर्तनशील रहता है। इससे कोई अंतर नहीं पड़ता कि बाहर से कोई समुदाय या देश कितना स्थिर दिखता है, इसके भीतर कुछ निश्चित बल इसे हमेशा एक या दूसरी दिशा में धकेलते हैं, कभी-कभी एक ही समय में कई विभिन्न दिशाओं में और परिवर्तनों के इन अंतर्निहित बलों के कारण, विचार, सोचने का तरीका और सामाजिक समूहों में जीने का एक निश्चित अंदाज समाप्त हो जाता है और दूसरा उसका स्थान ले लेता है। सामाजिक सुधार उन परिवर्तनों का उल्लेख करते हैं, जो उन समूहों की स्थिति को सुधारने के लिए लाए जाते हैं, जो मुख्यधाराओं की कुछ संस्थाओं, जैसे पितृतंत्र, तानाशाही या धर्म द्वारा दमित हैं। यह पुस्तक आधुनिक समाज के महानतम समाज सुधारकों में से बीस के बारे में बताती है।

आधुनिक समाज सुधार आंदोलनों का इतिहास अट्ठारवीं शताब्दी से खोजा जा सकता है, जब समाज के सभी वर्गों के लिए समानता और न्याय के विचारों ने पहली बार अपनी जड़ें जमानी प्रारंभ की थीं। प्राचीन और मध्य युगों में सामाजिक वर्गीकरण को जीवनपद्धति के रूप में स्वीकार किया गया था। हालाँकि यूरोप में सोलहवीं और सत्रहवीं शताब्दियाँ मानवतावादी युग मानी जाती हैं, जब विश्व में धर्मशास्त्र संबंधी दृष्टिकोण का स्थान धर्मनिरपेक्ष दृष्टिकोण ने ले लिया और उदारवादी मूल्यों का प्रसार करने का मार्ग तैयार किया गया।

1789 की फ्रांस की क्रांति को इतिहास का पहला सुस्पष्ट क्षण कहा जा सकता है, जिसे आधुनिक सामाजिक सुधार आंदोलन अपने प्रारंभ के रूप में देख सकते हैं। फ्रांस की क्रांति ने सभी लोगों के लिए स्वतंत्रता, समानता और बंधुत्व के आदर्शों का अनुमोदन किया और ऐसा प्रतीत हुआ कि इसमें विश्व के विभिन्न भागों के दमित वर्गों के लोगों की आकांक्षाओं का उत्तर था।

यद्यपि फ्रांस की क्रांति ने संभवतः बाद में होनेवाले सामाजिक सुधार आंदोलनों को प्रेरणा उपलब्ध कराई हो, लेकिन इसकी पद्धतियाँ उनके लक्ष्यों के लिए काम नहीं आईं। समाज सुधार और क्रांतिकारी आंदोलन दोनों का उद्देश्य समाज में परिवर्तन लाना था, लेकिन माध्यम और गति पूर्णरूप से अलग है। समाज सुधार धीमे परिवर्तनों या सुधारों का समर्थन करते हैं, जबकि क्रांति में, जिन परिवर्तनों को लाने का प्रयास किया जाता है या लाए जाते हैं, वे व्यपक और तीव्र होते हैं, अक्सर हिंसक और एक समूह के द्वारा दूसरे पर थोपे जाते हैं।

आधुनिक इतिहास में कई विचारक, दार्शनिक, प्रशासक, राजनीतिक और धार्मिक नेता हुए हैं, जिन्होंने अपने समाज में दमित वर्गों की स्थिति को सुधारने के लिए संघर्ष किया है, लेकिन इस पुस्तक के उद्देश्य के लिए, केवल उन व्यक्तित्वों को सम्मिलित किया गया है, जो प्राथमिक रूप से धार्मिक या राजनीतिक नेता के बजाय समाज सुधारक थे। ऐसे व्यक्तित्व, जिनके समाज सुधार प्राथमिक रूप से धार्मिक सुधार का भाग थे, जैसे भारत के स्वामी दयानंद सरस्वती, या राजनीतिक सुधार, जैसे दक्षिण अफ्रीका के नेल्सन मंडेला, संभवतः किसी और पुस्तक में अधिक प्रसांगिक होंगे।

इस पुस्तक को उन व्यक्तित्वों पर केंद्रित रखा गया है, जिन्होंने समाज की यथास्थिति में परिवर्तन लाने के प्रयास किए और सबसे महत्त्वपूर्ण है कि जिनके प्रयासों के कारण नए कानून बने या प्रचलित कानूनों में संशोधन हुए। यही कारण है कि मदर टेरेसा जैसे व्यक्तित्व सीधे तौर पर इस पुस्तक के क्षेत्र में नहीं आते हैं, जिनके कार्य मुख्यतः मानवतावादी थे।

पिछली दो शताब्दियों में परिवर्तन के लिए हुए आंदोलन दो विस्तृत समस्याओं से संघर्ष करते हुए प्रतीत हुए। एक था महिलाओं का उद्धार, जो लंबे समय से पितृतंत्र के सहनेवाले छोर पर थीं। इसलिए चाहे वह विधवा की बलि देने को समाप्त करने के विरुद्ध लड़ाई हो, उन्नीसवीं सदी के भारत में महिला शिक्षा को बढ़ावा देना, उन्नीसवीं सदी में संयुक्त राज्य अमेरिका में महिलाओं को मताधिकार देने का संघर्ष हो, या वर्तमान समय में स्त्री जननांग अंगच्छेदन के विरुद्ध अभियान हो, महिलाओं के मुद्दे सामाजिक सुधारों का मुख्य केंद्र रहे।

दूसरा क्षेत्र, जिसे विश्वभर के समाज सुधारकों ने संबोधित किया, वह समाज में वंचित वर्गों की स्थिति है। यह भारत में जाति-विभेद के पीड़ितों से अमेरिका में नस्लभेद या ग्वाटेमाला में स्थानीय भारतीयों का जातीय शोषण है। नेता और सामाजिक कार्यकर्ता इन वर्गों के लिए लगातार अधिक बड़े सामाजिक, राजनीतिक

और आर्थिक अधिकारों और दमन के सभी रूपों के अंत की माँग कर रहे थे।

जिन सामाजिक सुधारकों पर इस पुस्तक में चर्चा की गई है, उनमें उन्नीसवीं सदी के मध्य के विचारक और साहसिक व्यक्तित्व जैसे राजा राममोहन राय, विद्यासागर, एलिजाबेथ कैडी स्टैनटोन और फ्लोरेंस नाइटिंगेल से लेकर अगली सदी के सामाजिक प्रचारक जैसे रॉबर्ट ओवन और फ्लोरेंस केली सम्मिलित हैं। बीसवीं सदी के दूसरे भाग ने कुछ सबसे प्रख्यात और परिवर्तन के सबसे साहसी मसीहाओं को देखा, जैसे भीमराव अंबेडकर, मार्टिन लूथर किंग, रिगोबर्टा मेंचु और वैंगारी मथाई। उन तेजस्वी व्यक्तित्वों में से जो इक्कीसवीं सदी के प्रारंभ में सुधारों की मशाल को आगे ले जा रहे हैं, उनमें सामाजिक, राजनीतिक और पर्यावरणीय सक्रियतावादी जैसे शिरीन इबादी, मोहम्मद यूनुस और अयान अली हिर्सी प्रमुख हैं। हालाँकि इन व्यक्तित्वों में से कुछ विवादों में भी घिरे, लेकिन जो कार्य इन्होंने लोगों के आधारभूत अधिकारों की सुरक्षा करने और उन्हें बढ़ाने, विशेषकर महिलाओं, बच्चों और दूसरे वंचित समूहों के लिए किए, विश्व को अधिक बेहतर और सुखद बनाने के प्रयास किए हैं, उन्हें अनदेखा नहीं किया जा सकता।

अनुक्रम

लेखकीय *7*

1. राजा राम मोहन राय 13
2. रॉबर्ट ओवन 24
3. ईश्वर चंद्र विद्यासागर 33
4. फ्लोरेंस नाइटिंगेल 41
5. एलिजाबेथ कैडी स्टैनटोन 49
6. जैन एडम्स 57
7. फ्लोरेंस केली 65
8. मारगैरेट सैंगर 72
9. डॉ. भीमराव अंबेडकर 81
10. लेविस हाइन 91
11. बाबा आमटे 98
12. व्हिटनी एम यंग जूनियर 106
13. मार्टिन लूथर किंग 113
14. मैरियन राइट इडेलमैन 123
15. एडोल्फो पेरेज एसक्विवेल 130
16. मोहम्मद यूनुस 137

17. रिगोबर्टा मेंचु 145
18. वैंगारी मथाई 154
19. शिरीन ईबादी 162
20. अयान हिर्सी अली 169

राजा राम मोहन राय

राजा राम मोहन राय उन्नीसवीं सदी में भारतीय सामाजिक सुधार आंदोलन के अगुआ थे। उस समय के उच्च जाति के हिंदुओं में सती जैसी घृणित प्रथा के विरुद्ध उनके अथक संघर्ष ने ब्रिटिश सरकार को विवश किया कि वह जागे, अपने सामाजिक उत्तरदायित्व को पहचाने और इस प्रथा पर प्रतिबंध लगाने के लिए विधान पारित करे। राय दूसरे सामाजिक सुधारों जैसे विधवा पुनर्विवाह और महिला शिक्षा के लिए भी उतने ही प्रतिबद्ध थे। इसके साथ ही समकालीन हिंदू समाज में दमनकारी प्रथाओं के उन्मूलन के लिए भी उन्होंने संघर्ष किया, जिसने एक नए धर्म, ब्रह्मो के उद्भव का मार्ग प्रशस्त किया। इस सबने उन्हें न केवल बंगाल के पुनर्जागरण काल का, बल्कि संपूर्ण रूप में स्वतंत्रता पूर्व के भारतीय सुधार आंदोलन का भी अग्रणी व्यक्तित्व बना दिया।

प्रारंभिक जीवन

राजा राम मोहन राय का जन्म 22 मई, 1772 को ब्रिटिश शासित भारत के पूर्वी भाग के एक प्रांत बंगाल के राधानगर में उच्च जाति के एक संपन्न हिंदू जमींदार परिवार में हुआ था।

उनके पिता रमा कांत रॉय हिंदुत्व के वैष्णव पंथ के अनुयायी थे और उनकी माता तारिणी देवी शैव पंत का अनुसरण करती थीं। इस प्रकार से अपने प्रारंभिक दिनों से ही, राममोहन हिंदुत्व के बहुसंख्यक पंथों और उनके द्वारा उत्पन्न की गई जटिलताओं के प्रति जागरूक हो गए थे। उनके दादा मुगल सरकार की सेवा में थे, लेकिन शाही नियोक्ताओं से नाराज होने के पश्चात्, उन्होंने मुर्शिदाबाद का अपना घर छोड़ दिया और बर्दवान में आकर बस गए, जहाँ उनके पुत्र राम मोहन के पिता ने कुछ भू-संपत्तियाँ खरीद लीं।

राम मोहन की प्रारंभिक शिक्षा के बारे में अधिक जानकारी नहीं है, लेकिन ऐसा लगता है कि बचपन से उनका रुझान विभिन्न भाषाएँ सीखने की ओर था। उनके पिता के द्वारा उनके इस रुझान को और प्रोत्साहित किया गया, हालाँकि वह कट्टर ब्राह्मण और संस्कृत के विद्वान् थे, लेकिन उन्होंने इस बात पर बल दिया कि उनका पुत्र दूसरी उत्कृष्ट भाषाओं में दक्षता प्राप्त कर ले। इसलिए राम मोहन को फारसी भाषा भी सिखाई गई, जो मुगल शासन के अंतर्गत न्यायलयों और दूसरे विधिक मामलों में उपयोग की जाती थी। राम मोहन के पिता का विश्वास था कि शासकों की भाषा सीखना उनके पुत्र को आसानी से नौकरशाही में अच्छा पद पाने में सहायता करेगा। इस कारण से, फारसी भाषा का आधारभूत ज्ञान प्राप्त करने के पश्चात्, रॉय को अरबी सीखने के लिए पटना भेज दिया गया, जहाँ उनके शिक्षकों ने उन्हें अरस्तु और युक्लिड की उत्कृष्ट पुस्तकों के अरबी में अनुवाद का अध्ययन करवाया।

हालाँकि राम मोहन की शिक्षा तब तक पूरी नहीं हुई ,जब तक कि वे बनारस नहीं आए, पवित्र नदी गंगा के किनारे बसा प्राचीन भारतीय शहर, जो लंबे समय से संस्कृत सीखने और हिंदू धर्मशास्त्र के केंद्र के रूप में प्रसिद्ध था। यहाँ राम मोहन का परिचय संस्कृत और हिंदू धर्मग्रंथों की गूढ़ताओं से हुआ, जिसमें वेद और उपनिषद भी सम्मिलित थे। उन्हें अपने पिता के मार्गदर्शन में संस्कृत और हिंदू धर्मशास्त्रों का आधारभूत ज्ञान पहले ही प्राप्त हो चुका था, जो हिंदू ब्राह्मणों के सिद्धांतों और प्रथाओं के कट्टर अनुयायी थे, लेकिन विभिन्न स्थानों, संस्कृतियों और भाषाओं के बारे में विस्तृत ज्ञान प्राप्त करने की प्रक्रिया में राम मोहन को अपने विरासत में मिले धर्म के बारे में संदेह विकसित होने लगे। अत्यधिक संख्या में देवी-देवताओं की उपस्थिति उन्हें परेशान कर देती, हिंदुत्व के कुछ पंथ ब्रह्मांड के संरक्षक विष्णु को महान् बताते थे, जबकि दूसरे विनाशक, शिव की आराधना करते थे। इस त्रिमूर्ति को ब्रह्मांड के सृजक, ब्रह्मा पूर्ण करते थे। फारसी और अरबी ग्रंथों के अध्ययन के पश्चात् राम मोहन ने पाया कि वह इसलाम की सादगी और एकेश्वरवाद की ओर आकृष्ट हैं।

युवा होते रॉय कई बार घर छोड़ने और हिमालय के परे यात्रा करने की आवश्यकता अनुभव करते। वे तिब्बत पहुँच गए, जहाँ उन्हें एक पूर्णतया अलग बौद्ध धर्म के तौर-तरीके सीखने की इच्छा हुई। हालाँकि यहाँ भी उनका तर्कशील मस्तिष्क संतुष्ट नहीं हुआ और वे अक्सर अपने इन संदेहों के साथ कि कैसे कोई जीवित व्यक्ति पवित्र लांबा संसार का सृजक और संरक्षक दोनों हो सकता है, बौद्ध शिक्षकों के क्रोध को भड़का देते।

रॉय तिब्बत में लगभग दो-तीन वर्ष रहे। इसके पश्चात् वे घर वापस आ गए और स्वयं को संस्कृत और दूसरी उत्कृष्ट भाषाओं के और अधिक गहन अध्ययन के लिए समर्पित कर दिया। उन्होंने इस विस्तृत धर्म के विभिन्न पंथों और उप-पंथों से स्वयं को परिचित कराने के लिए, प्राचीन पुस्तकों और हिंदू धर्मग्रंथों का गहराई से अध्ययन किया। आर्थिक रूप से देखें तो इस समय के आस-पास रॉय रुपए उधार देकर, ईस्ट इंडिया कंपनी के बांड्स के क्रय-विक्रय करके और अपने परिवार की कई छोटी भू-संपत्तियों का प्रबंध करके जिनके वे स्वामी थे, अपने परिवार की सहायता करने के कार्य में लगे थे।

अभी तक, रॉय व्यावहारिक रूप से अंगरेजी भाषा से अनजान थे। वे तो जब बाईस वर्ष के हुए, तब उनका इस औपनिवेशिक भाषा से सामना हुआ। फारसी और अरबी भाषा की जानकारी होने ने 1805 में रॉय की ईस्ट इंडिया कंपनी में दीवान का पद पाने में बहुत सहायता की। अपने कार्य के दौरान, रॉय कंपनी के एक अधिकारी जॉन डिग्बी के संपर्क में आए, जिसने उनका अंगरेजी भाषा के साथ ही ब्रिटिश संस्कृति से परिचय कराया। रॉय और डिग्बी का साथ लगातार दस वर्षों तक रहा, जिस दौरान वे ईस्ट इंडिया कंपनी के साथ नौकरी करते और छोड़ते रहे।

धार्मिक सुधार

उन वर्षों के दौरान जब वे भाषा और धर्मग्रंथों के विद्यार्थी के रूप में यात्राएँ करते रहे, उनका परिचय दूसरे धर्मों, जैसे इसलाम के साथ-साथ प्राचीन ग्रीक और रोमन के उत्कृष्ट दर्शनों से हुआ। जितने अनगिनत धार्मिक कृत्य और अंधविश्वास हिंदुत्व की दैनिक प्रथा का भाग बनते गए, उतनी ही उन्हें इससे और अधिक खीझ होने लगी। 1803 में रॉय ने कई धार्मिक पंथों और उप-पंथों पर प्रहार करते हुए एक धार्मिक पुस्तिका लिखी, जिनमें समकालीन हिंदुत्व विभाजित था। इसके साथ-साथ अंधविश्वास और धार्मिक कृत्य, जिनका अनुसरण हिंदुओं द्वारा आँख मूँदकर किया जाता है, उन पर भी प्रहार किया।

हिंदुत्व की इस प्रथा का विरोध करते हुए रॉय ने हिंदुत्व के अधिक सरल और अद्वैतवादी संस्करण पर बल दिया, जो केवल परम सृजनकर्ता, जो सभी धर्मों का पहला सिद्धांत है, के सामने शीश झुकाता है और जो आँख मूँदकर निभाई जानेवाली प्रथाओं या बिना प्रश्न किए अनुपालन के बजाय कारण को सभी धार्मिक प्रथाओं का आधार बनाता था। रॉय ने हिंदुत्व की जड़ों तक पहुँचने का प्रयास किया,

उन्होंने अपनी व्याख्या का दार्शनिक आधार खोजने के लिए हिंदुत्व के सबसे प्राचीन धर्मग्रंथों वेदों और उपनिषदों का अध्ययन किया, कि क्या ये वास्तविक हिंदुत्व का निर्माण करते हैं। वेदों और उपनिषदों की शिक्षा की सहायता से रॉय ने सभी असंगत प्रथाओं से छुटकारा पाने की आशा की, जिन्होंने हिंदुत्व में अपनी जड़े जमा ली थीं और उनके विचार में जो इसे भ्रष्ट कर रही थीं। अपने सभी धार्मिक निबंधों में, रॉय ने एक सर्वोच्च भगवान् की धारणा को माना, जिसे मानवों के द्वारा पूर्णरूप से नहीं जाना जा सकता है और जो संपूर्ण ब्रह्मांड को सहारा देता है।

रॉय के धार्मिक सुधारों के प्रयासों के सबसे महत्त्वपूर्ण परिणामों में से एक था—राष्ट्रीय दर्शन और साहित्य की समृद्धि। हिंदुत्व के संशोधित संस्करण को सामान्य लोगों तक ले जाने के उद्‌देश्य के साथ रॉय ने प्राचीन वैदिक ग्रंथों और संस्कृत उपनिषदों का आधुनिक बंगाली में अनुवाद करना प्रारंभ किया। उस समय का यह एक क्रांतिकारी कदम था, चूँकि तब संस्कृत किसी भी धर्मग्रंथ को लिखने या उन पर कोई व्याख्या और निबंध लिखने की एकमात्र भाषा थी। केवल संस्कृत भाषा के प्रयोग का परिणाम जाति-व्यवस्था को बनाए रखना था, जिसमें केवल समाज का एक निश्चित वर्ग ही धर्मग्रंथों को पढ़, समझ या पढ़ा सकता था। इसका अर्थ था कि ब्राह्मण ही न केवल सभी ज्ञान के कोष माने जाते थे, बल्कि वे अपने प्रभाव से दूसरों तक ज्ञान को पहुँचने नहीं देते थे और समाज के बड़े भाग को हिंदुत्व के मौलिक अर्थ और शिक्षाओं के बारे में अज्ञानता में रखते थे। रॉय ने धार्मिक ज्ञान के दूसरों तक प्रसारण में बचाव के मार्गों की ठीक पहचान की; इस प्रकार से प्राचीन वेदों और उपनिषदों के बँगला भाषा में अनुवाद के साथ, उन्होंने लोगों का मार्ग प्रशस्त किया कि उनका हिंदुत्व के शुद्धतम रूप से परिचय हो। उनके कार्यों में *वेदांता* (1815), *इशोपनिषद* (1816), *कथोपनिषद्* (1817), *मूंडुक उपनिषद्* (1819), *मिरात-उल-अकबर* फारसी पत्रिका सम्मिलित थी। यद्यपि बंगाल के संस्कृत विद्वानों ने उन पर आक्रमण किए, लेकिन रॉय के अनुवादों के प्रयास की अंतरराष्ट्रीय स्तर पर काफी सराहना हुई और 1824 में उन्हें फ्रांस की सोसायटी एशियाटिके की मानद सदस्यता प्रदान की गई। अंततः रॉय को समझ में आया कि उनके धार्मिक सुधार के कार्यक्रमों के लिए वापस जड़ों तक पहुँचने का उनका जो दृष्टिकोण है, वह अत्यधिक कठिन साबित होगा। इसके स्थान पर उन्होंने हिंदुत्व में नए प्रगतिशील विचारों को समाहित करने के मार्ग खोजने प्रारंभ किए। इस दिशा में सबसे पहला प्रयास था 1815 में आत्मीय सभा की स्थापना, जिसने उनके अद्वैतवादी हिंदुत्व का प्रचार किया और धार्मिक अवधारणाओं, जैसे मूर्ति पूजा के

साथ-साथ सामाजिक प्रथाएँ जैसे बाल विवाह और सती प्रथा का विरोध किया। इस संस्था के सदस्य सप्ताह में एक बार धर्मशास्त्र से संबंधित विषयों पर वाद-विवाद के साथ ही उपनिषदों के अनुवाद पर चर्चा करने के लिए मिलते थे। लोगों के मध्य धर्म पर प्रगतिशील विचारों का प्रसार करने का उत्तरदायित्व भी उन्होंने अपने उपर ले लिया। उस समय जो समृद्ध और प्रभावशाली लोग उनके साथ आ गए, उनमें जोरासांको के राजकुमार द्वारकानाथ टैगोर, पथुरियाघाट के प्रसन्ना कुमार टैगोर, ताकी के काली नाथ और बैकुंठनाथ मुंशी, भुकैलाश के राजा काली शंकर घोषाल और बंगाली समाज के दूसरे आधुनिक सोचवाले प्रख्यात लोग थे। आत्मीय सभा ही वह स्थान था, जहाँ रॉय और सुब्रह्मण्या शास्त्री के बीच 1819 में मूर्तिपूजा के विषय पर वाद-विवाद हुआ, जिसमें अपनी विशुद्ध बौद्धिक, तार्किक और दार्शनिक स्पष्टता के द्वारा वह विजयी बनकर उभरे। यद्यपि यह संस्था केवल कुछ समय के लिए ही अस्तित्व में रही, इसने अपने से अधिक व्यवस्थित और शक्तिशाली धार्मिक संस्था, ब्रह्म समाज की स्थापना का मार्ग प्रशस्त किया।

इस समय के आस-पास, जबकि रॉय हिंदुत्व के प्रगतिशील विकल्पों को खोज रहे थे, उनकी रुचि ईसायत में भी हो गई। उन्होंने हिब्रु और ग्रीक सीखने का निर्णय लिया, ताकि वे ओल्ड और न्यू टेस्टामेंट को उनके मौलिक रूप में पढ़ सकें। 1820 में उन्होंने अपने निबंध प्रकाशित किए, जिनके शीर्षक *परसेप्ट ऑफ जीसस, दी गाइड टू पीस एंड हैप्पीनेस,* जिसमें ईसा मसीह की नीतिपरक शिक्षाएँ थीं, क्योंकि इन्हें ईसाई धर्म सिद्धांतों से उद्धृत किया गया था। रॉय एकेश्वरवादी दर्शन के निकट भी आ गए, जिसमें उन्हें भगवान्/मनुष्य सिद्धांत का एक उपयुक्त विकल्प मिला, जिसका उपदेश ब्राह्मणवादी हिंदुत्व के साथ त्रित्ववादी ईसायत में भी दिया गया है। 1829 में उन्होंने *दी यूनिवर्सल रिलिजन* लिखी। एकेश्वरवाद में, उन्होंने दिव्य एकता के सिद्धांत को पाया, जिसे वह बहुत लंबे समय से खोज रहे थे और इनमें से सबसे श्रेष्ठ था, जिसे ईसाई धर्मग्रंथ और हमारे सबसे प्राचीन लेखन, जिन्हें सामान्यतौर पर वेद कहा जाता है, दोनों के द्वारा दृढता से बनाए रखा गया था।

20 अगस्त, 1828 को रॉय ने ब्रह्म समाज की स्थापना के साथ धार्मिक सुधारों के अपने प्रयासों को एक निश्चित रूप दिया। इसका आशय एक हिंदू सुधारवादी पंथ की स्थापना था, जो अद्वैतवादी दर्शन और ईसायत के दूसरे उदारवादी तत्त्वों से लिया गया था। ब्रह्म समाज के मुख्य नियम एकेश्वरवाद, मूर्तिपूजा के साथ ही उन जटिल धार्मिक संस्कारों और अंधविश्वासों का विरोध उनका उद्देश्य था, जिनके रॉय हमेशा ही विरोधी रहे थे। रूढ़िवादी हिंदुओं ने उनके कार्यों का उपहास उड़ाने

और विरोध करने के लिए राजा राधाकांत देब की अगुआई में एक प्रतिद्वंद्वी संस्था बनाई, जिसे *धर्म सभा* नाम दिया गया। यद्यपि सदी बदलने के साथ ब्रह्म समाज एक धार्मिक पंथ के रूप में तो प्रभावी नहीं रहा, लेकिन इसके प्रगतिशील सिद्धांतों ने आगे चलकर भारत में सामाजिक सुधार आंदोलनों का आधार बनाया, विशेष रूप से बंगाल पुनर्जागरण का।

शैक्षणिक सुधार

जबकि राममोहन रॉय हिंदुत्व के अधिक शुद्ध संस्करण का प्रसार करने के प्रयास में व्यस्त थे, समकालीन बंगाली समाज में शिक्षा की अत्यंत खराब स्थिति ने उनका ध्यान आकृष्ट किया। 1815 में रॉय कलकत्ता आए और तब से ही उन्होंने शैक्षणिक संस्थाएँ, जहाँ विद्यार्थियों का हिंदू एकेश्वरवाद सिद्धांतों से परिचय कराने के अलावा अंगरेजी और दूसरे पाश्चात्य विषय पढ़ाए जाने की स्थापना करने के लिए वित्तीय संसाधनों का प्रबंध करने की योजना बनाना प्रारंभ कर दी। इसी के अनुसार 1822 में रॉय ने एंग्लो-हिंदू स्कूल की स्थापना की और पाँच वर्ष पश्चात् वेदांत कॉलेज की। वे कलकत्ता में हिंदू कॉलेज की स्थापना से भी जुड़े थे, जो बाद में कोलकाता के प्रेसीडेंसी कॉलेज के रूप में प्रसिद्ध हुआ। रॉय उन भारतीयों में से एक थे, जिन्होंने आधुनिक, वैज्ञानिक शिक्षा के महत्त्व को पहचाना। उनका मानना था कि अगर भारत सामाजिक और सांस्कृतिक स्थिरता से उबरना और बाकी संसार के साथ कदम से कदम मिलाकर चलना चाहता है तो आधुनिक वैज्ञानिक शिक्षा बहुत आवश्यक है।

रॉय ब्रिटिश औपनिवेशिक सरकार के आलोचक थे, जो हिंदू समाज के शक्तिशाली वर्ग को संतुष्ट रखने के लिए अपने आपको केवल संस्कृत स्कूलों की स्थापना से ही संबंधित रखना चाहती थी। 1823 में, उन्होंने खुलेआम सरकार से माँग की कि और स्कूलों का निर्माण किया जाए, जिसमें विद्यार्थियों को अंगरेजी के साथ-साथ गणित, भूगोल और लैटिन भाषा जैसे विषय भी पढ़ाए जाएँ। उन्होंने तर्क दिया कि पाठ्यक्रम के केवल संस्कृत पर केंद्रित होने से वह भारत के युवाओं को भविष्य के लिए तैयार नहीं कर पाएगा। रॉय के अथक प्रयासों के कारण सरकार ने अंततः स्कूलों की स्थापना की, जिनमें आधुनिक पाठ्यक्रम पढ़ाए जाते थे, लेकिन यह कार्य रॉय की मृत्यु के पहले नहीं हो पाया।

रॉय अंग्रेजों के चाटुकार नहीं थे। यद्यपि उन्होंने अंगरेजी और दूसरे आधुनिक

विषयों के व्यावहारिक उपयोग को पहचान लिया था, लेकिन उन्हें अपनी मातृभाषा पर भी गर्व था और वे ज्ञान तक सामान्य लोगों की अधिक पहुँच के लिए इसे बढ़ावा देना चाहते थे। उन्होंने अनुभव किया कि संस्कृत को अधिक महत्त्व देना ज्ञान के प्रसार के लिए एक सीमा का कार्य करेगा और इसलिए उन्होंने महत्त्वपूर्ण पुस्तकों को बँगला में अनुवाद करने के लिए कठिन परिश्रम किया। उनका गौडिया ब्याकरण उनके प्रारंभिक कार्यों में से एक था, जिसमें बंगाली व्याकरण को आसान और नियमित करने का प्रयास किया गया था। 1821 में उन्होंने एक बंगाली समाचार पत्र, *सम्बद कौमुदी* प्रारंभ किया और वर्षों तक बँगला में ब्रह्मो धर्म पर अपना लेखन कार्य प्रकाशित करते रहे, जैसे *ब्रह्मापैसोना* (1828), *ब्रह्मसंगीत* (1829)। इसके पश्चात्, रवींद्रनाथ टैगोर और ईश्वरचंद्र विद्यासागर जैसे बंगाली भाषा के प्रख्यात विद्वानों ने बंगाली व्याकरण और भाषा के क्षेत्र में बहुत कार्य किया।

सामाजिक सुधार

1820 का दशक रॉय के बौद्धिक जीवन में एक निर्णायक बिंदु था। हिंदुत्व को दूषित करनेवाले प्रभावों और प्रथाओं से छुटकारा दिलाने के प्रयासों से, अब उन्होंने अपना ध्यान विभिन्न सामाजिक बुराइयों पर केंद्रित करना प्रारंभ किया, जिनसे समकालीन भारतीय समाज ग्रस्त था। यह परिवर्तन वास्तव में 1823 में कलकत्ता प्रेस पर ब्रिटिश सरकार द्वारा लगाई सेंसरशिप के कारण आया। भारत के दो प्रारंभिक साप्ताहिक समाचार-पत्रों के संस्थापक और संपादक के रूप में रॉय ने ब्रिटिश सरकार के इस कार्य के विरोध का नेतृत्व किया और प्रबल तरीके से इस बात के पक्ष में तर्क दिए कि अभिव्यक्ति की स्वतंत्रता और धर्म प्रत्येक व्यक्ति का स्वाभाविक अधिकार है।

हालाँकि उन्होंने अपने सामाजिक आंदोलन का प्रारंभ शैक्षणिक सुधारों की आवश्यकता को लेकर किया, शीघ्र ही उनका ध्यान उस समय की सबसे क्रूर प्रथाओं में से एक—सती प्रथा ने खींचा, जिसमें विधवा महिला को उसके पति की चिता के साथ जीवित जला दिया जाता था। रॉय के लिए इसका एक निजी संदर्भ भी था, चूँकि 1811 में यह जघन्य धार्मिक संस्कार उनके परिवार में ही हुआ था, जब रॉय के भाई, जग मोहन की मृत्यु के बाद उनकी विधवा भाभी को उस समय की प्रथाओं को ध्यान में रखते हुए सती होने के लिए विवश किया गया था। यद्यपि उस समय रॉय बहुत छोटे थे और इसे रोकने के लिए बहुत थोड़ा ही कर सकते थे,

वह असहनीय पीड़ा और क्रोध से भर गए थे और इस दृढ निश्चय के साथ बड़े हुए कि वे इस नृशंस प्रथा को समाप्त करेंगे।

सती प्रथा

हिंदू पौराणिक कथा में, सती शक्तिशाली भगवान् शिव की पत्नी थीं। उन्होंने अपने दिव्य पति को अपने पिता के द्वारा शाही यज्ञ में बुलाने से मना करने पर आत्महत्या कर ली थी। यह कथा सती को अमर सम्मान और निष्ठा की धारणाओं से जोड़ती थी, जो प्रत्येक पत्नी की अपने पति के प्रति होनी चाहिए, इन्हीं धारणाओं को सती प्रथा में लाया गया था, जिसमें एक विधवा द्वारा स्वयं को जला लिया जाता था, जो स्पष्टतया प्रकट करता था कि वह अपने पति के बिना जीने के बजाय उसके साथ मरना अधिक पसंद करेगी।

अपनी सभी सांस्कृतिक शक्तियों के साथ, सती के पौराणिक विवरण इतने पर्याप्त नहीं थे कि वे सती को एक वास्तविक सामाजिक प्रथा में रूपांतरित कर पाएँ, जब तक कि इसका कुछ रूपों में संहिताकरण नहीं किया गया। यह मनुस्मृति के साथ हुआ, जिसका 200 सी.ई. के आस–पास संकलन किया गया था, जिसने घोषणा की कि एक हिंदू विधवा को सती रहना था। एक संस्कृत शब्द, जिसकी व्याख्या पतिव्रता या पवित्र के रूप में की गई थी और पौराणिक संबंधों का स्मरण दिलाता था पुनर्विवाह न करना, जबकि हिंदू विधुर को पुनः विवाह करने की अनुमति थी। धीरे-धीरे, सती शब्द स्व–दाह या स्वबलिदान के धार्मिक संस्कार को निर्दिष्ट करने के लिए उपयोग किया जाने लगा। इस प्रकार से सती का अर्थ स्व–दाह की प्रथा के साथ–साथ हिंदू विधवा के लिए होने लगा, जो इस धार्मिक संस्कार के द्वारा अपने पति की चिता के साथ जीवित जल जाती है।

इतिहासकारों के इस पर मिश्रित विचार हैं, जैसे कि सती प्रथा की शुरुआत पूर्वी भारत में हुई। इन विचारों में से एक मानता है कि ऐसा लगता है कि यह प्रथा विधिक प्रथा *दयाभागा* की प्रतिक्रिया के रूप में विकसित हुई, जो केवल बंगाल में प्रचलित थी, जो हिंदू विधवा को अनुमति देती थी कि वह अपना स्त्रीधन या निजी संपत्ति, सामान्यतया गहने, जो उसके विवाह के समय दिए गए थे, प्राप्त कर ले। इसके साथ ही सीमित भू–संपत्तियाँ भी, जिनका वह उपयोग कर सकती थी, लेकिन हस्तांतरित नहीं कर सकती थीं। इस विधिक सहायता ने लोभी परिवार के सदस्यों को प्रेरित किया कि वे अपने परिवार की शोक संतप्त महिलाओं को सती

होने के लिए विवश करें ताकि उन्हें उसकी संपत्ति पर अपना अधिकार जमाने का अवसर मिल जाए। यह सती प्रथा का एक आर्थिक कारण हो सकता है, क्योंकि यह प्रथा दूसरे स्थानों की बजाय बंगाल में अधिक प्रचलित थी। हालाँकि इतिहासकार जैसे आनंद यांग, ने पाया कि 19वीं सदी के प्रारंभ में बिहार और बंगाल की कई ऐसी विधवाएँ सती हो जाती थीं, जिनका संबंध उच्च वर्ग से नहीं होता था और वहाँ महिलाओं का संपत्ति का अधिकार भी संभवतः दाव पर नहीं लगा होता था। हालाँकि यह सामान्यतः दुःखदायी जीवन परिस्थितियों का मामला भी हो सकता है। उस समय हिंदू विधवाओं पर सामाजिक प्रतिबंध अत्यंत कड़े होते थे, जिसमें सिर मुँडवाना, सभी आभूषणों का त्याग और सादी सफेद साड़ी पहनना, दिन में एक बार भोजन करना और सभी धार्मिक व सामाजिक समारोहों से दूर रहना, जैसे विवाह आदि सम्मिलित थे। अगर सैद्धांतिक या आर्थिक कारणों को छोड़ भी दिया जाए तो, इस प्रकार का दयनीय और अभावों का जीवन उन्हें आगे दिखाई देता था, जो संभवतः कई विधवाओं को सती होने के लिए विवश कर देता था।

भारत में अट्ठारहवीं से उन्नीसवीं सदी तक ब्रिटिश औपनिवेशिक शासन के आगमन ने इस मुद्दे को और जटिल बना दिया। सोलहवीं सदी के दौरान और सत्रहवीं सदी के प्रारंभ में भारत आनेवाले यूरोपीय यात्रियों के प्रारंभिक विवरण हिंदू पत्नियों के अपने पति के प्रति निष्ठा की प्रशंसा करते थे और इन विवरणों के अनुसार यह प्रथा स्पष्टतया धार्मिक संस्कार की प्रतीक थी और इसके लिए धार्मिक आदेश पर बल देती थी। जैसे ही अट्ठारहवीं सदी के दौरान ब्रिटिश उपनिवेशवादियों ने अपना राजनीतिक नियंत्रण बढ़ाया, अंग्रेज ईस्ट इंडिया कंपनी ने सती को एक क्षुब्ध करनेवाली धार्मिक प्रथा के रूप में देखा, लेकिन वे इसकी हिंदू जनता को बैरी बनाने के भय से इस धार्मिक-सामाजिक प्रथा में हस्तक्षेप करने को लेकर सतर्क थे।

इस संदर्भ में रॉय प्रगतिशील भारत का स्वर बन गए और उन्होंने माँग की कि औपनिवेशिक सरकार सती प्रथा पर प्रतिबंध लगाने के लिए कानून पारित करे। इसके परिणामस्वरूप रॉय को बंगाली समाज के रूढ़िवादी वर्ग के तीव्र प्रहारों का सामना करना पड़ा। ये परंपरावादी पुरुष थे, जिन्होंने अपनी आर्थिक, लैंगिक और सांस्कृतिक शक्तियाँ छोड़ने से मना कर दिया, जिन्हें वे सती जैसी प्रथाओं के प्रचलन के कारण ही सदियों से भोग रहे थे। सती प्रथा पर वाद-विवाद तब और बढ़ गया, जब ईस्ट इंडिया कंपनी ने ब्रिटेन के ईसाई धर्म समूहों के दबाव में 1813 में इसे कानूनी मान्यता इस आधार पर दे दी कि अगर विधवा इसे अपनी इच्छा से करती है। इस कानून ने भारत और ब्रिटेन, दोनों स्थानों पर सती के पक्ष और विरोध दोनों

में तीव्र बहस को प्रारंभ कर दिया। अंततः रॉय और दूसरे सुधारकों के समर्थन से प्रोत्साहित होकर, तत्कालीन गवर्नर जनरल लार्ड विलियम बैंटिंक ने 1929 में विधान की घोषणा की, जिसने सती को अपराध बना दिया।

सती के विरुद्ध लड़ने के अलावा रॉय ने उस समय की दूसरी सामाजिक प्रथाओं पर भी निशाना साधा, जो महिलाओं के लिए अत्यधिक दमनकारी थीं। अपने समाचार पत्र और पत्रिकाओं के साथ-साथ अपनी सभाओं के द्वारा भी उन्होंने महिला शिक्षा और विधवा पुनर्विवाह के लिए अभियान चलाया। उन्होंने औपनिवेशिक सरकार से माँग की कि वह विवाह के लिए एक न्यूनतम आयु निश्चित कर दे ताकि युवा लड़कियों को छोटी उम्र में विवाह करने और उन पुरुषों से विवाह करने के लिए विवश न किया जा सके, जो आयु में उनसे कई दशक बड़े हों। इन सभी प्रयासों ने अंततः सामाजिक सुधारों का आधार बनाया और देश के दूसरे भागों के प्रगतिशील विचारकों ने इसे आगे बढ़ाया।

अंतिम वर्ष

1831 में रॉय को मुगल सम्राट अकबर, द्वितीय ने राजा की उपाधि से सम्मानित किया। यह सम्मान उन्हें उसके ठीक पहले प्रदान किया गया, जब वह सम्राट के दूत के रूप में ब्रिटिश सरकार से यह अनुरोध करने के लिए इंग्लैंड रवाना हो रहे थे कि सती प्रथा को प्रतिबंधित करने के लिए बेंटिंक के अधिनियम को पलटा न जाए। वहाँ पहुँचने पर इंग्लैंड के सबसे सम्मानित व्यक्तियों ने उनकी आवभगत की, रॉय वहाँ डेढ़ वर्ष तक, दौरों, पत्र प्रस्तुत करने और व्याख्यान देने में अतिव्यस्त रहे। इस अति व्यस्तता ने राजा राम मोहन राय को बहुत थका दिया और वे बीमार पड़ गए। उन्हें मेनेनजाइटिस हो गया और 27 सितंबर, 1833 को उन्होंने स्टैपलिटोन ग्रोव के बीच हाउस में अंतिम साँस ली। दस वर्ष पश्चात् उनके अवशेषों को प्रिंस द्वारकानाथ टैगोर के द्वारा अरनोस वैले सिमेट्री में रखा गया।

उनकी विरासत

राजा राम मोहन राय को आज आधुनिक भारत के निर्माता के रूप में सम्मान दिया जाता है। संभवतः वे पहले व्यक्ति थे, जिन्होंने दूषित प्रथाओं के विरुद्ध अपनी आवाज मुखर की थी और इसके बजाय वेदों और उपनिषदों के अध्ययन पर आधारित धर्म के अधिक शुद्ध संस्करण का प्रचार किया, जिसने हिंदू धर्म में

हलचल मचा दी। हालाँकि बाद में उनका झुकाव ईसायत और एकेश्वरवादी दर्शन की ओर हो गया, लेकिन उन्होंने अपनी भारतीय पहचान की सर्वश्रेष्ठ चीजों को कभी नहीं छोड़ा। निःसंदेह सामाजिक और धार्मिक सुधारों के लिए उनके प्रयास उनके उस आवेश से प्रेरित थे, जिसमें वे दिखाना चाहते थे कि भारतीय स्वयं को शासित करने में सक्षम हैं और उन्हें औपनिवेशिक सरकार की आवश्यकता नहीं है। अंततः रॉय के सुधारवादी कार्यक्रम की गूँज पूरे भारत में सुनाई दी और जिसने ब्रिटिश उपनिवेशवाद से स्वतंत्रता और स्व-शासन के लिए आध्यात्मिक तर्क उपलब्ध कराया।

□

रॉबर्ट ओवन

उन्नीसवीं सदी में जब औद्योगिक क्रांति के केवल भौतिक पारितोषिक ब्रिटिश जनता की चेतना का गुणगान करते थे, रॉबर्ट ओवन उन दुर्लभ व्यक्तियों में से थे, जिन्होंने उन लोगों–श्रमिकों के कल्याण के उपाय किए, जिनका श्रम उद्योगों और कारखानों का पोषण करता था। यद्यपि ओवन ने स्वयं एक निर्माता के रूप में कार्य प्रारंभ किया था, अंततः उन्होंने यह प्रमाणित कर दिया कि एक आर्थिक रूप से लाभदायक उद्योग उन परिस्थितियों में चलाया जाना संभव है, जहाँ श्रमिकों के लिए मानवीय स्थितियाँ हों। अपने जीवन के बादवाले समय में, ओवन आदर्शवादी समाजवाद में रुचि लेने लगे और उन्होंने आदर्शवादी व्यवस्थापनों की स्थापना का समर्थन किया। यद्यपि ये प्रयोग सफल न हो पाए, लेकिन जो आज भी जीवित है, वह है ओवन का कार्य के मूल्य में विश्वास और एक सामान्य उद्देश्य के लिए जीना, जो आज संपूर्ण विश्व में सहकारी आर्थिक व्यवस्था में एक या दूसरे रूप में दिखाई देता है।

प्रारंभिक जीवन

रॉबर्ट ओवन का जन्म 14 मई, 1771 को वेल्स के मोंटगोमेरीशायर के न्यूटन में हुआ था। वे वेल्श परिवार के सात बच्चों में से दूसरे नंबर पर थे। उनके पिता गाँव में पोस्ट मास्टर थे, इसलिए उनकी आर्थिक स्थिति ठीक थी; उनके पास अपने बच्चों को अच्छी शिक्षा प्रदान करने और उनके उचित पालन–पोषण के पर्याप्त संसाधन थे। इसके परिणामस्वरूप दस वर्ष की आयु में प्रारंभिक स्कूल की पढ़ाई समाप्त करने के पश्चात्, ओवन ने कपड़े के व्यापार का प्रशिक्षण लेना प्रारंभ कर दिया। उनके नए गुरु के पास एक बड़ा पुस्तकालय था, जहाँ ओवन कई घंटों तक बैठे रहते थे और पुस्तकों में डूबे रहते थे। यहाँ पहले–पहल उन्होंने जिसे पढ़ा, वह

अध्यात्मविद्या पर एक पुस्तक थी, जिसने उन्हें उनके बहुत प्रारंभिक जीवन में ही इस निष्कर्ष पर पहुँचाया कि किसी भी प्रमुख धर्म में जीवन और विश्व की प्रकृति पर प्रश्नों के सभी उत्तर नहीं थे।

ओवन का तीव्र जिज्ञासु मस्तिष्क उनके सांसारिक व्यवसाय की एक संपत्ति था। जब उनकी आयु केवल तेरह वर्ष थी, वह मेनचेस्टर की कॉटन मिल में सुप्रिंटेंडेंट बन गए। उनके हाथों में यह मिल संपूर्ण ग्रेट ब्रिटेन की सबसे अधिक कुशलतापूर्वक कार्य करनेवाली मिल बन गई। ओवन की बौद्धिकता की मौलिकता उनके उद्यमशील स्वभाव में स्पष्ट रूप से दिखाई देती थी। इसलिए वे ब्रिटेन के ऐसे पहले लोगों में से एक बन गए, जिन्होंने अमेरिकन सी आइलैंड कॉटन की संभावनाओं को समझ लिया और जब बेहतरीन लंबे रेशेवाली कपास का आयात होना प्रारंभ हुआ था, ओवन ने तुरंत ही अपनी कॉटन मिलों में कच्चे माल के रूप में इनका उपयोग करना प्रारंभ कर दिया, जिसके कारण यहाँ बननेवाले सूती कपड़े की गुणवत्ता में अत्यधिक सुधार हुआ। मुनाफा बहुत बढ़ने लगा और इसमें अधिक समय नहीं लगा, जब रॉबर्ट ओवन, जो पहले एक नौसिखिए थे, मैनचेस्टर फर्म में प्रबंधक और साझीदार बन गए।

न्यू लनार्क मिल्स प्रयोग

मैनचेस्टर कॉटन मिल में अपनी सफलता से उत्साहित होकर ओवन ने अपने साझेदारों को लनार्कशायर में न्यू लनार्क मिल्स खरीदने के लिए राजी किया। इसमें लगभग दो हजार श्रमिक थे, जिसमें न्यू लनार्क मिल से जुड़े पूरे परिवार और कम-से-कम पाँच सौ बच्चे एडिनबर्ग और ग्लासगो के अनाथालयों से थे।

हालाँकि मिल के पुराने मालिकों के द्वारा यहाँ काम करनेवाले बच्चों के साथ ठीक-ठाक व्यवहार किया जाता था, लेकिन यहाँ रहने और काम करने की स्थितियाँ इतनी खराब थीं कि यहाँ सामान्य और स्वस्थ जीवन की अपेक्षा करना बहुत ही कठिन था। यहाँ शिक्षा या अर्थवान मनोरंजन के कोई अवसर नहीं थे। इसके परिणामस्वरूप बच्चों के लिए यह आसान था कि वे विभिन्न दुराचारों और अपराध के जीवन की ओर आकर्षित हो जाएँ। इसके अलावा श्रमिकों के रहने के लिए जो क्वार्टर बने हुए थे, वहाँ बहुत गंदगी थी। साफ-सफाई न होने के कारण बीमारियाँ और संक्रमण बहुत फैलता था। अँधेरे और गंदे कमरों में क्षमता से अधिक लोग रहते थे, जहाँ स्वस्थ और उच्च नैतिक जीवन का पनपना असंभव था।

ओवन का विश्वास था कि उनके श्रमिकों के उनके कार्य में कुशल साबित होने के लिए पहली आवश्यकता उनका स्वस्थ रहना था, शारीरिक और सामाजिक दोनों रूप से। इसलिए ओवन ने पहला कार्य श्रमिकों की जीवन स्थितियों में सुधार लाने और व्यवस्थित करने का किया। उन्होंने उनके घरों की मरम्मत करवाई और प्रयास किए कि उन्हें ठंड से बचाया जाए। इससे अधिक महत्त्वपूर्ण था कि उन्होंने श्रमिकों को स्वच्छ और सुव्यवस्थित जीनवशैली सीखने के लिए अपना अनुकरण करने के लिए समझाया। उन्होंने अपने व्यक्तिगत उदाहरण से, महिलाओं को प्रोत्साहित किया कि वे व्यर्थ के कार्यों पर कम खर्च करें और पुरुषों को भी उन्होंने शराब पीने जैसी बुरी आदतें छोड़ने के लिए समझाया। श्रमिकों के परिवारों को पैसा बचाने के साथ-साथ स्वस्थ जीवन का अनुसरण करने में सहायता करने के लिए, ओवन ने उस परिसर में, जहाँ श्रमिकों के क्वार्टर बने हैं, एक स्टोर खोलने का आदेश दिया, जो खाद्य सामग्री को बाजार की तुलना में थोड़े अधिक मूल्य पर बेचता था, लेकिन खरीदार को अच्छी गुणवत्ता के उत्पाद का आश्वासन देता था।

ओवन न्यू लैनार्क मिल में अपने शैक्षणिक सुधारों को आकार लेते देख सर्वाधिक प्रसन्न थे। 1816 में उन्होंने ग्रेट ब्रिटेन स्थित न्यू लैनार्क मिल में बच्चों का पहला स्कूल खोला और एक प्रकार से यह आधुनिक दिनों के प्री-स्कूलों और नर्सरी स्कूलों का पूर्ववर्ती है। उस समय, जब श्रमिक वर्ग के अधिकतर बच्चों को बहुत कम या कोई शिक्षा नहीं मिल पाती थी, ओवन की अपने कारखाने में काम करनेवाले मजदूरों के बच्चों के लिए स्कूल खोलने की यह पहल क्रांति से कम नहीं थी। यही नहीं, वे व्यक्तिगत रूप से कक्षाओं और शिक्षकों का निरीक्षण करते थे और पढ़ाई में बच्चों की रुचि विकसित करने के तरीके ढूँढ़ते थे। शीघ्र ही इन स्कूलों ने पढ़ाने की नवीनतम पद्धतियों को अपना लिया, जिनमें पाठ्येतर गतिविधियों जैसे नृत्य और संगीत को सम्मिलित किया गया। इसके साथ ओवन ने अनुशासन की पारंपरिक व्यवस्थाओं, जैसे शारीरिक दंड को छोड़ने के लिए प्रोत्साहित किया। कुल मिलाकर, उनका आशय रटनेवाली पढाई को बढ़ावा देने या केवल संपत्ति का उद्यम करने के बजाय बच्चों के चरित्र निर्माण पर केंद्रित करना था।

प्रारंभ में ओवन के अपने कर्मचारियों के जीवन में सुधारवादी प्रयासों को संदेह की दृष्टि से देखा गया, लेकिन धीरे-धीरे जब उनके कर्मचारी अधिक स्वस्थ रहने लगे और अधिक प्रभावकारी तरीके से कार्य करने लगे, उनके सामाजिक और श्रमिक सुधारों ने जड़ें जमाना प्रारंभ कर दिया। एक विशेष घटना ने कर्मचारियों का ओवन के प्रगतिशील उपायों की गंभीरता से परिचय कराया; 1812 के युद्ध

में, संयुक्त राज्य अमेरिका के विरुद्ध प्रतिबंध के कारण मिलों को चार महीने से अधिक समय तक बंद करना पड़ा, लेकिन इस समय के दौरान भी, ओवन ने यह सुनिश्चित किया कि कर्मचारियों को उनका वेतन लगातार मिले। हालाँकि मिल चलाने का ओवन का जो मानवीय तरीका था, वह मालिकों के लिए कोई घाटा नहीं लाया, लेकिन कर्मचारियों के लिए जो कुछ निश्चित कल्याणकारी उपाय अपनाए गए थे, उससे उनके लाभ की मात्रा थोड़ी कम हुई थी। इसके परिणामस्वरूप ओवन के मिल चलाने के तरीके में साझेदारों के द्वारा लगातार हस्तक्षेप किया जाने लगा। वे चाहते थे कि कल्याणकारी योजनाओं को कम कर दिया जाए, ताकि लाभ की मात्रा बढ़ सके। अंततः साझेदारों के लगातार हस्तक्षेप के कारण, ओवन ने मिल के नए स्वामियों की तलाश का कार्य शुरू कर दिया। 1813 में, साझेदारों के एक नए समूह ने मिल खरीद ली और अपनी पूँजी पर पाँच प्रतिशत से अधिक लाभ न चाहने के लिए तैयार हो गए। इसमें कोई आश्चर्य की बात नहीं कि अंशधारियों के इस नए समूह में समाज के कुछ प्रगतिसोच सोचवाले लोग जैसे कानूनी सुधारक और उपयोगितावादी सुधारक जर्मी बेंथम के साथ-साथ क्वेकर विलियम एल्लन सम्मिलित थे। वे न केवल अधिक लाभ के लिए दबाव नहीं बनाने के लिए तैयार हो गए, बल्कि उन्होंने ओवन को मिल में उसकी लोकहितैषी नीतियों को लागू करने के लिए मुक्तहस्त दे दिया।

समय के साथ, ओवन ने न्यू लैनार्क मिल्स में कई नई नीतियाँ प्रारंभ कीं, जिनके बारे में उस समय किसी ने सुना भी नहीं था। बाल-श्रमिकों के लाभ के लिए, उन्होंने न्यूनतम आयु आवश्यकताएँ स्थापित कीं। मिल में नौकरी पर रखे जाने के लिए एक बच्चे की आयु कम-से-कम दस वर्ष होनी चाहिए। उन्होंने कार्य करने के घंटों को लेकर भी कड़े नियम बनाए। चौहद घंटे के कार्यकारी दिन को, ओवन ने घटाकर दस घंटे कर दिया। श्रमिकों के बच्चों की शैक्षिणक आवश्यकताओं के अलावा, ओवन ने उनकी स्वास्थ्य आवश्यकताओं पर भी ध्यान दिया। वे बीमारी में भुगतान की व्यवस्था को भी प्रभाव में लाए ताकि चोट या दुर्घटना के समय, जब वह काम करने में सक्षम नहीं है, एक श्रमिक को बिना भुगतान के नहीं रहना पड़े।

उनका सुधारवादी दर्शन

ओवन के सामाजिक, शैक्षणिक और श्रम सुधार के सैद्धांतिक प्रतिरूप पुस्तक, जिसका शीर्षक *ए न्यू विव ऑफ सोसायटी*; था या, *ऐसेज ऑन द प्रिंसिपल ऑफ*

फार्मेशन ऑफ ह्यूमन कैरेक्टर में प्रकट हुए, जो 1813 में प्रकाशित हुए। इस पुस्तक के चार में से दो निबंधों में, ओवन ने उन सिद्धांतों को सविस्तार बताया, जो उनके सुधारों की व्यवस्था के घटक बने। ओवन के दर्शन के केंद्र में यह विश्वास था कि व्यक्ति मूलभूत तरीके से इसके लिए उत्तरदायी नहीं है कि वह अपने जीवनकाल में कैसा बन जाएगा, एक अच्छा या बुरा व्यक्ति। इसके बजाय वे परिस्थितियाँ, जो उसे उसके पालन–पोषण के सबसे प्रारंभिक दिनों में मिलीं और जिन पर वास्तविकता में उसका कोई नियंत्रण नहीं होता, उसके चरित्र, उसके चयनों और इसलिए उसके भविष्य को आकार देती हैं। इसलिए ओवन का विश्वास था कि अगर किसी व्यक्ति को उसके जीवन के प्रारंभ से ही बेहतर पालन–पोषण और सुरक्षित वातावरणवाली परिस्थितियों में रखा जाए तो उसे उसके सकारात्मक चरित्र निर्माण के सर्वश्रेष्ठ अवसर प्राप्त होंगे।

मानव चरित्र निर्माण पर वातावरण के महत्त्व के अपने सिद्धांत के साथ, ओवन ने धर्म के सभी प्रचलित रूपों को ठुकरा दिया। इसके स्थान पर वे चाहते थे कि उनके अपने सुधारवादी दर्शन को जीवन के मार्गदर्शक सिद्धांत के रूप में माना जाए और उन्होंने इसके आस–पास अपना एक निजी मत विकसित करने का प्रयास किया। इसके केंद्र में मनुष्य के गैर–उत्तरदायित्व की अवधारणा और उसके चरित्र पर आरंभिक प्रभावों का प्रभाव है, जो सामाजिक सुधार और शिक्षा की ओवन की व्यवस्था को रेखांकित करते थे।

सहकारी उत्पाद का विचार

यद्यपि न्यू लैनार्क मिल्स ने पर्याप्त रूप से ओवन के सुधारवादी उपायों का प्रदर्शन किया, दुर्भाग्य से वह दूसरे निर्माताओं को इन उपायों को लागू करवाने के लिए तैयार न कर सके। 1815 में ओवन ने निर्माताओं की एक बैठक बुलाई, जिसमें उन्होंने उन्हें कपास पर आयात शुल्कों को समाप्त करने के लिए तैयार किया। इस सुझाव को दूसरे निर्माताओं ने मान लिया, लेकिन दूसरे कल्याणकारी प्रस्तावों के लिए तैयार करने के लिए समझाने में ओवन को थोड़ी सी सफलता मिली, जैसे उन घंटों की संख्या कम करना, जिसमें बच्चे मिलों में काम कर सकते हैं, के साथ ही दूसरे सुधार उपाया।

फिर भी ओवन हतोत्साहित नहीं थे। उन्होंने अपना ध्यान औद्योगिक क्रांति के कारण उत्पन्न हुए मनुष्य और मशीन के तीव्र संघर्ष पर केंद्रित किया। मशीनों की लगातार बढ़ती संख्या शत्रु के रूप में दिख रही थी, जिसने न केवल श्रमिकों

की जीविका छीन ली, बल्कि इनके कारण पहले की तुलना में चोटें और दुर्घटनाएँ अधिक विस्तृत पैमाने पर होने लगीं। कपड़ा तैयार करनेवाले औद्योगिक शहर, धुआँ और आग उगलने लगे, नारकीय स्थानों की चिह्नात्मक छवियाँ बन गईं जिन्होंने मशीनों के नकारात्मक अर्थों को गहरा कर दिया। सबसे ऊपर सभी नए औद्योगिक शहर निर्जीव स्थान दिखाई देने लगे, बिना प्रकृति या सुंदरता या आनंदवाले जहाँ लोग केवल काम करने के लिए आते थे, बीमार पड़ते थे और अंततः मर जाते थे।

राबर्ट ओवन ने ऐसी आर्थिक व्यवस्थाओं के बारे में सोचना प्रारंभ कर दिया, जो सकारात्मक रूप से मशीनों को श्रमिकों के जीवन में सकारात्मक रूप से समेकित कर दें। उन्होंने अनुभव किया कि यहाँ औद्योगिक क्रांति अपनी जड़ें जमाने आई है और छिटपुट हिंसा की घटनाओं—जैसे शहरों में दंगे और कारखानों या मशीनों में आग लगाने के प्रयासों द्वारा इसे रोकना मूर्खता होगी। इसके स्थान पर वे आर्थिक गतिविधियों के सिद्धांत के साथ आए, जो आधुनिक समय की सहकारी-समितियों की पूर्ववर्ती थीं।

ओवन ने समाधान सुझाया कि 1,000 से 1,500 एकड़ के आकार की सीमा में एकता और सहकारिता के गाँव स्थापित किए जाएँ, जो लगभग 1,200 लोगों को समायोजित कर सकें। लिविंग एरिया एक विशाल संरचना पर स्थित हो, जिसका निर्माण वर्ग के आकार में किया जाए। हालाँकि इसमें एक सार्वजनिक रसोई और भोजन-कक्ष भी होंगे और परिवारों के रहने के लिए क्वार्टर भी बने होंगे। यहाँ माता-पिता तीन वर्ष की आयु होने तक अपने बच्चों का पालन-पोषण करेंगे, इसके पश्चात् उन्हें संपूर्ण समुदाय की संयुक्त देखभाल में सौंप दिया जाएगा। माता-पिता अपने बच्चों से भोजनावकाशों के दौरान और दूसरे उचित अवसरों पर मिल पाएँगे। सबसे महत्त्वपूर्ण रूप से सब लोग एकसाथ कार्य करेंगे, वे अत्याधुनिक मशीनों का उपयोग करेंगे और पारितोषिक सामूहिक रूप से साझा कर लिये जाएँगे।

इस प्रकार की सहकारी समितियों की आधारभूत ईकाई आत्म-निर्भर कृषि समूह थे, जिनका आकार 500 से 3,000 रहवासियों का था। सभी गतिविधियों और कर्तव्यों का निरीक्षण योग्य लोगों के लिए किया जाता था। सहकारी जीवनशैली के कई सिद्धांत पहले से ही न्यू लैनार्क के गाँव में क्रियाशील थे। ओवन का विश्वास था कि न्यू लैनार्क की जीवन-शैली को प्रगतिशील रूप से बढ़ाया जा सकता है। व्यक्तियों के समूह से प्रारंभ करके इन्हें गाँवों तक, फिर प्रांतों के द्वारा इसकी पहल की जा सकती है, जब तक कि ये एक पूरे समाज का पुनर्गठन नहीं कर देते।

अमेरिकी प्रसंग

अपने सहकारी जीवन शैली के विचार को वास्तविक रूप देने के लिए, ओवन 1824 में अमेरिका चले गए, वहाँ उन्होंने इंडियाना की वाबाश नदी के किनारों पर 30,000 एकड़ संपत्ति खरीदी। यहाँ उन्होंने हजारों सदस्यों के रहने की व्यवस्था का प्रबंध करने की योजना बनाई, जिसे उन्होंने न्यू हार्मोनी नाम दिया। इस आवास परिसर के उद्घाटन के लिए उन्होंने 7 जुलाई, 1826 की तिथि निर्धारित की, जो संयोग से स्वतंत्रता की घोषणा की पंद्रहवीं वर्षगाँठ के दिन ही थी। जैसे ही उन्होंने उस आश्रय स्थल को अपने नए रहवासियों के लिए खोला, ओवन ने मानसिक स्वतंत्रता की घोषणा पढ़ी। यहाँ से आगे, उन्होंने घोषणा की, मनुष्य स्वतंत्र है, बुराइयों की त्रयी पारंपरिक धर्म, पारंपरिक विवाह और निजी सम्पत्ति से जो संपूर्ण विश्व की पीड़ा और दुराचारों के लिए उत्तरदायी है।

इस प्रकार से न्यू हार्मोनी में जीवन की योजना सर्वाधिक जीवन जीने, कार्य और समाज के सर्वाधिक प्रगतिशील आदर्शों के अनुसार बनाई गई थी। इस कारण से ही उस समय के अग्रणी विद्वान, कलाकार और शिक्षाविद् वहाँ आकर बसने के लिए उत्सुक थे। हालाँकि चीजें तब तक आसानी से चलती रहीं, जब तक कि ओवन व्यक्तिगत रूप से वहाँ व्यावहारिक मार्गदर्शन देने के लिए उपस्थित थे, उनकी अनुपस्थिति में निवासी उस व्यावहारिक ज्ञान या अनुभव का प्रदर्शन करने में असफल रहे कि एक आत्म-नियंत्रित समाज को कैसे चलाया जाता है। इसके साथ ही शीघ्र ही इस बारे में भी मतभेद उभरने लगे कि कैसे इस आश्रय स्थल को चलाया जाए और इसके साथ ही धर्म की विवादास्पद भूमिका अंततः इस योजना को असफलता की ओर ले गई।

1828 तक, ओवन को 40,000 पाउंड का नुकसान हो गया—उनकी कुल पूँजी का 80 प्रतिशत, जिसने उन्हें वापस इंग्लैंड लौटने के लिए विवश कर दिया। अपने देश वापस आकर वह लगातार कुछ और आदर्शवादी आश्रय स्थलों को समर्थन देते रहे, जैसे हैम्पशायर के क्वीनवुड में स्थित ग्लासगो के निकट ऑर्बिस्टन में और रैलेनहाइन स्थित काउंटी कार्क, लेकिन पहलेवाले को छोड़कर, वह किन्हीं और प्रयोगों में प्रत्यक्ष रूप से सम्मिलित नहीं रहे।

सहकारी रूप से रहने के मॉडल के सफल न होने के बावजूद, सामाजिक और श्रम कल्याण पर ओवन के विचारों की प्रतिध्वनि समाज में सुनाई देती रही। अमेरिका से वापस आने के पश्चात् उन्होंने पाया कि उनके विचारों को ब्रिटेन के श्रमिक संघ आंदोलन ने मार्गदर्शक सिद्धांतों के रूप में अपना लिया है। इनमें से

एक था स्वशासित कार्यशालाएँ, जिन्हें श्रमिक संघों की माँगों में स्थान दिया गया। जब इस प्रकार के उत्पादों के लिए बाजार की माँग तेज होती गई, 1832 में नेशनल इक्वीटेबल लेबर एक्सचेंज की स्थापना की गई, जिसने ओवन के सिद्धांत कि श्रम सभी संपत्तियों का स्रोत है, को लागू किया।

इसके बावजूद कि पहले ओवन ने पारंपरिक धर्म को मानने से मना कर दिया था, अपने जीवन के अंतिम दिनों में वह अध्यात्मिक हो गए। उनकी मृत्यु 17 नवंबर, 1858 में हुई।

विरासत

न्यू लार्क स्थित स्कूल को अक्सर छोटे बच्चों के लिए सार्वभौमिक शिक्षा के सबसे पहले उदाहरणों में से एक के रूप में उद्धृत किया जाता है। न्यू लैनार्क सुधारवादियों, राजनेताओं और दार्शनिकों के लिए तीर्थयात्रा का एक वास्तविक स्थान बन गया, जो यहाँ श्रमिकों के जीवन और उनके परिवारों पर कल्याणकारी उपायों के प्रभावों का प्रत्यक्ष साक्षी बनने के लिए आते थे। यूरोप के विभिन्न भागों और अमेरिका व रूस जैसे दूर-दराज स्थानों से भी लोग यात्रा करके ओवन की नवीन प्रक्रियाओं का अध्ययन करने के लिए आते थे। सबसे महत्त्वपूर्ण यह था कि जो प्रभाव वे अपने साथ अपने देशों को वापस लौटते समय ले जाते थे, वे लगभग हमेशा सकारात्मक होते थे। न्यू लैनार्क के बच्चे दूसरे औद्योगीकृत देशों और दूसरे कारखानों के परिसर में रहनेवाले बच्चों की तुलना में अधिक स्वस्थ, बेहतर व्यवहार करनेवाले और बेहतर शिक्षित होते थे।

इन सबमें सबसे बेहतर था आर्थिक और सामाजिक संतुष्टि में एक परिपूर्ण संतुलन। न केवल व्यवसाय लाभदायक था, बल्कि श्रमिक अपनी जीवनशैली और कामकाजी स्थितियों के साथ स्वस्थ और यथोचित रूप से संतुष्ट थे।

आज उन्हें उनके उन विचारों के लिए स्मरण किया जाता है, जिन्होंने उन्हें समाजवाद और सहकारिता आंदोलन का अग्रदूत बना दिया था। हालाँकि अपने आदर्शवादी आश्रय स्थलों पर धर्म के सभी रूपों के बहिष्करण ने कई लोगों को असहज बना दिया, विशेष रूप से उच्च वर्ग के लोगों को यह बात पसंद नहीं आई, जिनका झुकाव कामकाजी वर्गों की तुलना में रूढ़िवादिता की ओर अधिक था।

और फिर भी सुदूर महाद्वीप अमेरिका में उनकी प्रतिष्ठा ऐसी थी कि वहाँ उनके आगमन पर, दो दिन तक अमेरिकी कांग्रेस का संयुक्त अधिवेशन संचालित

किया गया। इसमें निर्गामी राष्ट्रपति जॉन मोनरोई के साथ नवनिर्वाचित राष्ट्रपति जॉन क्विंसी एड्म्स भी सम्मिलित हुए। वह और दूसरे प्रतिष्ठित व्यक्ति व्यक्तिगत रूप से ओवन के दर्शन के साथ समाज के नए रूप पर उनके विचारों की व्याख्या को सुनने के लिए आए थे। ओवन के समाज का स्कैल मॉडल भी व्हाइट हाउस में प्रदर्शन के लिए रखा गया।

हालाँकि सहकारी जीवन के उनके प्रयोग सफल साबित नहीं हुए, लेकिन इसने निश्चित ही बाद में आनेवाले विचारकों का मार्ग प्रशस्त किया, जो उन सामाजिक और आर्थिक व्यवस्थाओं के साथ आए, जो सबके लिए समान पारितोषिक लाएँगे और जो सामाजिक कल्याण पर भी उतना ही बल देते हैं, जितना आर्थिक लाभ पर।

□

ईश्वर चंद्र विद्यासागर

उन्नीसवीं सदी में भारत के एक प्रसिद्ध संस्कृत विद्वान, ईश्वर चंद्र विद्यासागर ने उस समय के बंगाली समाज की महिलाओं, विधवाओं, कथित रूप से निचली जातियों और उन लोगों के लिए जो प्रतिकूल परिस्थितियों में जीवनयापन कर रहे थे, उनकी स्थिति को सुधारने के लिए कई प्रयास किए। विस्तृत विषयों पर उनकी विद्वत्ता को देखते हुए उन्हें विद्या सागर की उपाधि दी गई, जिसका संस्कृत अनुवाद ज्ञान का समुद्र होता है। महिलाओं की स्थिति को सुधारने के प्रयासों के अलावा, विद्यासागर ने शिक्षा के क्षेत्र में भी कई सुधार किए और बंगाली भाषा को आसान बनाने के लिए भी कठोर परिश्रम किया, ताकि विद्यार्थियों और सामान्य लोगों के लिए इस तक पहुँच आसान हो जाए। विद्यासागर द्वारा किए गए इन प्रयासों ने न केवल भारतीय समाज से अनुचित प्रथाओं को दूर करने के लिए सुधार आंदोलन के प्रारंभ होने का संकेत दिया, बल्कि ब्रिटिश औपनिवेशिक शासन से स्वतंत्रता के लिए राष्ट्रवादी उद्देश्यों को शक्तिशाली बनाने में भी योगदान दिया।

पृष्ठभूमि

उन्नीसवीं शताब्दी वह समय था, जब ब्रिटिश उपनिवेशवाद चरम पर था। ब्रिटिश साम्राज्य में सूर्य कभी अस्त नहीं होता, कहावत सत्य थी, क्योंकि पूर्व में चीन से लेकर कैरियबियन द्वीप, ब्रिटेन के उपनिवेश पूरे विश्व में फैले हुए थे। अपनी औपनिवेशिक शक्ति को न्यायोचित ठहराने के लिए मुख्य आधारों में से एक, जो ब्रिटिश सरकार ने उपयोग किया था, वह संभावित सांस्कृतिक और नैतिक पिछड़ापन था, जो स्थानीय समाज में अंतर्निहित था, जिसने यहाँ के लोगों को स्व-शासन के लिए अयोग्य बना दिया था।

भारत में औपनिवेशिक शासन का यह औचित्य उन्नीसवीं सदी में समाज सुधारकों के लगातार बढ़ते दल के द्वारा गंभीर सरोकारों के साथ मिल गया। इसका नेतृत्व बंगाल के पुनर्जागरण के तेजस्वी व्यक्तित्वों ने किया, इन भारतीय प्रगतिशील विचारकों ने निर्णय लिया कि वे अपने स्वयं के समाज में चली आ रही अनुचित प्रथाओं को दूर करेंगे, विशेष रूप से महिलाओं की स्थिति में सुधार लाने का प्रयास करेंगे। इसने मानवता पर आधारित सुधारों की एक लहर प्रारंभ कर दी और इस सुधार आंदोलन के पथ-प्रदर्शकों में से ईश्वर चंद्र विद्यासागर एक थे।

प्रारंभिक जीवन

ईश्वर चंद्र विद्यासागर का जन्म 26 सितंबर, 1820 को बंगाल के पूर्वी प्रांत की मिदनापुर तहसील के बिरसिंघा गाँव में हुआ था। उनके पिता का नाम ठाकुरदास बंद्योपाध्याय और माता का नाम भगवती देवी था। जब ईश्वर चंद्र की आयु केवल छह वर्ष थी, उन्हें कलकत्ता में एक पारिवारिक मित्र भागाबत चरण के बुरा बाजार स्थित घर पर रहने के लिए भेज दिया गया, जिनके साथ ईश्वर चंद्र के पिता भी थोड़े समय रहे थे। वहाँ उन्हें घुलने-मिलने में अधिक समय नहीं लगा, क्योंकि चरणजी की सबसे छोटी पुत्री रायमोनी ने उनके पालन-पोषण की जिम्मेदारी अपने उपर ले ली। उसकी ममतामयी देखभाल और स्नेह ने ईश्वर चंद्र को कभी घर से दूर होने का अनुभव नहीं कराया और उनका साथ उनके लिए भविष्य में महिलाओं की स्थिति सुधारने के लिए किए गए संघर्ष में एक प्रेरणा बना रहा।

ईश्वर चंद्र भागाबत चरण के परिवार के पास अच्छी शहरी शिक्षा प्राप्त करने के लिए आए थे, कुछ दिनों में ही सबको यह पता चल गया कि यह लड़का कोई साधारण विद्यार्थी नहीं है। स्कूल में, ईश्वर चंद्र अपने हमउम्र बच्चों से बहुत आगे थे। उन्होंने परीक्षा के सभी स्तर उच्चतम अंकों से पास किए और शीघ्र ही उन्हें अगली कक्षा में पहुँचा दिया गया। जब वे स्कूल में पढ़ रहे थे, तभी उनके बेहतरीन शैक्षणिक प्रदर्शन को देखते हुए कई छात्रवृत्तियाँ मिलीं। हालाँकि एक साधारण परिवार से आने के कारण वे हमेशा इस बात को लेकर सचेत रहते थे कि उन्हें अपने लिए आर्थिक प्रबंध स्वयं करने हैं और इसके लिए अपने शानदार शैक्षणिक रिकॉर्ड का उपयोग करना है। वे जोरासांको हाउस में निजी शिक्षक के

रूप में अपनी सेवाएँ देने लगे, जो बंगाल के सामाजिक और सांस्कृतिक उच्चवर्ग के अग्रणी परिवार टैगोर का कोलकाता स्थित निवास स्थान था।

लेकिन युवा ईश्वरचंद्र की वास्तव में आगे अपने पढ़ाई जारी रखने में रुचि थी, इसलिए अपने सीमित संसाधनों के बावजूद उन्होंने कलकत्ता के संस्कृत कॉलेज में प्रवेश ले लिया और वहाँ बारह वर्षों तक अध्ययन किया। यहाँ उन्होंने विविध विषयों का अध्ययन किया, जैसे साहित्य, संस्कृत व्याकरण, व्याख्यान विद्या और खगोल विद्या। 1841 में कॉलेज की पढ़ाई पूरी होने के तुरंत बाद ही उन्हें फोर्ट विलियम कॉलेज में संस्कृत विभाग का अध्यक्ष नियुक्त किया गया। उस समय, ईश्वर चंद्र की आयु मात्र इक्कीस वर्ष थी। इसके कुछ वर्षों पश्चात् उन्होंने कानून की परीक्षा दी और इसे भी उच्च श्रेणी से उत्तीर्ण की।

1846 में अध्यापन के क्षेत्र में मूल्यवान अनुभव प्राप्त करने के पश्चात्, ईश्वर चंद्र ने फोर्ट विलियम कॉलेज छोड़ दिया और सहायक सचिव के पद पर वापस संस्कृत कॉलेज लौट गए। उन्होंने यहाँ सबसे पहले जो कार्य किए, उनमें से एक था कॉलेज की शिक्षा व्यवस्था में लंबे समय से जिन परिवर्तनों की आवश्यकता थी, उनकी शुरुआत की। हालाँकि उनके इस कार्य ने उन्हें रूढ़िवादी सदस्यों के साथ टकराव के मार्ग पर पहुँचा दिया, जिनका नेतृत्व कॉलेज के सचिव रैसोमॉय दत्ता कर रहे थे। उन्हें कुछ समय के लिए कॉलेज छोड़ना पड़ा, ईश्वरचंद्र 1849 में पुनः संस्कृत कॉलेज आ गए, लेकिन इस बार वह साहित्य के प्राध्यापक के रूप में आए थे। ठीक दो वर्षों पश्चात् 1851 में ईश्वर चंद्र को संस्कृत कॉलेज का प्रधानाध्यापक बनाया गया, वे पहले भारतीय बन गए, जिसे यह पद दिया गया।

संस्कृत कॉलेज के प्रधानाध्यापक के अपने नए पद पर ईश्वर चंद्र ने अपने आपको कॉलेज में कुछ महत्त्वपूर्ण सुधार लाने में सक्षम पाया और इनमें से एक था अंगरेजी के अध्ययन को बढ़ावा देना। यद्यपि ईश्वर चंद्र स्वयं प्राचीन शास्त्रीय भाषा संस्कृत के विद्वान् थे, उन्होंने समाज के युवाओं के लिए आधुनिक विषयों की शिक्षा की आवश्यकता को अनुभव किया, जिनका व्यावहारिक उपयोग था। इसलिए वे अंगरेजी को एक विषय के रूप में लाए, जिसे संस्कृत कॉलेज में पढ़ाया जाना था, लेकिन वे ब्रिटिश शासन के चाटुकार नहीं थे। कॉलेज के प्रधानाध्यापक के रूप में उन्होंने जिन सुधारों की आवश्यकता अनुभव की, उसमें संस्कृत के पाठ्यक्रम में सुधार करने के साथ ही स्वदेशी शिक्षा को बढ़ावा देना था।

एक और सुधार, जिसे उन्होंने बढ़ावा दिया, वह कॉलेज में कथित निम्न जाति के विद्यार्थियों को प्रवेश देना था।

1855 में, एक शिक्षा विशारद् के रूप में उनकी विस्तृत होती लोकप्रियता को देखते हुए, उन्हें विद्यालयों का सहायक निरीक्षक बनाया गया, निरीक्षक का सर्वोच्च पद ब्रिटिश व्यक्ति के लिए आरक्षित था। उन्होंने अपने नए उत्तरदायित्वों को गंभीरता से लिया और बंगाली व्याकरण के आधुनिकरण की सिफारिश की। इसके लिए विद्यालयों में पढ़ाए जाने के लिए नई पुस्तकों की आवश्यकता थी और जब उन्हें अच्छी पुस्तकों की कमी का सामना करना पड़ा, ईश्वर चंद्र ने स्वयं उन्हें लिखा और प्रकाशित किया। *बरनोपरिचय* नामक पाठ्य पुस्तक को श्रेष्ठ माना जाता है और इसे आज भी विद्यालयों में पढ़ाया जाता है। ईश्वर चंद्र ने बंगाली वर्णमाला में भी सुधार किया। उन्होंने बंगाली मुद्रण कला की बारह सुर और चालीस व्यंजनों में पुनः संरचना की, जिसने इसे मुद्रण और अध्ययन के लिए अधिक आसान बना दिया।

हालाँकि रैसोमोय दत्ता से उनका टकराव जारी रहा और अंततः ईश्वर चंद्र ने सोचा कि हमेशा के लिए संस्कृत कॉलेज को छोड़ना ही बेहतर रहेगा।

ईश्वर चंद्र द्वारा किए सबसे महत्त्वपूर्ण शैक्षणिक सुधारों में से एक महिला शिक्षा के लिए किए उनके प्रयास थे। बहुत प्रारंभ में ही, उन्होंने यह समझ लिया था कि समाज में महिलाओं की स्थिति को सुधारने के लिए उन्हें शिक्षित करना सबसे प्रभावी मार्ग था। इस उद्देश्य के लिए, वे अंग्रेज सुधारक ड्रिंकवाटर बेथ्यूने से जुड़ गए, जिनका कोलकाता में लड़कियों के लिए पहला स्कूल स्थापित करने में सर्वाधिक योगदान था। इस स्कूल का नाम बेथ्यूने स्कूल रखा गया, इसके प्रबंधन की जिम्मेदारी ईश्वर चंद्र को सौंपी गई।

विधवा पुनर्विवाह अधिनियम

उन्नीसवीं सदी के बंगाली समाज में जो वर्ग सर्वाधिक प्रतिकूल परिस्थितियों में जीवनयापन कर रहा था, वे हिंदू विधवाएँ थीं। अगर वे सती प्रथा के अनुसार अपने पति की चिता के साथ जिंदा जल नहीं पाती थीं, वे संभवतः इच्छा करती थीं कि काश वे ऐसा कर लेतीं। यह स्थिति इसलिए थी कि उस समय उच्च जाति की हिंदू विधवा महिलाओं का जीवन अत्यंत दयनीय और खराब था। उन्हें विवश किया जाता था कि वे अपने सारे आभूषण उतार दें, सामान्य कपड़े पहनना छोड़ दें और रूखा-सूखा भोजन करें। एक विधवा का अस्तित्व घर और विस्तृत समाज के हाशिये में पड़नेवाली एक परछाई के समान था। वह दिन में केवल एक

बार मिलने वाले थोड़े से भोजन पर जीवित रहती थी, सादी सफेद साड़ी पहनती थी, उसे गंजा कर दिया जाता था। विधवा से यह अपेक्षा की जाती थी कि वह जिस परिवार के साथ रह रही है और जो उपरी तौर पर उसके कल्याण के लिए उत्तरदायी दिखता था, के लिए कोल्हू के बैल की तरह कार्य करे। हालाँकि, उसके पास जो भी संपत्ति होती थी, वह उससे ले ली जाती थी और उसे भौतिक और भावनात्मक सहायता के किसी भी स्रोत से अलग कर दिया जाता था।

ईश्वर चंद्र ने हिंदू समाज में विधवाओं से किए जानेवाले इस अमानवीय व्यवहार का प्रबल विरोध किया। उनका मानना था की विधवा पुनर्विवाह उन तरीकों में से एक है, जिसके द्वारा विधवाओं, अक्सर, जो किशोर लड़कियाँ होती थीं, उन्हें आर्थिक और भावनात्मक सुरक्षा प्राप्त हो सकती है और वह परिवार के घेरे में आ सकती हैं।

अधिक महत्त्वपूर्ण यह था कि हिंदू धर्म के मौलिक पवित्र धर्मग्रंथों ने न तो कभी विधवाओं से अनुचित व्यवहार का आदेश दिया न ही कभी उनके पुनर्विवाह के निषेध के लिए कोई बात कही थी। अपने दृष्टिकोण को प्रमाणित करने के लिए ईश्वर चंद्र ने 1855 में दो भागों में *विडो मैरिज* लिखी। यह पुस्तक तथ्यों, विद्वत्ता और पूर्ण मानवतावादी साहित्यशास्त्र का एक शानदार प्रस्तुतिकरण था। इसके द्वारा एक ओर तो उन्होंने शक्तिशाली और अचूक तरीके से अपनी बात रखी, जो इस पर आधारित थी कि हिंदू धर्मग्रंथों को पुनः पढ़ा जाए, क्योंकि उनमें कहीं भी विधवा विवाह का निषेध नहीं था और दूसरी ओर उन्होंने विधवाओं की दयनीय अवस्था के प्रस्तुतिकरण के द्वारा अपने पाठकों की मानवता से अनुरोध किया कि कैसे पुनर्विवाह उनकी स्थिति को बेहतर बना सकता है। विद्यासागर ने अपनी धारणा को एक घटना के द्वारा समझाया, जिसमें एक निर्धन विधवा अपने भूखे पिता को खिलाती है। उन्होंने लिखा—क्या कोई ऐसा मानव होगा, जो इस विधवा के प्रेम, करुणा और अच्छाई का साक्षी बनने के पश्चात् महिलाओं का समर्थक नहीं बनेगा, उन्होंने दावा किया, अगर कोई ऐसा नहीं करता है तो वह इस धरती का सबसे घृणित और कृतघ्न व्यक्ति होगा।

एक और महत्त्वपूर्ण कारण था, जिसने ईश्वरचंद्र को विधवा पुनर्विवाह का कानून पारित करवाने के लिए प्रेरित किया। अक्सर ऐसा होता था कि विधवा जीवन की कठिन परिस्थितियों को सह नहीं पाती थीं, कई युवा लड़कियाँ कोलकाता जाने के लिए अपना घर छोड़ देती थीं, जहाँ उन्हें नृतकी, वेश्या या नगर वधू के रूप में रोजगार मिल जाता था। यह अनुमान था कि 1853 में उनकी संख्या बढ़कर

लगभग तेरह हजार हो गई थी। ईश्वर चंद्र यह जान गए कि अगर विधवाओं को अपने नए विवाहों में भौतिक सुरक्षा मिल जाएगी, तब उन्हें अविवेकी जीवन जीने के प्रलोभन का सामना नहीं करना पड़ेगा।

विधवा पुनर्विवाह पर ईश्वर चंद्र की पुस्तक ने औपनिवेशिक सरकार पर सशक्त प्रभाव छोड़ा और रूढ़िवादी हिंदुओं के विरोध के बावजूद, 1856 में हिंदू विधवाओं को विवाह करने का कानूनी अधिकार प्रदान कर दिया गया। कुछ वर्षों पश्चात् ईश्वर चंद्र के पुत्र ने भी एक विधवा से विवाह किया। विधवा पुनर्विवाह को वैध बनाने की अपनी सफलता को विद्यासागर अपना एकमात्र महानतम अच्छा कार्य मानते थे, लेकिन कई रूढ़िवादी विद्वानों या पंडितों ने कथित रूप से अत्याधुनिक-विचारों के कारण उन पर आक्रमण किया और हिंदू विधवा पुनर्विवाह को बढ़ावा देने के लिए उनके विरुद्ध कई लेख लिखे, जिनमें उनकी निंदा की गई।

बाद में किए गए सुधार

1857 में ब्रिटिश औपनिवेशिक सरकार ने सैन्यद्रोह के रूप में राष्ट्रवादी विद्रोह का पहला स्वाद चखा। यद्यपि विप्लव को कुचल दिया गया, लेकिन अब सरकार ने भारतीय समाज में वैचारिक, सांस्कृतिक और सामाजिक संघर्ष से स्वयं को दूर रखने की एक नीति अपनाई। हालाँकि ईश्वर चंद्र ने कई दमनकारी प्रथाओं के विरुद्ध अपना संघर्ष जारी रखा, जिनका अस्तित्व अभी भी उच्च जाति के हिंदुओं में था। इनमें से एक था बाल विवाह, जिसमें लड़कियाँ अक्सर जिनकी उम्र पाँच या छह वर्ष होती थी, उनका विवाह तीस या चालीस वर्ष के बूढ़े व्यक्तियों से कर दिया जाता था। एक और घिनौनी प्रथा बहुविवाह थी, जिसका अस्तित्व उच्च जाति के बंगाली हिंदुओं में था, जो परिवार की महिला सदस्यों पर स्थायी रूप से बुरा प्रभाव डालता था।

हालाँकि ईश्वर चंद्र द्वारा इन प्रथाओं की निंदा करने के सर्वश्रेष्ठ प्रयासों के बावजूद, सरकार कानूनी सुधारों को लेकर अनिश्चय की स्थिति में बनी रही। सरकार द्वारा सुधारवादी कार्यक्रमों को छोड़ने से व्यथित और अपनी बढ़ती हुई थकान के कारण, ईश्वर चंद्र ने सरकारी सेवा छोड़ दी और वापस ग्रामीण बंगाल में चले गए।

अपने जीवन के अंतिम दिनों में, ईश्वर चंद्र ने समाज के असुविधाओं में

जीवनयापन कर रहे वर्गों के सुधार के लिए कार्य जारी रखा। वे उन रोगियों की सेवा करते थे, जो मलेरिया से मर रहे थे और विधवाओं और अनाथों की देखभाल करते थे। ऐसी लघु कथाएँ हैं कि कैसे यह महान् संस्कृत विद्वान् लावारिस शवों का अंतिम संस्कार करने के लिए श्मशान में जाते और अत्यावश्यक संदेशों को लोगों तक पहुँचाने के लिए मीलों चलते थे, जिनके लिए वे संदेश जरूरी होते थे। उन्नीसवीं शताब्दी के बंगाली-अंगरेजी कवि, माइकल मधुसूदन दत्ता, जब फ्रांस में रह रहे थे, अपनी लापरवाह जीवनशैली के कारण कंगाल हो गए और गले-गले तक कर्ज में डूब गए, ईश्वर चंद्र वह व्यक्ति थे, जिनसे दत्ता ने सहायता का अनुरोध किया था। ईश्वर चंद्र ने माइकल की सहायता करने के लिए बहुत संघर्ष किया और उन्हें वित्तीय सहायता उपलब्ध कराने के लिए अपनी पैतृक संपत्ति भी बेच दी।

उनकी बादवाली सुधार योजनाएँ दक्षिण-पश्चिम बंगाल में आदिवासी समूहों या संथालों से संबंधित थीं। वे प्रांत में सबसे अधिक असुविधाओं में रहनेवाले लोगों के समूहों में से थे, बिना शिक्षा के किसी साधन या चिकित्सीय सुविधाओं के दूरस्थ वनों में रहते थे। ईश्वर चंद्र ने अपने जीवन के अंतिम वर्ष झारखंड की जामतारा तहसील के कर्मतार में बिताने का निर्णय लिया, जहाँ उन्होंने एक घर की स्थापना की, जिसे नंदन कानन नाम दिया गया, बंगाली में जिसका अनुवाद बचपन का बाग होता है। यहाँ उन्होंने क्षेत्र की आदिवासी जनसंख्या को सहायता और होमियोपैथिक उपचार उपलब्ध कराया। उन्होंने लड़कियों के स्कूल और वयस्कों के लिए रात्रि स्कूल की स्थापना की ताकि शिक्षा तक लोगों की पहुँच हो सके।

29 जुलाई, 1891 को ईश्वर चंद्र ने अंतिम सांस ली।

विरासत

जब ईश्वर चंद्र युवा थे, तभी उन्हें विद्या सागर या ज्ञान के समुद्र की उपाधि दी गई थी। आज उन्हें उनकी विद्वत्ता की तुलना में प्रगतिशली सोच, कई समाजसुधारों के लिए जोरदार समर्थन और सबसे उपर, उनके उदार, सादा, अत्यंत करुणामय स्वभाव के लिए अधिक जाना जाता है। समाज के कल्याण, उसकी भाषा, संस्कृति और धर्म के लिये-दिए उनके विस्तृत योगदान को सम्मान देने के लिए ब्रिटिश सरकार ने उन्हें 1880 में चैंपियन ऑफ इंडियन एंपायर बनाया।

विद्यासागर के सुधारवादी कार्यक्रम का एक सबसे महानतम आयाम यह

था कि यह कभी भी अपने स्वयं के धर्म, संस्कृति और वंश के अवमूल्यन पर आधारित नहीं था। इसके बजाय वह महिलाओं और समाज के दूसरे वंचित वर्गों की स्थिति को और बेहतर बनाने के लिए किए जा रहे अपने प्रयासों को तर्कसंगत ठहराने के लिए प्राचीन हिंदू धर्मग्रंथों की ओर वापस लौटे। इस मामले में विद्यासागर बंगाली समाजसुधारकों के अत्यंत प्रभावशाली दल से अलग थे, जिन्होंने अपने सुधारों को कार्यान्वित करने के लिए एक नए धार्मिक संगठन को स्थापित करने का प्रयास किया। दूसरी ओर विद्यासागर ने समाज को उसके भीतर से ही सुधारने का प्रयास किया और इस प्रकार उस समय के दूसरे सुधारवादी समूहों की तुलना में संभवत: अधिक स्थायी विरासत छोड़ी।

□

फ्लोरेंस नाइटिंगेल

समाज सुधार उनको केंद्रित करके किए जाएँ, जो किसी भी रूप में समाज के वंचित वर्ग हैं, लिंग, वर्ग, जाति या वंश के द्वारा, ताकि उनकी स्थिति को बेहतर बनाया जाए। इन वर्गों में सर्वाधिक खिन्न समूहों में से एक है, जिनका उल्लेख बहुत कम ही किया जाता है। युद्ध में घायल सैनिक, जबकि आधुनिक समय में, घायल सैनिक पेशेवर संगठनों का उत्तरदायित्व है, जैसे सेना और चिकित्सा संस्थान, हमेशा ऐसा नहीं था। उन्नीसवीं सदी तक हजारों सैनिकों को युद्धों के स्वीकार्य मूल्यों के रूप में युद्धक्षेत्र में मरने के लिए छोड़ दिया जाता था। यह मानसिकता एक अकेली ब्रिटिश नर्स फ्लोरेंस नाइटिंगेल के प्रयासों से परिवर्तित हो गई, जिनके पूरी-पूरी रात जागकर युद्ध में घायल सैनिकों की सेवा करने ने उन्हें लैडी विद लैंप की उपाधि दिलाई। फ्लोरेंस नाइटिंगेल के प्रयासों से न केवल युद्ध में घायल सैनिकों की बड़ी संख्या में जान बचाई जा सकी, बल्कि व्यापक स्वास्थ्य सेवा सुधारों की शुरुआत भी हुई, जिसने आधुनिक अस्पताल प्रशासन और स्वास्थ्य प्रबंधन की आधारशिला भी रखी।

प्रारंभिक जीवन

फ्लोरेंस नाइटिंगेल का जन्म 12 मई, 1820 को इटली के प्रसिद्ध पुनर्जागरण शहर में हुआ था, जिसके नाम पर ही उनका नामकरण किया गया था। एक उच्चवर्गीय ब्रिटिश युगल के यहाँ जनमे दो बच्चों में वे छोटी थीं। उनके पिता का नाम शोरे नाइटिंगेल था, वह एक संपन्न जमींदार थे, जिन्हें विरासत में दो जागीरें—हैंपशायर, एंबले पार्क और दूसरी लिया हर्स्ट और डर्बी शायर में मिली थीं, जहाँ युवा फ्लोरेंस की परवरिश हुई थी। उन्होंने फ्लोरेसेंस की प्रारंभिक शिक्षा के लिए उनका बहुत मार्गदर्शन किया, जब उन्होंने देखा कि गंभीर अध्ययन

और भाषण देने की ओर उनका स्वाभाविक झुकाव है। जब वे थोड़ी बड़ी हुईं, उन्होंने गणित के साथ ही विभिन्न भाषाओं, जैसे फ्रेंच, जर्मन, इटैलियन, ग्रीक और लैटिन में असाधारण कुशलता का प्रदर्शन किया।

फ्लोरेंस की माँ फ्रांसेस नाइटिंगेल एक व्यापारिक परिवार से आईं थीं और अपने सामाजिक स्तर को बढ़ाने के लिए अक्सर अपने घर पर समाज के प्रभावशाली लोगों को आमंत्रित करती थीं। दूसरी ओर फ्लोरेंस इस प्रकार की सामाजिक परिस्थितियों में कभी भी पूरी तरह से सहज नहीं थीं और हमेशा इस प्रकार के माहौल से स्वयं को दूर रखने का प्रयास करती थीं।

उनके स्वभाव को देखते हुए यह आश्चर्यजनक बात नहीं थी कि फ्लोरेंस ने बचपन से ही परोपकारी कार्यों की ओर अपना झुकाव प्रदर्शित किया। वे अक्सर अपने पिता की जागीर में रहनेवाले निर्धनों और रोगियों के घरों में दिखाई देती थीं। जब वे केवल सोलह वर्ष की थीं, तब कथित रूप से उन्होंने भगवान् के एक संकेत को अनुभव किया। उन्होंने निर्णय लिया कि वे अपना जीवन नर्सिंग के लिए समर्पित कर देंगी, एक पेशा, जिसके बारे में उस समय के संभ्रात वर्ग के लोगों ने कभी सुना भी नहीं था। निःसंदेह नर्सिंग को निम्न श्रेणी के श्रम का केवल एक दूसरा रूप माना जाता था और जाहिर है उनके माता-पिता ने उन्हें यह पेशा अपनाने से मना किया। इसके स्थान पर वे चाहते थे कि वे एक संपन्न व्यक्ति के साथ घर बसा लें, लेकिन जब फ्लोरेंस केवल सत्रह वर्ष की थीं, उन्होंने एक भद्र पुरुष, जिसका नाम रिचर्ड मांकटन मिलनेस था, से विवाह का प्रस्ताव अस्वीकार कर दिया। 1844 में वे पैस्टर फिलिएंडर के लुथेरॉन अस्पताल में नर्सिंग के विद्यार्थी के रूप में अध्ययन करने के लिए कैसरस्वर्थ, जर्मनी चली गईं।

क्रीमिया का युद्ध

1950 के प्रारंभ में लंदन वापस आने के पश्चात्, फ्लोरेंस मिडिलसेक्स अस्पताल में उन रोगियों की देखभाल करने के लिए काम करने लगीं, जो निजी उपचार का खर्च वहन नहीं कर सकते थे। अपने समर्पण और कुशलता से उन्होंने अपने वरिष्ठों को इतना अधिक प्रभावित कर दिया कि एक वर्ष के भीतर ही उन्हें सुप्रिंटेंडेंट के रूप में प्रोन्नति मिल गई। हालाँकि नाइटिंगेल को अपनी नई प्रोन्नति का आनंद लेने का बिल्कुल समय नहीं था, क्योंकि इसके तुरंत बाद ही अस्पताल हैजे के रोगियों से पट गया। उन दिनों अस्पतालों में रोगाणुनाशन और स्वच्छता की अत्यंत कमी थी, इसलिए इस रोग को फैलने से रोकना और

अधिक कठिन कार्य हो गया। फिर भी नाइटिंगेल के संगठन और प्राथमिक रूप से सर्वश्रेष्ठ सफाई व्यवस्था पर उनके आग्रह के कारण, अस्पताल में होनेवाली मृत्युदर अत्यंत कम हो गई और कई जीवन बचाए गए।

लेकिन आगे नाइटिंगेल के सामने इससे भी बड़ी चुनौती थी अक्तूबर, 18 53 में, क्रीमिया का युद्ध हो गया, जिसमें ब्रिटिश सेना ओटोमान एंपायर पर नियंत्रण करने के लिए रूसी बलों से संघर्ष कर रही थी। युद्ध के कारण हजारों ब्रिटिश सैनिकों को ब्लैक सी पर तैनात कर दिया गया। 1854 तक रक्तपात इतने बड़े पैमाने पर हुआ कि 18,000 सैनिकों को सेना के अस्पतालों में भरती करा दिया गया। इसके कारण सैन्य संचालन पर अत्यधिक दबाव पड़ने लगा, दवाइयाँ खतरनाक स्तर तक कम हो गईं और आपूर्ति दयनीय ढंग से अपर्याप्त थी।

सैन्य अस्पतालों की अत्यंत खराब स्थिति के बावजूद, तब यह आधिकारिक नीति थी कि महिला नर्सों को युद्ध क्षेत्रों में तैनात न किया जाए। इसके कारण सुरक्षा की कमी से लेकर नर्सों का स्वयं का गैर पेशेवराना व्यवहार भी था। हालाँकि एल्मा के युद्ध में अत्यधिक बड़ी संख्या में जो जीवित सैनिक बच गए, उन्होंने युद्ध कार्यालय को अपनी इस नीति पर पुनर्विचार करने के लिए विवश किया। ब्रिटेन ने अपने हजारों सैनिकों की भयवाह स्थिति का सामना किया, जो न केवल युद्ध में लगे घावों के कारण जीवित रहने के लिए संघर्ष कर रहे थे, बल्कि उन्हें अपर्याप्त चिकित्सकीय सुविधाओं और अत्यंत अस्वास्थ्यकर स्थितियों को भी झेलना पड़ रहा था।

युद्ध क्षेत्र में जो सैन्य अस्पताल थे, उनमें प्रशिक्षित और पेशेवर चिकित्सा कर्मचारियों की अत्यंत कमी थी। इसे देखते हुए युद्ध सचिव, सिडनी हरबर्ट ने 1854 के अंत में अनुरोध करते हुए एक पत्र लिखा, जिसमें उन्होंने फ्लोरेंस नाइटिंगेल से कहा कि वह नर्सों का एक ऐसा दल तैयार करें, जो क्रीमिया के युद्ध में घायल सैनिकों का उपचार करने के लिए इच्छुक हो। केवल कुछ सप्ताहों के दौरान ही नाइटिंगेल ने नर्सों का एक दल तैयार किया, जो अलग-अलग धर्मों से संबंध रखता था और कानस्टान्टिलोप जाने के लिए तैयार था।

जब नाइटिंगेल नर्सों के अपने दल के साथ स्कुटारी के ब्रिटिश बेस अस्पताल में पहुँची, वे वहाँ पसरी भयावह स्थितियों को देखकर स्तब्ध रह गईं। अस्पताल में न केवल स्टॉफ की अत्यधिक कमी थी, बल्कि वहाँ पर आवश्यक दवाइयों और अन्य चीजों की आपूर्ति भी नहीं हो पा रही थी। सर्वाधिक आधारभूत आवश्यकताएँ जैसे साबुन और पट्टियाँ भी ढूँढ़ना कठिन था, क्योंकि घायल सैनिकों की संख्या

लगातार बढ़ रही थी। पानी जैसी आधारभूत चीज का वितरण भी सीमित मात्रा में किया जाता था।

लेकिन इससे भी अधिक महत्त्वपूर्ण मुद्दा था साफ-सफाई की कमी। यहाँ पहुँचने पर नाइटिंगेल ने पाया कि युद्ध में घायल सैनिकों को अस्पताल के गलियारों में ही स्ट्रेचर पर लिटा दिया जाता था, जहाँ उनकी देखभाल करनेवाला कोई नहीं होता था। वे अपनी गंदगी में ही लिपटे रहते थे और अक्सर उन्हें चूहे और कीड़े काट लेते थे। इन परिस्थितियों को देखते हुए यह कोई आश्चर्य की बात नहीं थी कि नाइटिंगेल ने टायफाइड और हैजे जैसे संक्रमणों को वास्तविक युद्धभूमि में लगे घावों से अधिक मौतों के लिए उत्तरदायी ठहराया।

अपने यहाँ पहुँचने के तुरंत बाद ही नाइटिंगेल ने अस्पताल में स्थितियों को सुधारने के लिए कार्य करना प्रारंभ कर दिया। एक प्रयास जिसके परिणामस्वरूप मृत्युदर दो-तिहाई कम हो गई। उन्होंने बीमारियों को फैलने से रोकने के लिए अस्पताल की दीवारें और फर्श साफ कराएँ और कपड़ों, चादरों आदि को धोने के लिए सैनिकों की पत्नियों का सहयोग लिया। *लंदन टाइम्स* द्वारा उपलब्ध कराए गए फंड्स के द्वारा नाइटिंगेल ने चिकित्सकीय उपकरण खरीदे। सबसे महत्त्वपूर्ण था कि उन्होंने नर्सिंग केयर के लिए कड़े मानक स्थापित किए। उन्होंने बल दिया कि रोगियों के ठीक होने के लिए आवश्यक है कि उनके नहलाने, साफ कपड़े पहनाने और उनकी ड्रेसिंग के साथ-साथ उनको उचित व पर्याप्त भोजन भी उपलब्ध कराया जाए।

इसके साथ ही नाइटिंगेल ने यह भी देखा कि अस्पताल में चिकित्सकीय कर्मचारियों की अत्यंत कमी है। इसलिए उन्होंने प्रयास किए कि वे अपने सोने के समय के अलावा अपना बाकी समय घायल सैनिकों की देखभाल के लिए समर्पित करेंगी, यहाँ तक कि रात में भी अपने साथ लैंप लेकर वे एक कमरे से दूसरे कमरे तक रोगियों को देखने के लिए जाती थीं। इसी के कारण वे शीघ्र ही लैडी विद दी लैंप के नाम से जानी जाने लगीं। घायल सैनिक न केवल उनकी सेवा-सुश्रूषा के लिए उनके आभारी थे, जो उन्हें उनसे मिली थी, बल्कि करुणा और कोमलता के लिए उनकी अंतहीन क्षमता के लिए भी, जिसके कारण वे उन्हें एंजल ऑफ क्रीमिया के रूप में संबोधित करने लगे।

एक बार जब अस्पताल की आधारभूत स्थितियाँ ठीक हो गईं, नाइटिंगेल ने अपना ध्यान इस ओर लगाया कि रोगियों के जीवन की गुणवत्ता को कैसे बेहतर बनाया जाए।

यह मुख्यत: उनकी पहल के कारण था कि अस्पताल ने एक अमान्य रसोईघर प्रारंभ किया, जहाँ घायल सैनिकों के लिए पोषक और स्वादिष्ट भोजन तैयार किया जाता था। उन्हीं के प्रयासों के फलस्वरूप अस्पताल में एक लॉन्ड्री भी स्थापित की गई ताकि रोगियों को साफ कपड़े और चादर आदि मिल सकें। अंतत: नाइटिंगेल ने यह भी अनुभव किया कि मानसिक संबल भी उतना ही महत्त्वपूर्ण है, जितनी शारीरिक देखभाल, इसलिए उन्होंने अधिकारियों को एक पुस्तकालय और क्लासरूम खोलने के लिए प्रेरित किया, जहाँ रोगी सीखने या मनोरंजन करने में अपना समय व्यतीत कर सकते हैं।

उनके कार्य के लिए मान्यता

स्कुटैरी के सैन्य अस्पताल में नाइटिंगेल ने जो अनुभव किया, उसने उन्हें अस्पताल प्रशासन और रोगियों की देखभाल पर एक रिपोर्ट लिखने के लिए प्रेरित किया, विशेषरूप से उनके लिए, जो युद्धक्षेत्र में संचालित हो रहे थे। इस रिपोर्ट को शीर्षक दिया गया *मैटर्स अफेक्टिंग द हेल्थ, इफिशिएंसी एंड हॉस्पिटल एडमिनिस्ट्रेशन ऑफ ब्रिटिश आर्मी* ; रिपोर्ट के इन 830 पृष्ठों में, नाइटिंगेल ने न केवल उन चुनौतियों का तीक्ष्ण विश्लेषण आगे रखा, जिनका सामना स्वास्थ्य सेवा को संघर्ष वाले क्षेत्रों में करना पड़ता है, बल्कि कई महत्त्वपूर्ण और व्यावहारिक सुझाव भी रखे कि कैसे स्वास्थ्य सेवा में सुधार किए जा सकते हैं और विशेष रूप से सैन्य अस्पतालों की स्थिति को सुधारा जा सकता है।

नाइटिंगेल की रिपोर्ट का प्रभाव लगभग तुरंत हो गया। इसने न केवल वॉर ऑफिस एडमिनिस्ट्रेटिव डिपार्टमेंट का पूर्णरूप से पुनर्गठन किया, बल्कि 1857 में सेना के स्वास्थ्य के लिए रॉयल कमीशन बनाने की प्रक्रिया को तीव्र कर दिया। उनके कार्यों के दूर-दूर तक पहुँचे प्रभावों से अनजान, नाइटिंगेल स्कुटैरी अस्पताल में लगातार क्रीमिया युद्ध के अंत तक अपने कर्तव्यों के निर्वहन में लगी रहीं।

1856 की गर्मियों में नाइटिंगेल ने स्कुटैरी छोड़ दिया और वापस इंग्लैंड चली गईं, जहाँ उनकी इच्छा लिया हर्स्ट के शांत वातावरण में कुछ समय के लिए आराम करने की थी। फिर से ऐसा न हो सका, लेकिन इस बार कारण कुछ और था। स्कुटैरी में उनकी नर्सिंग की सफलता की कहानियाँ पहले ही इंग्लैंड पहुँच चुकी थीं और अपने देश इंग्लैंड आने पर नाइटिंगेल का एक हीरो के समान स्वागत किया गया। जिस कुशलता और करुणा से उन्होंने घायल सैनिकों की देखभाल

की थी, उसके लिए उन्हें सर्वोच्च वर्ग से प्रशंसा और सराहना दोनों प्राप्त हुईं। उनके अथक प्रयासों को मान्यता देते हुए, ब्रिटेन की तत्कालीन महारानी क्वीन विक्टोरिया ने उन्हें एक उत्कीर्ण जड़ाऊ पिन दिया, जिसे नाइटिंगेल ज्वेल कहा गया। महारानी ने उन्हें दो लाख पचास हजार डॉलर की ईनामी राशि देने की घोषणा भी की, जिसे नाइटिंगेल ने अच्छे कार्यों के लिए खर्च करने का निर्णय लिया।

ब्रिटिश सरकार से मिली नगद पुरस्कार राशि से, नाइटिंगेल ने अस्पताल प्रशासन और रोगियों की देखभाल में सुधार लाने का संकल्प लिया। 1860 में अपने पैसों से उन्होंने सेंट थॉमस अस्पताल की स्थापना की, जिसकी एक महत्त्वपूर्ण संस्था नाइटिंगेल ट्रेनिंग स्कूल फॉर नर्सेस थी। नर्सों में उच्च स्तर की पेशेवराना कुशलता विकसित करने और नर्सिंग के कार्य का संपूर्ण रूप से आधुनिकरण करने की दिशा में यह एक महत्त्वपूर्ण कदम था। इसने नर्सिंग की शिक्षा को धर्मनिरपेक्ष भी बनाया, क्योंकि इतिहास के अधिकतर भाग में नर्सिंग केयर केवल कान्वेंट की सिस्टरों और दूसरे धार्मिक वर्गों से आती थीं। नाइटिंगेल इस बात पर बल देती थीं कि दूसरे कुशल पेशों के समान नर्सिंग भी व्यवस्थित और वैज्ञानिक रूप से सिखाई जानी चाहिए और यह केवल नर्सों पर ही नहीं छोड़ना चाहिए कि वे अपने आप ही सीख जाएँ।

एक कुशल और करुणामयी नर्स होने के साथ-साथ नाइटिंगेल एक निपुण सांख्यिकीविद् भी थीं। उन्होंने एक चार्ट विकसित किया था, जो कोक्सकॉम्ब चार्ट के नाम से जाना जाता है, यह रोगियों की मृत्यु-दर जानने के लिए अस्पताल प्रशासन की सहायता करता था, लेकिन यह किसी भौतिक पहल से भी अधिक स्थायी, नर्सिंग के प्रति दृष्टिकोण में परिवर्तन साबित हुआ, जो नाइटिंगेल अपनी पेशेवराना सफलता से लाने में सफल रही थीं।

सम्मानों और पुरस्कारों के साथ जो नाइटिंगेल पर बरसाए गए, नर्सिंग अधिक समय तक एक निम्न श्रेणी के अर्धकुशल कॅरियर विकल्प के रूप में नहीं देखा गया; यहाँ तक कि अच्छे शिक्षित परिवारों की लड़कियाँ भी अब नर्सिंग को एक कॅरियर के रूप में लेने की इच्छुक रहती हैं। सबसे महत्त्वपूर्ण था कि यह उस समय, जब महिलाओं के लिए विकल्प अत्यंत सीमित थे, एक व्यवहार्य कॅरियर विकल्प बन गया।

यद्यपि नाइटिंगेल स्वयं एक पेशेवर नर्स थीं, वे हमेशा से यह जानती थीं कि संपूर्ण समुदाय के स्वास्थ्य को सुधारने के लिए घर पर नर्सिंग केयर की क्या भूमिका है। इस उद्देश्य को मस्तिष्क में रखते हुए, उन्होंने शरीर के अंगों की कार्यप्रणाली

पर एक पुस्तक का संकलन किया, जिसका शीर्षक उन्होंने *नोट्स ऑन नर्सिंग : व्हॉट इट इज एंड व्हॉट इट इज नॉट,* जिसमें परिवारों और गृहस्थों को निर्देश दिए गए थे कि बीमारों की देखभाल कैसे की जाती है। नाइटिंगेल के परामर्श का स्थायी औचित्य का अनुमान केवल इस तथ्य से लगाया जा सकता है कि इस कार्य का प्रकाशन 1860 से, यानी लगभग डेढ़ सौ वर्षों से निरंतर हो रहा है।

समुदाय में घर को स्वास्थ्य सेवा की आधारभूत इकाई बनाने के लिए, नाइटिंगेल ने दाइयों को शिक्षित करने के लिए किंग्स कॉलेज अस्पताल में 1862 में एक स्कूल की स्थापना की। उन्होंने जिला स्तर पर नर्सिंग के प्रशिक्षण के लिए एक अभियान चलाया, ताकि वे गरीब और कमजोर लोग, जो महँगे उपचार का खर्च वहन नहीं कर सकते या दूर शहरों में स्थित अस्पतालों में नहीं जा सकते, उन्हें कम-से-कम आधारभूत नर्सिंग केयर तो मिल ही जाए। जब दूसरे रॉयल कमीशन को भारत में स्वास्थ्य सेवा की व्यवस्था को निर्धारित करने का कार्य सौंपा गया, उसने प्रमुख पर्यावरणीय सुधार करने के सुझाव दिए, जो नाइटिंगेल के सांख्यिकी डेटा पर आधारित थे। फिर से गृहयुद्ध छिड़ने पर, उन्हें अक्सर सैन्य क्षेत्रों में स्थित अस्पतालों के प्रबंधन पर परामर्श देने के लिए बुलाया जाता था।

कई सम्मानों में से एक, जो नाइटिंगेल को उनके बाद के जीवन में प्राप्त हुए, वह था टाइटिल ऑफ लैडी ऑफ ग्रेस ऑफ द आर्डर ऑफ सेंट जॉन ऑफ जेरुसलम। 1908 में, 88 वर्ष की आयु में, उन्हें किंग एडवर्ड द्वारा मेरिट ऑफ ऑनर प्रदान किया गया, इस प्रकार से वह इतिहास की पहली महिला बन गईं, जिन्हें इस प्रकार से सम्मानित किया गया था।

बीमारी

स्कुटैरी के अस्पताल में काम करने के दौरान नाइटिंगेल को एक भयानक रोग हो गया, जिसे उस समय क्रीमियन फीवर के नाम से जाना जाता था। यह लगभग ब्रुसेल्लोसिस के समान था, जिसकी चपेट में वे संभवतः दूषित दूध पीने से आई थीं। इस बीमारी ने उन्हें बिस्तर तक ही सीमित कर दिया, जब उनकी उम्र केवल 38 वर्ष थी। हालाँकि वे बीच-बीच में ठीक हो जाती थीं, बीमारी ने उन्हें जीवनभर के लिए दर्द और दुर्बल अवस्था में ला दिया, लेकिन फ्लोरेंस नाइटिंगेल ने हिम्मत नहीं हारी, यहाँ तक कि जब वे बिस्तर पर थीं, वे लगातार सैन्य और सरकारी अस्पतालों, दोनों में नर्सिंग में सुधारों तथा स्वास्थ्य सेवा का पूर्णरूप से आधुनिकीकरण, करने के लिए निर्देश देती रहीं।

कठोर परिश्रम और बीमारी के कई वर्षों बाद, एक दिन अगस्त, 1910 में नाइटिंगेल की तबीयत बहुत खराब हो गई। हालाँकि थोड़े समय के लिए उनका स्वास्थ्य थोड़ा सुधरा था, 12 अगस्त, 1910 को शुक्रवार की शाम को, उनके शरीर में कई प्रकार की जटिलताएँ विकसित हो गईं। 13 अगस्त, 1910 की अलस्सुबह को अपने लंदन स्थित घर में उन्होंने अंतिम साँस ली।

उनकी इच्छा का सम्मान करते हुए, उनके परिवार ने राजकीय सम्मान के साथ अंतिम संस्कार का प्रस्ताव ठुकरा दिया और उन्हें वेस्टमिंस्टर एब्बे में दफनाया गया। नाइंटगैल को सेंट पॉल कैथेडरल, लंदन में स्मारक सेवा दी गई और उन्हें हैम्पशायर के ईस्ट वेल्लो के सेंट मार्गरेट चर्च स्थित उनकी पारिवारिक जमीन पर दफनाया गया।

विरासत

नाइटिंगेल न केवल विश्व के सर्वोत्कृष्ट पेशों में से एक के लिए सम्मान और मूल्य लेकर आईं, बल्कि नर्सिंग के अध्ययन और अभ्यास का आधुनिकीकरण करने के लिए भी उन्होंने बहुत प्रयास किए। कई आधारभूत अवधारणाएँ, जो उन्होंने नर्सिंग के अध्ययन में प्रारंभ की थीं, निःसंदेह वे आज भी लगभग डेढ़ सदी बीतने के पश्चात् भी उपयुक्त हैं। इन सभी कारणों से नाइटिंगेल को आधुनिक नर्सिंग का संस्थापक-दार्शनिक माना जाता है और उनके जन्मदिन 12 मई को स्वास्थ्य सेवा में नर्सों की महत्त्वपूर्ण भूमिका का उत्सव मनाने के लिए प्रतिवर्ष अंतरराष्ट्रीय नर्स डे के रूप में मनाया जाता है।

जिन स्वास्थ्य सेवा सुधारों को नाइंटगैल के द्वारा प्रारंभ किया गया, उनकी प्रतिध्वनि आगे भी बहुत सुनाई दी, जिसने समाज में चिकित्सा सेवाओं में सुधारों का मार्ग प्रशस्त किया। उस समय जब महिलाओं के लिए जो आर्थिक रूप से आत्मनिर्भर होना चाहती थीं, केवल कुछ ही कॅरियर के विकल्प उपलब्ध थे, नर्सिंग एक प्रकार के निम्न श्रेणी के कार्य से एक सम्मानित पेशे के रूप में रूपांतरित हो गया। इसने महिलाओं को आर्थिक आत्मनिर्भरता के साथ-साथ उन्हें उनके घर से दूर स्थानों पर नौकरियाँ करने के लिए शारीरिक स्वतंत्रता देने में एक बड़ी भूमिका निभाई, इस प्रकार से इसने पाश्चात्य संसार में महिलाओं के स्वतंत्रता आंदोलन में अपनी एक महत्त्वपूर्ण भूमिका निभाई।

□

एलिजाबेथ कैडी स्टैनटोन

एलिजाबेथ कैडी स्टैनटोन संयुक्त राज्य अमेरिका में हुए महिलाओं के प्रारंभिक अधिकार आंदोलनों के मार्गदर्शकों में से एक थीं। वे प्रारंभ से ही उन्मूलनवादी थीं, उन्होंने महिलाओं को मत देने के अधिकारों से वंचित रखने का विरोध किया और उन्नीसवीं सदी के मध्य में हुए मताधिकार आंदोलन की एक प्रमुख व्यक्तित्व बन गईं। उन्होंने महिला अधिकारों के लिए लड़नेवाली दूसरी महिलाओं जैसे लुकरेसिया मोट्स और विशेषकर सुसैन बी. एंथोनी के साथ मिलकर कार्य किया। स्टैनटोन ने नेशनल सफरैज एसोसिएशन का बीस वर्षों तक नेतृत्व किया। स्टैनटोन को आज विशेषरूप से *डिक्लैरेशन ऑफ सेंटीमेंट्स* को लिखने के लिए याद किया जाता है, जो जीवन के सभी क्षेत्रों में महिलाओं की समानता के लिए एक भावपूर्ण आह्वान था।

प्रारंभिक जीवन

एलिजाबेथ कैडी का जन्म 12 नवंबर, 1815 को न्यूयॉर्क के जांसटाउन में हुआ था। उनके पिता डेनियल कैडी एक प्रतिष्ठित वकील थे, जो बाद में न्यूयॉर्क के उच्चतम न्यायालय के न्यायाधीश के पद तक पहुँचे। कुछ इतिहासकारों के अनुसार, न्यायाधीश कैडी ने इस तथ्य के बारे में कुछ रहस्य नहीं रखा कि उनकी प्राथमिकता बेटा था। इस बात ने उनके जीवन के प्रारंभिक वर्षों में ही एलिजाबेथ का समाज में लिंग भेद के विभिन्न रूपों से परिचय करा दिया और इस समाज में समानता का स्तर पाने की चुनौती ने उन्हें प्रेरणा दी। उनका झुकाव घर-गृहस्थी और पार्टियों के बजाय गंभीर अध्ययन, लेखन और बौद्धिक गतिविधियों की ओर हुआ, जिन्हें कथित रूप से पुरुषों का क्षेत्र माना जाता था।

हालाँकि जब डेनियल कैडी ने पाया कि एलिजाबेथ की वास्तव में पढ़ाई में

रुचि है, उन्होंने अमेरिकी कानून के विभिन्न पहलुओं से उनका परिचय कराया और उन्हें कानूनी चर्चाओं और वाद-विवादों के लिए भी प्रोत्साहित किया। इसका एक परिणाम यह हुआ कि एलिजाबेथ जान गईं कि कानून महिलाओं के लिए पुरुषों की तुलना में अंतर्निहित रूप से कितने अनुचित हैं। विवाहित महिलाओं की स्थिति तो और भी खराब थी, क्योंकि वास्तव में वैवाहिक संपत्ति, वित्तीय रोजगार और यहाँ तक कि अपने स्वयं के बच्चों के संरक्षण के मामले में उन्हें कोई अधिकार नहीं है। इन सब बातों ने एलिजाबेथ को विश्वास दिलाया कि वे सक्रियातावाद के मार्ग का अनुसरण करें और समाज व कानून में महिलाओं की स्थिति के बारे में कुछ करें।

अपने समय की कई लड़कियों के विपरीत, एलिजाबेथ सैभाग्यशाली थीं कि उन्हें औपचारिक शिक्षा मिली। उनकी प्रारंभिक शिक्षा जांसटाउन अकेडमी में हुई, जहाँ उन्होंने सोलह वर्ष की आयु तक प्रतिष्ठित भाषाओं, जैसे ग्रीक और लैटिन के साथ ही गणित, धर्म, विज्ञान, फ्रेंच और लेखन का अध्ययन भी किया। स्कूल की पढ़ाई पूरी करने के पश्चात्, एलिजाबेथ ने एम्मा विल्लाड्‌र्स ट्रॉय फीमेल सेमिनरी में प्रवेश ले लिया, जहाँ से 1832 में उन्होंने स्नातक की उपाधि प्राप्त की और तुरंत ही उदार सामाजिक-राजनीतिक धाराओं की ओर आकर्षित हो गईं। वे विशेष रूप से अपने रिश्ते के भाई, गेरी स्मिथ से प्रभावित थीं, जो समकालीन सुधार आंदोलनों के सक्रिय सदस्य थे। उनके ही घर पर एलिजाबेथ का दासता उन्मूलन, संयमिता का पालन करना और महिलाओं के अधिकारों को विस्तार देना जैसी बातों से परिचय हुआ। यहीं उनकी अपने होनेवाले पति, उन्मूलनवादी हेनरी ब्रिवस्टर स्टैटोन से मुलाकात भी हुई, जो उम्र में युवा एलिजाबेथ से कहीं बड़े थे और उनसे कहीं अधिक स्वछंद जीवन जिया था। अपने पिता के विरोध के बावजूद, उन्होंने स्टैनटोन से विवाह करने का निर्णय लिया, हालाँकि अपने व्यक्तिगत जीवन में भी। एलिजाबेथ महिलाओं के जीवन में परिवर्तन लाने के लिए दृढ निश्चयी थीं। इसलिए जब 1840 में उन्होंने स्टैनटोन से विवाह किया, तब उन्होंने यह निर्णय लिया कि वे अपनी विवाह की प्रतिज्ञाओं में आज्ञा पालन करना शब्द का उच्चारण नहीं करेंगी। इस दंपती के सात बच्चे हुए और वे बाद में न्यूयॉर्क के सेनेका फॉल्स में बस गए।

सेनेका फॉल्स सम्मेलन

उन्नीसवीं सदी के मध्य में, दासता उन्मूलन की माँग पाश्चात्य समाज के विभिन्न क्षेत्रों में शक्तिशाली होने लगी। समाज के एक बहुत बड़े भाग ने दासता

जैसी अमानवीय प्रथा के विरुद्ध आवाज उठाना प्रारंभ कर दिया था, जिसमें धार्मिक संगठनों से लेकर धर्मनिरपेक्ष उदारवादी समूह सम्मिलित थे।

1840 में विश्व दासता-विरोधी सम्मेलन लंदन में आयोजित हुआ, जो दमन के इस रूप का विरोध करने के लिए था, जो किसी व्यक्ति की त्वचा के रंग पर आधारित था, कई देशों के लोगों को एक साथ लाया।

लेकिन इसी सम्मेलन में, विभेद और दमन के एक दूसरे प्रमुख रूप पर कोई चर्चा नहीं की गई, जो लिंग पर आधारित था, बल्कि इस सम्मेलन में तो महिला प्रतिनिधियों को भाग लेने की अनुमति भी नहीं दी गई, जिनमें उन्मूलनवादी और महिलाओं के अधिकारों के लिए कार्य करनेवाली लुकरेसिया मोट्स भी थीं। इसने स्टैनटोन और उस समय की कई महिला सक्रियतावादियों को संत्रस्त कर दिया। उन्होंने मोट्स के साथ मिलकर महिलाओं के अधिकारों के लिए 1848 में न्यूयॉर्क के सेनेका फॉल्स में एक सम्मेलन आयोजित किया। सेनेका फॉल्स कन्वेन्शन बहुत प्रसिद्ध हो गया, न केवल इसलिए कि यह महिलाओं के अधिकारों के लिए किया गया विश्व का पहला सम्मेलन था, बल्कि संयुक्त राज्य अमेरिका में महिलाओं के अधिकारों के आंदोलन के इतिहास की एक निर्णायक घटना के रूप में भी। यहीं *डिक्लेरेशन ऑफ सेंटीमेंट्स* अनुमोदित हुआ था और महिलाओं के मत देने और दूसरे अधिकारों को प्राप्त करने की लंबी यात्रा के दौरान एक प्रकाशस्तंभ के रूप में खड़ा रहा।

दी डिक्लेरेशन ऑफ सेंटीमेंट्स

दी डिक्लेरेशन ऑफ सेंटीमेंट्स को बड़ी सूझ-बूझ के साथ 1776 की स्वतंत्रता की घोषणा के आधार पर तैयार किया गया था। यह एक दस्तावेज था, जो समाज में महिलाओं के लिए समान अधिकारों को स्थापित करना चाहता था और आह्वान करता था कि देश के कानून के अंतर्गत इसे मान्यता दी जाए। इसे स्टैनटोन ने ल्युक्रेटिया मोट्स के साथ मिलकर लिखा था। सम्मेलन के पहले दिन स्टैनटोन ने इस घोषणा पत्र को पूरा पढ़कर सुनाया, इस पर चर्चा हुई और इसमें थोड़े-बहुत संशोधन की गुंजाइश भी छोड़ी गई। सम्मेलन के दूसरे दिन महिला प्रतिनिधियों को इस पर मत देने का कहा गया और अगले दिन पुरुषों को भी इस पर अपना मत देने की अनुमति दी गई। अंतत: 20 जुलाई, 1948 को इस घोषणा-पत्र को सर्वसम्मति से स्वीकार कर लिया गया।

सुसैन बी. एंथोनी से संबंध

1851 में स्टैनटोन की मैसाचुसेट्स में जनमी सामाजिक कार्यकर्ता सुसैन बी. एंथोनी से जान-पहचान हुई। वे एक उन्मूलनवादी और संयमिता आंदोलन की समर्थक थीं। तब तक उन्होंने महिलाओं के अधिकारों के लिए लड़ने का निर्णय नहीं लिया था, विशेषरूप से मत देने के अधिकार के लिए। दोनों के मध्य प्रभावकारी कामकाजी संबंध विकसित हुए, जिसमें स्टैनटोन ने महिलाओं के मताधिकार आंदोलन के लिए लेखन और सिद्धांतों को प्रस्तुत करने का उत्तरदायित्व लिया, जबकि एंथोनी ने स्वयं को सार्वजनिक रणनीतियाँ बनाने और लोगों से मिलने-जुलने से अधिक संबंधित रखा। एंथोनी अकेली थीं और उनके बच्चे भी नहीं थे, जिनकी देखभाल करने की जिम्मेदारी उन पर हो, इसलिए उनके पास यात्राएँ करने और महिला मताधिकार के आंदोलन को और आगे बढ़ाने के लिए लोगों से मिलने के लिए समय और ऊर्जा दोनों थीं। दूसरी ओर स्टैनटोन बेहतर लेखक थीं, इसलिए एंथोनी के कई भाषाणों को उन्होंने लिखा था। हालाँकि स्टैनटोन एंथोनी की तुलना में महिला अधिकारों के कार्यक्रम को और अधिक विस्तृत करना चाहती थीं, लेकिन कुछ सैद्धांतिक मतभेदों के बावजूद स्टैनटोन और एंथोनी के प्रभावी कामकाजी संबंध थे, जिसमें दोनों एक-दूसरे की पूर्णरूप से पूरक थीं और इसीलिए पहली बार मिलने के बाद पचास वर्षों से भी अधिक समय तक दोनों 1902 में स्टैनटोन की मृत्यु तक घनिष्ठ मित्र और सहकर्मी रहीं।

1854 में स्टैनटोन को महिला अधिकारों के विधेयक पर न्यूयॉर्क विधानसभा को संबोधित करने का अवसर दिया गया। प्रभाव स्पष्ट था और 1860 में महिलाओं के स्तर में अधिकतर कानूनी सुधार, जिसके लिए स्टैनटोन तर्क दे रही थीं, विधायी निकाय द्वारा पारित कर दिए गए। हालाँकि महिलाओं को मतदान का अधिकार देनेवाला सबसे महत्त्वपूर्ण मुद्दा बच गया और स्टैनटोन की यह माँग कि मत देने के अधिकार का विस्तार महिलाओं तक किया जाए, को ठुकरा दिया गया।

अमेरिकी गृहयुद्ध के परिणामों के बाद स्पष्ट हो गया कि समाज में लिंग-भेद की जड़ें कितनी गहरी हैं। पुनर्निर्माण में काले लोगों के साथ अतीत में जो गलत किया गया, उसे ठीक करने की बात तो कही गई, लेकिन समाज की आधी आबादी के उन अधिकारों का कोई उल्लेख नहीं किया गया, जिन्हें देने से व्यावहारिक रूप से लंबे समय से मना किया जाता रहा था। महिला अधिकार, जिसमें मताधिकार का अधिकार भी सम्मिलित था, को छोड़ दिया गया, हालाँकि पुनर्निर्माण के अंतर्गत जिन पुरुषों को स्वतंत्र किया गया, उन्हें भी यह अधिकार प्रदान कर दिया गया।

स्टैनटोन ने अमेरिका के संविधान में संशोधन करने की माँग की, जिससे महिलाओं को मतदान करने का अधिकार दिया जाए और इस उद्‌देश्य के लिए उन्होंने एंथोनी के साथ नेशनल वीमंस लॉयल लीग का निर्माण किया। दोनों सक्रियतावादियों ने महिलाओं के मताधिकार को काले लोगों को दिए गए मताधिकार से जोड़ दिया और इस आधार पर यह माँग की कि यह अधिकार महिलाओं को भी प्रदान किया जाए, हालाँकि इससे उन्हें पुनर्निर्माण के कुछ प्रतिनिधियों का समर्थन मिला, महिलाओं के मतदान करने के अधिकार की माँग ठुकरा दी गई। इसके पश्चात् स्टैनटोन और एंथनी ने संयुक्त राज्य अमेरिका के संविधान के चौदहवें और पंद्रहवें संशोधन पर अपना ध्यान केंद्रित किया, उन्होंने महिलाओं को मतदान का अधिकार देने की माँग को अनदेखा करने के कारण उनकी आलोचना की।

इस अंतर्निहित अन्याय ने स्टैनटोन और एंथोनी को प्रोत्साहित किया कि वे महिलाओं को मतदान का अधिकार देने की अपनी माँग को अधिक विस्तृत और संगठित स्तर तक ले जाएँ। 1868 में दोनों सक्रियतावादियों ने एक आक्रामक साप्ताहिक पत्रिका *रिवॉल्यूशन* निकालने का निर्णय लिया। उनका अगला कदम एक संस्था का निर्माण करना था, जो महिलाओं को मतदान का अधिकार देने के कार्य को आगे बढ़ाने के लिए समर्पित हो और इसका परिणाम नेशनल वुमन सफरैज एसोसिएशन के रूप में सामने आया। स्टैनटोन ने बीस वर्षों से भी अधिक समय तक इसके अध्यक्ष के रूप में अपनी सेवाएँ दीं और उनकी बड़ी उपलब्धियों में से एक रही कि 1890 में वहे एक प्रतिद्वंद्वी समूह अमेरिकन वीमेस सफरैज एसोसिएशन के साथ विलय करने में सफल रहीं। इसके पश्चात् यह समूह नेशनल अमेरिकन वुमन सफरैज एसोसिएशन के नाम से जाना गया और स्टैनटोन ने अगले दो वर्षों तक इसके अध्यक्ष के रूप में अपनी सेवाएँ दीं।

अन्य सुधार

यद्यपि स्टैनटोन आज महिलाओं के लिए मतदान के अधिकार के आंदोलन में अपनी भूमिका के लिए सबसे अधिक याद की जाती हैं, वे वास्तव में समाज के सभी आयामों में लिंग भेद का विरोध करने के लिए समर्पित थीं। 1888 में, जब चर्च ऑफ इंग्लैंड ने अपना बाइबिल का संशोधित संस्करण प्रकाशित किया, बाइबिल की जानकार प्रसिद्ध महिला विदुषी जूलिया स्मिथ से परामर्श लिये बिना, तब स्टैनटोन और दूसरी महिला अधिकार कार्यकर्ता, जिनमें उनकी बेटी हैरिएट

स्टैनटोन ब्लॉच भी सम्मिलित थीं, समीक्षा समिति का गठन करने के लिए एक साथ आईं। इसने एक व्याख्या प्रकाशित की, जिसमें बाइबिल में महिला चरित्रों की भूमिका को रेखांकित किया गया था। इसके साथ ही कुछ निश्चित परिच्छेदों की पुनर्व्याख्या की जिनके बारे में उनका विश्वास था कि पारंपरिक रूप से महिलाओं के प्रति पूर्वाग्रहों से भरे हुए हैं। इसका परिणाम एक अत्यंत कठोर शब्दों में लिखी प्रत्यालोचना के रूप में सामने आया, जिसे *दी वीमंस बाइबिल* नाम दिया गया यह धर्म में महिलाओं के साथ किए जानेवाले व्यवहार के बारे में थी।

कुछ सीमा तक, *दी वीमंस बाइबिल* की आँच महिलाओं के लिए मतदान के अधिकार के आंदोलन में रूढ़िवादी धार्मिक तत्त्वों के विकास के द्वारा ठंडी पड़ने लगी। जब स्टैनटोन इंग्लैंड की यात्रा से वापस आईं, उन्होंने पाया कि ईसाई राजनीतिक कार्यकर्ताओं को विश्राम के दिनों में सार्वजनिक संस्थाओं को बंद रखने के लिए उत्तेजित किया जा रहा है, विवाह विच्छेद उदारीकरण को कम किया जा रहा है और यहाँ तक कि ईसाई धर्म को राज्य धर्म के रूप में स्थापित करने का प्रयास किया जा रहा है। स्टैनटोन ने अनुभव किया कि यह न केवल देश की धर्मनिरपेक्ष प्रकृति और इसकी प्राथमिक संस्थाओं को नष्ट कर देगा, बल्कि अंततः महिलाओं की स्थिति में जो प्रगति हुई है, उसे भी समाप्त कर देगा। इस प्रकार के धार्मिक हस्तक्षेपों का विरोध करने के कारण उनका वुमंस क्रिश्चियन टेंपेरैंस यूनियन के साथ संघर्ष हो गया, यह मताधिकार के लिए लड़नेवाले कार्यकर्ताओं की नई पीढ़ी थी, यहाँ तक कि एंथोनी भी स्टैनटोन के उग्र सुधारवादी विचारों का समर्थन करने में हिचकिचा रही थीं और दी वीमंस बाइबिल के प्रकाशन के कारण नेशनल अमेरिकन वुमन सफरैज एसोसिएशन ने भी सार्वजनिक रूप से स्टैनटोन की निंदा की।

यद्यपि *दी वीमंस बाइबिल* को उस समय के बाइबिल के विशेषज्ञों द्वारा असंगत विद्वत्ता और साहित्यिक कौशल के कारण खारिज कर दिया, कुछ महिला सक्रियतावादियों के द्वारा भी इसे स्वीकारने से मना कर दिया गया। इसका महत्त्व इसमें निहित था कि पहली बार, कुछ महिलाओं ने कम-से-कम स्वयं वैकल्पिक इतिहास लिखने और अपना दृष्टिकोण प्रस्तुत करने का प्रयास किया, जो आवश्यक रूप से पारंपरिक और पुरुष-केंद्रित के समान नहीं था।

स्टैनटोन ने यह भी रेखांकित किया कि कानून की दृष्टि में महिलाओं के प्रति पूर्वाग्रह कितनी गहरी पैठ बना चुका है। उन्होंने विवाह में महिलाओं के संपत्ति पर समान अधिकारों के साथ ही बच्चों की समान संरक्षता के लिए अभियान चलाया।

महिलाओं के लिए कानूनी सुधारों में; उनके प्रयासों में उन शर्तों को आसान बनाना भी था, जिनके अंतर्गत महिलाओं को तलाक प्रदान किया जा सकता है। स्टैनटोन ने इन सब प्रावधानों के लिए संघर्ष किया ताकि महिलाओं के लिए अनुचित विवाहों से बाहर आना अधिक आसान हो जाए। स्टैनटोन इतनी निर्भय थीं कि उन्होंने माँ बनने के औरत के अधिकार की भी माँग कर दी। इन मुद्दों पर उनकी इस निर्भीक माँग ने बाद के वर्षों में उन्हें कुछ सीमा तक हाशिए पर ला दिया, चूँकि ये कथित रूप से पुरुषों और महिलाओं के निजी जीवन से जुड़े हुए थे और अपेक्षा की जाती थी कि कानून इसमें कोई हस्तक्षेप न करे। लगभग एक सदी बीतने के पश्चात् 1960 और 1970 के दशक में हुए महिला अधिकारों के आंदोलनों ने इस ओर संकेत किया कि यह मुद्दा वास्तव में निजी नहीं, राजनीतिक था और महिलाओं के अधिकारों को लंबे समय तक परिवार की शुचिता और निजी संबंधों को बनाए रखने का बहाने बनाकर दबाया गया।

स्टैनटोन ने प्रलेखन और महिलाओं के अपना इतिहास स्वयं लिखने के महत्त्व की आवश्यकता को समझ लिया था। पारंपरिक रूप से इतिहास को पुरुष विद्वानों की विशिष्टता माना जाता रहा है, जिसके कारण हमेशा नहीं, लेकिन अक्सर ही यह युद्धों, संघर्षों, साम्राज्यों और सम्राटों के उभार और पतन पर केंद्रित रहा है। समुदायों के इतिहास, उनकी चुनौतियों और प्रगतियों को युद्ध क्षेत्र की अधिक भव्य घटनाओं के लिए एक ओर कर दिया गया। इसलिए स्टैनटोन ने एंथोनी के साथ मिलकर मताधिकार आंदोलन का इतिहास लिखने की तैयारी की एक परियोजना, जिसमें उनका साथ उस समय की एक और प्रसिद्ध महिला विदुषी, मैटिल्डा जोस्लिन गैग ने भी दिया, बनाई। उनके संयुक्त प्रयासों ने *हिस्ट्री ऑफ वुमन सफरैज* (188 1-ड़) के तीन खंडों के प्रकाशन का मार्गप्रशस्त किया।

विरासत

26 अक्तूबर, 1902 को एलिजाबेथ कैडी स्टैनटोन की मृत्यु न्यूयॉर्क में हार्ट फेलियर के कारण हुई और उन्हें न्यूयॉर्क के ब्रोंक्स की वुडलॉन सिमेटरी में दफनाया गया। यद्यपि स्टैनटोन स्वयं कभी औपचारिक रूप से कॉलेज में शिक्षा प्राप्त नहीं कर पाईं, उनकी दोनों बेटियों ने प्राप्त की एक उपलब्धि, जो सक्रियतावादियों जैसे उनकी माँ के प्रयासों के बिना संभव नहीं होती, जिन्होंने समाज के सभी आयामों में महिलाओं के अधिकारों के लिए प्रयास किए। हालाँकि इसमें लगभग बीस

वर्ष और लग गए, जब संयुक्त राज्य के संविधान में 19वाँ संशोधन पारित हुआ, जिसने सभी नागरिकों को मत देने का अधिकार दिया, जिसमें राष्ट्र की महिलाएँ भी सम्मिलित थीं।

उनके जीवन के बाद के वर्षों में स्टैनटोन को महिलाओं के मताधिकार के आंदोलन में तब उनके उग्र सुधारवादी विचारों, तलाक की प्रक्रिया को आसान बनाने, महिलाओं के संपत्ति के अधिकार में बढ़ोत्तरी करने और विवाह में संतानोत्पत्ति के चयन के समर्थन के कारण कुछ सीमा तक दरकिनार कर दिया गया। इसके अतिरिक्त धर्म पर उनके अपारंपरिक विचार, जैसा कि महिलाओं की बाइबिल प्रकाशित करने में स्पष्टतया दिखाई दिया, मताधिकार के लिए संघर्ष करनेवाले कई लोगों को विवश किया कि वे महिला मताधिकार आंदोलन के अग्रणी स्वर के रूप में स्टैनटोन की बजाय एंथोनी पर अपना ध्यान केंद्रित करें। यह चूक 1923 तक जारी रही, जब सेनेका फॉल्स कन्वेशन के 75वीं जयंती समारोह के दौरान, महिलाओं के अधिकारों के आंदोलन में स्टैनटोन द्वारा निभाई भूमिका की एकमात्र प्रशंसा उनकी पुत्री हैर्रियॉट स्टैनटोन ब्लॉच की ओर से आई। यह तो केवल बीसवीं सदी के अंतिम वर्षों में हुआ कि महिलाओं के मुद्दों के साथ जैसे तलाक, यौन और प्रजनन स्वतंत्रता समकालीन महिलाओं के अधिकारों के आंदोलन के केंद्र में आ गए, तब स्टैनटोन के योगदान के महत्त्व की पहचान प्रारंभ हुई। अब उन्हें न केवल उन्नीसवीं सदी में हुए मताधिकार आंदोलन, बल्कि संयुक्त राज्य अमेरिका में विस्तृत महिला अधिकार आंदोलन को प्रारंभ करने के लिए, जिसने कानून और समाज में महिलाओं के अधिकारों में सुधार करने की, माँग की का केंद्रीय व्यक्तित्व होने का श्रेय दिया जाता है।

□

जैन एडम्स

जैन एडम्स बीसवीं सदी के प्रारंभ के अमेरिका की एक प्रसिद्ध परोपकारितावादी, मानवतावादी कार्यकर्ता और समाज सुधारक थीं। 1889 में उन्होंने संयुक्त राज्य अमेरिका के पहले आश्रय स्थलों में से एक, इलिनोइस शिकागो में हुल हाउस की सह-संस्थापना की। अपने संपूर्ण जीवन में, एडम्स समाज के वंचित वर्गों, जिसमें सर्वाधिक असुरक्षित महिलाएँ सम्मिलित थीं, की स्थिति को सुधारने के प्रयासों में लगी रहीं। उन्होंने वीमंस इंटरनेशनल लीग फॉर पीस एंड फ्रीडम के अध्यक्ष के रूप में अपनी सेवाएँ दीं और नेशनल फेडरेशन ऑफ सेटलमेंट्स की स्थापना की। वे ऐसी पहली महिला भी थीं, जिन्हें नेशनल कॉन्फ्रेंस ऑफ सोशल वर्क्स के अध्यक्ष के रूप में चुना गया। सामाजिक कार्य के क्षेत्र में उनके सभी योगदानों के लिए जैन एडम्स को 1931 में नोबल शांति पुरस्कार से सम्मानित किया गया।

प्रारंभिक जीवन

उनका जन्म लौरा जेन के रूप में 6 सितंबर, 1860 को इलिनोइस के सेडारविल्ले में हुआ था, एडम्स परिवार के कुल नौ बच्चों में से आठवें नंबर पर थीं। उनके पिता एक सफल व्यवसायी होने के साथ-साथ एक स्थानीय राजनीतिक नेता भी थे, जिन्होंने राज्य सेनेट के सदस्य के रूप में सोलह साल अपनी सेवाएँ दी थीं। वह गृह युद्ध में एक अधिकारी के रूप में भी लड़े थे और राष्ट्रपति अब्राहम लिंकन ने उन्हें अपना घनिष्ठ मित्र कहकर संबोधित किया था। इसलिए जेन अपने जीवन के प्रारंभ से ही आरामदायक जीवन की आदी थीं, हालाँकि उन्हें स्वास्थ्य समस्याओं से संघर्ष करना पड़ा। रीढ़ की हड्डी की जन्मजात खराबी के कारण उन्हें बचपन में कुछ समय तक बिस्तर पर ही रहना पड़ा, हालाँकि बाद में उसे सर्जरी से ठीक कर दिया गया, जेन शारीरिक रूप से हमेशा दुर्बल ही रहीं।

एक संपन्न परिवार से होने के कारण, एडम्स को शिक्षा दिलाने के लिए कोई प्रयास नहीं छोड़ा गया। उन्होंने रॉकफोर्ड फीमेल सेमिनैरी में प्रवेश ले लिया और 1881 में स्नातक की उपाधि प्राप्त की, उन्होंने अपनी कक्षा की ओर से विदाई भाषण भी दिया। चूँकि संस्थान को रॉकफोर्ड कॉलेज के रूप में मान्यता 1882 में मिली थी, यही वह वर्ष था, जब उन्हें औपचारिक रूप से बैचलर डिग्री प्रदान की गई। अगले छह वर्षों के दौरान उन्होंने अध्ययन और कार्य के कई विकल्पों की खोज-बीन की। यद्यपि एडम्स ने मेडिसिन की पढ़ाई प्रारंभ कर दी, लेकिन अपने खराब-स्वास्थ्य के कारण उन्हें पढ़ाई बीच में ही छोड़नी पड़ी और कई बार अस्पताल में भी भर्ती होना पड़ा।

इसके पश्चात्, एडम्स ने समुद्री मार्ग से यूरोप जाने का निर्णय लिया और अगले इक्कीस महीनों तक वे उस महाद्वीप में घूमती रहीं। वहाँ उन्होंने इसकी भाषाओं और दर्शन का अध्ययन किया, इसके साथ ही वहाँ की नवीनतम सामाजिक-राजनीतिक धाराओं को भी समझा। अगले दो वर्ष उन्होंने अध्ययन और लेखन को समर्पित किए, इस दौरान वह यह निर्णय लेने के प्रयास में भी लगी रहीं कि उन्हें जीवन में क्या करना है। यह उनकी अपने मित्र एल्लेन जी. स्टार के साथ यूरोप की दूसरी यात्रा के दौरान हुआ, जब उन्होंने एक आश्रय स्थल को देखा, जिसका नाम टॉयन्बी हॉल था, जो लंदन के ईस्ट एंड में स्थित था। अब चीजें उनके मस्तिष्क में स्पष्ट होने लगीं और उन्होंने अनुभव किया कि यही कार्य तो वे करना चाहती हैं, समाज के बहुत सारे वंचित वर्गों की स्थिति को सुधारने के लिए।

अमेरिका में कदम रखने से पहले ही उन्होंने शिकागो के सबसे निर्धन क्षेत्रों में से एक में एक आश्रय स्थल खोलने की योजना बना ली थी। 1889 में उन्होंने और स्टार्र ने एक बड़े घर को किराए पर ले लिया, जिसका निर्माण चार्ल्स हुल के द्वारा हाल्सटेड और पोल्क स्ट्रीट्स के किनारे पर किया गया था। दोनों महिलाओं ने बड़े से घर में प्रवेश किया, इसे गरीबों और जरूरतमंदों का आश्रय बनाने का दृढ निश्चय लिया। बाद में एडम्स ने लिखा कि आश्रय स्थल को स्थापित करने में उनका उद्देश्य उच्च नागरिक और सामाजिक जीवन के लिए एक केंद्र उपलब्ध कराना; शैक्षणिक और परोपकारिक उद्यमों को स्थापित करना और उनकी देखभाल करना तथा शिकागो के औद्योगिक जिलों में स्थितियों की पड़ताल करना और उन्हें सुधारना था।

अपने उच्च उद्देश्य में, एडम्स को अक्सर कई चुनौतियों का सामना करना पड़ता, जैसे वंचित लोगों के लिए संसाधनों और स्टाफ की कमी। इनसे निपटने

के लिए एडम्स और स्टार्र दोनों ने शिकागों में होनेवाले सार्वजनिक कार्यक्रमों में जाना प्रारंभ किया, जहाँ वे भाषण देतीं और लोगों से चंदे के लिए भावपूर्ण अनुरोध करतीं, चाहे वह आर्थिक रूप में हो या सेवाओं के रूप में। एडम्स ने संपन्न परिवारों की महिलाओं से अनुरोध किया कि आश्रय स्थल की महिलाओं और बच्चों की देखभाल करने में सहायता करें। वहाँ के निवासियों की भौतिक आवश्यकताओं को पूरा करने के अलावा, एड्डम्स और स्टार्र बीमार लोगों की देखभाल करतीं और जिन्हें भावनात्मक सहारे की आवश्यकता होती, उन्हें संबल देतीं। दोनों उत्साही कार्यकर्ताओं ने लोगों के वास्तविक अर्थों में कल्याण के लिए मानसिक प्रेरणा के महत्त्व को भी समझा। इसलिए एडम्स ने सुनिश्चित किया कि सुबह बच्चों के लिए नर्सरी की कक्षाएँ चलाई जाएँ और बड़े बच्चों के लिए दोपहर में क्लब मीटिंग की व्यवस्था की जाए। वयस्कों के लिए रात्रि कक्षाओं की व्यवस्था की गई, जहाँ वे न केवल अध्ययन कर सकते हैं, बल्कि कुछ मनोरंजक गतिविधियों में भाग भी ले सकते हैं।

हुल हाउस समाज के सबसे जरूरतमंद वर्गों को भोजन और आश्रय उपलब्ध कराने के साथ प्रारंभ हुआ था, विशेषकर शिकागो के औद्योगिक क्षेत्र के निर्धन आप्रवासियों और श्रमिकों को। इसकी स्थापना के दूसरे वर्ष से इसमें प्रति सप्ताह लगभग दो हजार लोग आने लगे। समय के साथ अर्थिक सहायता प्रचुर मात्रा में मिलने लगी, आश्रय स्थल विस्तृत होता गया, इसमें अलग-अलग तेरह भवनों से अधिक सम्मिलित हो गए, जिसमें मध्य में पड़ोस के बच्चों के लिए एक खेल का मैदान था और अंततः यह हाल्सटेड और पोल्क स्ट्रीट्स के एक संपूर्ण वर्गाकार भूखंड पर फैल गया।

उसकी आधारभूत संरचना में जो सबसे पहले परिवर्तन किए गए, उनमें से एक कला दीर्घा का निर्माण करवाना था, हालाँकि उपयोग संबंधी दृष्टिकोण से यह अव्यावहारिक दिखाई दे सकता है, लेकिन इसे स्थापित करने के पीछे एक कारण था। सुंदरता और कला पर रस्किन के दर्शन के साथ ही टॉयन्बी हॉल से प्रभावित होकर, एडम्स और स्टार्र ने मौलिक रूप से सोचा कि आश्रयस्थल एक ऐसा स्थान हो सकता है, जहाँ शिक्षित महिलाएँ अपनी कला और साहित्य का ज्ञान निर्धन श्रमिकों के साथ साझा कर सकती हैं, हालाँकि शीघ्र ही एडम्स ने अनुभव किया कि लोगों की उपयोगी आवश्यकताओं को पूरा करना सर्वाधिक आवश्यक है। इसलिए अगले कार्य के रूप में यहाँ सार्वजनिक रसोई बनाई गई ताकि पोषक भोजन ताजा-ताजा तैयार किया जा सके। आधारभूत आवश्यकताएँ, जैसे भोजन

और आश्रय उपलब्ध कराने के पश्चात् यह आवश्यक था कि यहाँ के निवासियों के लिए उपयोगी सामाजिक सेवाएँ जैसे कामकाजी महिलाओं के बच्चों के लिए डे-केयर सेंटर और जो अमेरिका की नागरिकता प्राप्त करना चाहते हैं, उनके लिए अंगरेजी सिखाने की कक्षाओं की व्यवस्था की जाए। इसके अलावा संस्थापकों ने स्वस्थ मनोरंजन उपलब्ध कराने का भी प्रयास किया। चूँकि अब अधिक संसाधान उपलब्ध थे, यहाँ कॉफी हाउस, एक जिम और एक स्विमिंग पूल भी खोला गया।

अंततः एडम्स और स्टार्र ने आश्रय स्थल में रहनेवाले लोगों में व्यावसायिक कौशल का निर्माण करने के लिए तरीके ढूँढ़े। इसी के अनुसार लड़कियों के लिए एक सहकारी छात्रावास स्थापित किया गया, इसके पश्चात् पुस्तकों की जिल्द बनाने के लिए एक लघु कारखाना खोला गया, एक संगीत क्लब, एक कला स्टूडियो, एक नाट्य-कला संस्था, एक संचारी पुस्तकालय और फिर एक रोजगार ब्यूरो और एक श्रम संग्रहालय की स्थापना की गई। ये सभी संस्थाएँ वहाँ के निवासियों को पेशेवर कौशल प्राप्त करने में सहायता करती थीं या कम-से-कम एक माध्यम खोजने में जिसमें वे अपने खाली समय का सदुपयोग कर सकें। एडम्स ने अपने कार्य दर्शन को अपने दो व्याख्यानों में व्यक्त किया। *दी सब्जेक्टिव नेसेसिटी फॉर सोशल सेटलमेंट्स* और *दी ऑब्जेक्टिव वैल्यू ऑफ सोशल सेटलमेंट,* जहाँ उन्होंने वर्णन किया कि किसी भी आश्रय स्थल की सफलता इसके लचीलेपन, इसकी तुरंत अनुकूलन की क्षमता, अपनी पद्धतियों को परिवर्तित करने की इसकी तत्परता जैसा इसका वातावरण संभवतः माँग करे पर निर्भर करती है। अभावग्रस्त लोगों के लिए सांस्कृतिक सुरुचि का कारक होने से बहुत दूर, एडम्स ने अनुभव किया कि हुल-हाउस अपने उद्देश्य को एक सूचना और व्याख्या विभाग के रूप में अपने उद्देश्य को अधिक बेहतर तरीके से प्रस्तुत कर सकता है। निःसंदेह एक कमीशन मर्चेंट के रूप में, इसलिए यह शिकागो के विभिन्न वर्गों के निवासियों को साझे नागरिक उद्देश्यों के आस-पास एक साथ ला सकता है।

जैसे ही हुल हाउस की सफलता का समाचार विस्तृत रूप से फैला, एडम्स अपने सामाजिक और मानवतावादी कार्यों के लिए जानी जाने लगीं। अंततः उन्हें शिकागो के नागरिक प्रशासन में अधिक सक्रिय भूमिका निभाने के लिए आमंत्रित किया गया। 1905 में एडम्स को शिकागो के शिक्षा मंडल में सम्मिलित किया गया और कुछ समय पश्चात् स्कूल प्रबंधन समिति का अध्यक्ष बनाया गया। मानवतावादी सहायता को औपचारिक रूप देने और सुधारने के लिए उनके द्वारा किए जा रहे निरंतर प्रयास 1908 में शिकागो स्कूल ऑफ स्विक्स एंड फिलैनथ्रॉपी की स्थापना

के रूप में सामने आए। अगले ही वर्ष, एडम्स को नेशनल कॉन्फ्रेंस ऑफ चैरिटीज एंड कोरेक्शंस के अध्यक्ष का प्रतिष्ठित पद दिया गया था, इस प्रकार वह पहली महिला बन गईं, जिन्हें इस प्रकार की नियुक्ति प्राप्त हुई।

अपने स्वयं के शहर में, एडम्स अपने नागरिक उत्तरदायित्वों में विशेष रूप से सक्रिय थीं। वे शहर में साफ-सफाई की स्थितियों की कड़ाई से जाँच करतीं और एक अवसर पर तो उन्होंने एक हजार डॉलर के वार्षिक वेतन पर उन्नीसवें वार्ड के कूड़ा-कचरा निरीक्षक का आधिकारिक पद भी स्वीकार कर लिया। इसके अलावा एडम्स अत्यावश्यक सेवाओं के कार्यान्वयन पर कड़ी दृष्टि रखतीं, जैसे दूध का वितरण और दाइयों का कार्य। मादक पदार्थों के वितरण और सेवन की जानकारी भी प्राप्त करतीं ताकि इस संकट को समाज में जड़ें जमाने से रोका जा सके। उनके इन सभी कार्यों ने उन्हें समाज की सबसे प्रभावशाली संस्थाओं का सम्मान दिलाया और 1910 में वह पहली महिला बनीं, जिन्हें येल यूनिवर्सिटी ने मानद उपाधि प्रदान की।

नारीवादी कार्य

हालाँकि एडम्स एक मानवतावादी कार्यकर्ता के रूप में प्रसिद्ध हो गईं, वे इसके प्रति पूर्णरूप से जागरूक थीं कि समाज का एक वर्ग हैं महिलाएँ, जिन्हें विशेष रूप से सामाजिक और कानूनी सुधारों के द्वारा ऊपर उठाने की आवश्यकता है और महिलाओं की स्थिति में किसी भी प्रकार के सुधार के लिए यह आवश्यक था कि उन्हें मत देने का अधिकार दिया जाना चाहिए। इसलिए एडम्स महिलाओं के मताधिकार आंदोलन की तीव्र समर्थक बन गईं, जो पहले से ही कुछ सक्रिय कार्यकताओं, जैसे ल्युक्रेटिया मोट्स, एलिजाबेथ कैडी स्टैनटोन और सुसैन बी. एंथोनी के प्रयासों से विस्तृत रूप से चलाया जा रहा था। महिलाओं की आवाज विधायिका में सुनी जाए, इसकी आवश्यकता के बारे में कोई संदेह नहीं था, एडम्स ने अधिक विस्तृत नारीवादी कार्यक्रम के लिए अभियान चलाया। उन्होंने घोषणा की कि महिलाओं के लिए यह महत्त्वपूर्ण है कि वह घर-गृहस्थी के सुविधाजनक वातावरण को छोड़ें और समाज के लिए कहीं अधिक सक्रिय भूमिकाओं की आकांक्षा की ओर बढ़ें। उन्होंने महिलाओं को प्रोत्साहित किया कि वे और अधिक प्राप्त करने की इच्छा करें और उन मार्गों को खोजें, जिसके द्वारा इस प्रकार की आकांक्षाएँ पूरी की जा सकें।

शांतिवाद

सामाजिक सुधार और महिलाओं के अधिकारों के लिए कार्य करने के अतिरिक्त, एडम्स विश्व शांति के आदर्श का प्रसार करने में भी सम्मिलित थीं। यह उनका विश्वास था कि युद्ध धरती पर सबसे बड़ा विध्वंसकारी बल है और यह प्रत्येक सरकार व समाज का कर्तव्य है कि जितना अधिक-से-अधिक संभव हो, इससे दूर रहें। युद्ध न केवल जीवन, आजीविका, प्रकृति और संपत्ति के लिए विस्तृत विनाश लाते हैं, बल्कि समाज को संघर्षों के समाधान की सभ्य पद्धतियों से भी दूर ले जाते हैं। युद्ध संसाधनों को सामुदायिक योजना से दूर दूसरी दिशा में सैन्य खर्चों की ओर ले जाते हैं, लेकिन इन सबसे ऊपर, यह समाज के कुछ निश्चित असुरक्षित वर्गों की कठिनाइयों को कई गुना बढ़ा देते हैं। महिलाओं के लिए, जो पारंपरिक रूप से कानून और धर्म के द्वारा वंचित हैं, युद्ध अतिरिक्त समस्याएँ लाता है, जैसे आर्थिक अभाव, खाद्य पदार्थों की कमी और खतरनाक परिस्थितियों के मध्य शारीरिक सुरक्षा की कमी। इन सब कारणों के लिए एडम्स ने उन सभी संस्थाओं से संपर्क करना प्रारंभ किया, जो अंतरराष्ट्रीय नीतियों को प्रभावित करती हैं और अपने भाषणों में, उन्होंने शांति की आवश्यकता को रेखांकित किया। 1906 में उन्होंने यूनिवर्सिटी ऑफ विसकोन्सिन के ग्रीष्मकालीन सत्र में कई व्याख्यान दिए, जिसे अगले वर्ष एक पुस्तक के रूप में संकलित किया गया, जिसे, *न्युवर आइडियल्स ऑफ पीस* शीर्षक दिया गया। 1913 में दी हैग्यु स्थित पीस पैलेस के निर्माण की स्मृति में एक समारोह आयोजित किया गया, यहाँ एडम्स को पीस ओवर वार इन नो अनसर्टेन टर्म्स विषय पर व्याख्यान देने के लिए आमंत्रित किया गया। अगले दो वर्षों में उन्होंने अमेरिका के प्रथम विश्व युद्ध में सम्मिलित होने के विरुद्ध व्याख्यान देने के लिए यात्राएँ कीं, इन यात्राओं को कार्नेगी फाउंडेशन द्वारा प्रायोजित किया गया। जनवरी 1915 में एडम्स को वीमंस पीस पार्टी का अध्यक्ष बनाया गया, और केवल चार महीने बाद ही हैग्यु में होनेवाली इंटरनेशनल कांग्रेस ऑफ वीमन कान्वेंड की अध्यक्ष बन गईं। अंततः कांग्रेस ने वीमंस इंटरनेशनल लीग फॉर पीस एंड फ्रीडम की स्थापना की, जिसका अध्यक्ष एडम्स को बनाया गया और उन्होंने 1929 तक इस पद पर अपनी सेवाएँ दीं। इस काल के दौरान, उन्होंने छह अंतरराष्ट्रीय सम्मेलनों में अध्यक्षीय अधिकारी के रूप में कार्य किया और अपने शेष जीवन में इसकी मानद अध्यक्ष रहीं।

अतीत में उनके द्वारा किए गए सारे मानवतावादी कार्यों के बावजूद, उनके लगातार अमेरिका के प्रथम विश्व युद्ध में भाग लेने के विरोध के कारण एडम्स

मीडिया के आक्रमणों का लक्ष्य बन गईं। समाचार-पत्रों के संपादकों और राजनीतिज्ञों ने उन्हें देशद्रोही और मूर्ख कहकर उनकी भर्त्सना की, यहाँ तक कि टेडी रूजवेल्ट, जिन्होंने प्रोग्रेसिव पार्टी में उनका समर्थन किया था, बुल माउस कहकर उन्हें पार्टी से निकाल दिया। उन्हें खुलकर युद्ध का विरोध करने के कारण डॉटर्स ऑफ अमेरिकन रिवॉल्युशन से भी निकाल दिया गया, हालाँकि इस प्रकार के प्रहारों से उन्हें झटका लगा, लेकिन एडम्स अपने मानवतादी कार्यों से पीछे नहीं हटीं। उन्होंने वही किया, जो वह सबसे बेहतर जानती थीं। उन लोगों के लिए वापस कार्य करना प्रारंभ किया, जिन्हें सहायता की वास्तव में आवश्यकता थी। वे प्रख्यात मानवतावादी नेता हरबर्ट होवर की एक महत्त्वपूर्ण साथी बन गईं और शत्रु राष्ट्रों की महिलाओं तथा बच्चों को राहत कार्य के रूप में भोजन की आपूर्ति करनेवाले कार्यक्रम में सम्मिलित हो गईं। इन सब अनुभवों को उन्होंने एक पुस्तक में उतारा, जिसे उन्होंने *पीस एंड ब्रेड इन टाइम ऑफ वार* (1922) शीर्षक दिया।

युद्ध के पश्चात् अमेरिका के राजनीतिक वातावरण में युद्ध के कठोर समर्थनवाली भावनाओं में थोड़ी शिथिलता आ गई, क्योंकि लोग उपचारात्मक और पुनर्निर्माण के कार्य को प्रारंभ करने का प्रयास करने लगे। अब लोग जेन एडम्स के मानवतावादी कार्यों की सराहना करने लगे और 1920 के अंत तक उन्होंने पहलेवाला सार्वजनिक सम्मान पुनः प्राप्त कर लिया। 1931 में अतीत के उनके सभी मानवतावादी कार्यों, नागरिक पहलों के साथ ही प्रथम विश्व युद्ध के दौरान मानवतावादी योगदान के लिए जेन एडम्स को नोबल शांति पुरस्कार से सम्मानित किया गया, लेकिन इस समय तक उनका स्वास्थ्य, जो कभी अच्छा नहीं रहा, तेजी से खराब होने लगा, विशेषकर 1926 में आए हार्ट अटैक के पश्चात्। जिस दिन ओसलो में उनके नाम को नोबल शांति पुरस्कार से सम्मानित किया जा रहा था, वह बाल्टीमोर में अस्पताल में थीं। 1935 में उनकी एक सर्जरी हुई, जिससे उनके शरीर में पनप रहे कैंसर के बारे में पता चला। एडम्स स्वास्थ्य सँभल न पाया और तीन दिन पश्चात् उनकी मृत्यु हो गई। हुल हाउस के प्रांगण में आयोजित उनकी अंतिम सेवा में समाज के सभी क्षेत्रों से लोग उनकी स्मृति को अपना सम्मान देने आए।

विरासत

जेन एडम्स परोपकार को समृद्धों और उच्च वर्ग की बैठकों से बाहर लाईं और इसे एक व्यावहारिक कार्य के रूप में रूपांतरित कर दिया। जब उन्होंने हुल हाउस

की स्थापना की, यह संयुक्त राज्य का दूसरा आश्रय स्थल था। प्रथम विश्व युद्ध के पूर्व जो चार सौ आश्रय स्थल पूरे देश में अस्तित्व में आए, हुल हाउस उनमें से न केवल सबसे प्रसिद्ध निकला, बल्कि बाद में होनेवाले सामाजिक सुधार आंदोलन के लिए सर्वाधिक प्रयोगात्मक और प्रभावकारी भी।

एडम्स ने महिलाओं के लिए मताधिकार और उनके सशक्तिकरण की आवश्यकता को भी रेखांकित किया। उन्होंने अनुभव किया कि जब तक समाज का यह महत्त्वपूर्ण वर्ग सामाजिक रूप से दमित रहेगा, कितने भी मानवतावादी कार्य कर लिये जाएँ, उनका परिणाम वास्तविक सामाजिक कल्याण के रूप में नहीं आ सकता। प्रसिद्ध राजनीतिक टिप्पणीकार वाल्टर लिप्पमैन्न ने एक पूरे राष्ट्र को आवाज दी, जब उन्होंने एडम्स की मृत्यु के पश्चात् संपादकीय स्तुति लेख में लिखा, उन्होंने लिखा कि उनका जीवन और कॅरियर प्रजातंत्रीय विश्वास का मूलभूत अनुमोदन है।

□

फ्लोरेंस केली

फ्लोरेंस केली बीसवीं सदी के प्रारंभ की एक अमेरिकी समाज सुधारक थीं, जिन्होंने देश में राज्य और केंद्रीय; दोनों स्तरों पर श्रम कानून विकसित करवाने में महत्त्वपूर्ण भूमिका निभाई। उनके श्रम कार्यों का एक महत्त्वपूर्ण आयाम बच्चों के अधिकारों और उनके जीवन तथा कार्य स्थितियों को सुधारने के लिए संघर्ष करना था। उनके प्रयासों ने 1912 में अमेरिका के बाल विभाग की स्थापना में महत्त्वपूर्ण भूमिका निभाई थी। दूसरे कानूनी सुधारों के साथ, केली उपभोक्ता अधिकारों की अगुआ थीं। उन्होंने नेशनल कंज्यूमर लीग की अध्यक्षता 34 वर्षों तक की थी। 1932 में जब उनकी मृत्यु हुई, तब तक देश में साठ से अधिक स्थानीय और राज्य कंज्यूमर लीग की स्थापना देश में हो गई; इनकी स्थापना में उनकी प्रबंधन कुशलता का सबसे बड़ा योगदान था।

पृष्ठभूमि

फ्लोरेंस केली का जन्म 12 सितंबर, 1859 को फिलाडेल्फिया के अमेरिकी कांग्रेसी नेता विलियम डर्राह के यहाँ हुआ। केली का पालन-पोषण शांतिवादी और उन्मूलनवादी परिवार में हुआ, जहाँ प्रगतिशील राजनीति जीवन का मार्ग थी। उनके पिता रिपब्लिक पार्टी के संस्थापक सदस्यों में से एक थे, उनकी एक निकट संबंधी साराह पुघ उन्नीसवीं सदी के अंत में चलाए जा रहे दासता-विरोधी आंदोलन में सक्रिय रूप से सम्मिलित थीं। एक बार जब अमेरिकी महिलाएँ दासता विरोधी सम्मेलन कर रहीं थीं, तब दासता-समर्थक भीड़ ने वहाँ हंगामा किया और आयोजन स्थल को आग के हवाले कर दिया, सम्मेलन का पुनः आयोजन साराहपुर के स्कूल में किया गया।

प्रारंभिक सक्रियतावाद

स्कूल की पढ़ाई पूरी करने के पश्चात्, केली ने 1876 में कोरनेल यूनिवर्सिटी में प्रवेश ले लिया। बार-बार होनेवाली स्वास्थ्य समस्याओं के कारण, उन्हें अपनी डिग्री पूरी करने में छह वर्ष का समय लगा और 1882 में उन्होंने स्नातक की उपाधि प्राप्त की। केली के शैक्षणिक कौशल ने ही उन्हें फी बेटा कप्पा सोसायटी ऑनर्स में भाग लेने में सहायता की, इसके पश्चात् वे अपनी स्नातकोत्तर की पढ़ाई करने के लिए यूनिवर्सिटी ऑफ ज्युरिख चली गईं। उस महाद्वीप पर उतरने से पहले ही, केली महिला मताधिकार और अफ्रीकन-अमेरिकी नागरिक अधिकारों की कट्टर समर्थक बन गईं थी, लेकिन एक बार यहाँ पहुँचने पर, केली की समाजवादी दर्शन में रुचि हो गई और वे इंटरकॉलेजिएट सोशलिस्ट सोसायटी से जुड़ गईं। इसमें आश्चर्य की बात नहीं है कि वह मार्क्सवादी अध्ययन के लिए बहुत उत्सुक हो गईं। इसके अलावा समाजवादी विचारक फ्रेडरिच इंगेल्स केली के घनिष्ठ मित्र थे और उन्होंने उनकी पुस्तक *दी कंडीशन ऑफ वर्किंग क्लास इन इंग्लैंड* का अंगरेजी में अनुवाद किया। अनुवाद की शक्ति और प्रभाव इतना था कि आज भी समाजवादी विद्यार्थियों और विद्वानों के द्वारा इसे व्यापक रूप से पढ़ा जाता है।

जब वे ज्युरिख में थीं, उनकी मुलाकात पोलिश-रशियन समाजवादी विशनाइवेस्की से हुई, जो चिकित्सा शास्त्र की पढ़ाई कर रहे थे। दोनों ने 188 4 में विवाह कर लिया और एक वर्ष पश्चात् उनके यहाँ एक बच्चे का जन्म हुआ। दो वर्ष पश्चात् केली और उनके पति न्यूयॉर्क शहर में आकर बस गए, जहाँ उनके दो बच्चे और हुए, हालाँकि इस युगल के बीच मतभेद उभरने लगे और 1891 में, फ्लोरेंस केली, अपने बच्चों को अपने साथ लेकर शिकागो चली गईं। अंततः दोनों ने तलाक ले लिया, इसके बाद वह फिर से अपना विवाह पूर्ववाला नाम ही उपयोग करने लगीं, लेकिन उन्होंने अपने नाम के पहले श्रीमती लगाना जारी रखा।

1891 से 1899 तक केली शिकागो के आश्रय स्थल हुल हाउस में रहीं, जो परोपकारवादी और समाज सुधारक जेन एडम्स ने प्रारंभ किया था। एक निवासी के रूप में, केली वहाँ रही भी और उन्होंने वहाँ प्रगतिशील महिलाओं के मध्य कार्य भी किया, जो सहकारी सामुदायिक जीवन और सामान्य सामाजिक सुधारों को प्रोत्साहित करने के मार्ग खोज रही थीं। 1892 में इलिनोईस ब्यूरो ऑफ लेबर स्टैटिक्स ने केली से वस्त्र उद्योग में कम वेतन व्यवस्था की जाँच करने

के लिए कहा। कैरोल्ल राइट, फेडरल कमीशनर ऑफ लेबर, ने उन्हें शिकागो के वार्ड नंबर उन्नीस में एक सर्वे करने का कार्य सौंपा। हुल हाउस में रहने के दौरान, केली ने कम वेतन देनेवाली दुकानों में बाल श्रम का अध्ययन किया और इस विषय पर इलिनोइस स्टेट ब्यूरो ऑफ लेबर के लिए एक रिपोर्ट जारी की। इसे *हुल-हाउस मैप्स एंड पैपर्स* का शीर्षक दिया गया, जिसने सामाजिक कल्याण और श्रमिकों की स्थितियों से संबंधित नीतियों के सूत्रीकरण पर महत्त्वपूर्ण प्रभाव डाला।

केली की रिपोर्ट इतनी प्रभावकारी थी कि गर्वनर पीटर अल्टगेल्ड ने उन्हें इलिनोइस राज्य का मुख्य फैक्टरी निरीक्षक बना दिया। उस समय तक इतने महत्त्वपूर्ण पद पर किसी महिला की नियुक्ति के बारे में किसी ने सुना भी नहीं था, जिसके कारण न केवल उन्हें काफी समय तक बाहर शहर में घूमना पड़ता था, बल्कि बहुत बड़ी संख्या में पुरुष श्रमिकों का पर्यवेक्षण भी करना पड़ता था।

बाल श्रम के विरुद्ध संघर्ष

इस समय के आस-पास, केली ने महिलाओं और बच्चों की कार्य स्थितियों में रुचि लेना भी प्रारंभ कर दिया, जो कारखानों और कम भुगतान करनेवाली दुकानों पर कार्य करते थे। बाल श्रम के विरुद्ध केली का रोष तब से था, जब वे अपने पिता के साथ काँच के कारखानों में उनके दौरों पर साथ जाती थीं। जहाँ वे देखती थीं कि छोटे-छोटे बच्चे, जिनमें से कई की आयु तो नौ वर्ष थी, बारह से लेकर सोलह घंटे तक लगातार काम करते थे। 1893 में, केली इलिनोइस की विधानसभा को यह समझाने में सफल रहीं कि एक कानून पारित किया जाए, जिसमें महिलाओं के लिए कार्यदिवस आठ घंटे का नियत किया जाए। उन्होंने यह भी अनुभव किया कि अगर वह श्रम कानून पर प्रभाव डालना चाहती हैं तो उन्हें स्वयं भी कानून की उपाधि लेना पड़ेगी। उन्होंने कानून की पढ़ाई करने के लिए नार्थवेस्टर्न यूनिवर्सिटी में प्रवेश ले लिया और 1894 में उन्हें उपाधि प्राप्त हो गई, जिसके पश्चात् उन्हें इलिनोइस बार में प्रवेश मिल गया। 1905 में उन्होंने *सम इथिकल गैन्स थ्रू लेजिस्लेशन* प्रकाशित की।

इसके पश्चात् केली नेशनल कंज्यूमर लीग में सम्मिलित हो गईं। हालाँकि नेशनल कंज़्यूमर लीग की स्थापना जोसेफाइन शॉ ने की थी, केली ने इस संस्था को अत्यधिक उर्जा और कुछ करने के उद्‌देश्य से भर दिया। 1899 में

फ्लोरेंस केली इसकी राष्ट्रीय सचिव बनीं और इस नेतृत्ववाले पद पर अगले चौंतीस वर्षों तक रहीं। उपभोक्ता अधिकारों के विकास की ओर अपने समय और उर्जा को और अधिक समर्पित करने के लिए केली इलिनोइस से न्यूयॉर्क चली गईं, जहाँ वे हेनरी स्ट्रीट सेटलमेंट हाउस में रहने लगीं। नेशनल कंज्यूमर लीग (एनसीएल) का प्राथमिक उद्देश्य कामकाजी महिलाओं और बच्चों के अधिकारों की सुरक्षा करना था। लीग की अध्यक्षता करने के दौरान अपने कर्तव्यों के भाग के रूप में केली ने कार्य-दिवस को आठ घंटे तक सीमित करने के लिए अथक रूप से कार्य किया।

ब्रैंडेइस ब्रीफ

एक बार केली पूर्णकालिक वकील बन गईं, वे एक बेहतर स्थिति में थीं, न केवल श्रम सुधारों को आगे बढ़ाने के लिए, बल्कि पहले पारित हुए कानूनों का समर्थन करने के लिए भी, जो श्रम अधिकारों की सुरक्षा करने के लिए पारित हुए थे। इस प्रकार का एक प्रयास 1908 में किया गया, जब केली ने उस समय की एक प्रसिद्ध श्रम कार्यकर्ता जोसेफ गोल्डमार्क के साथ कार्य करना प्रारंभ किया। दोनों महिलाओं ने स्वीकार्य समर्थन एकत्र करने के लिए आँकड़ों का संकलन करना और कानूनी रणनीतियाँ बनाना प्रारंभ किया, ताकि विधान के एक भाग में महिलाओं के लिए कार्य के घंटे सीमित करने को स्थापित किया जा सके। केली ने लंबे घंटों तक कार्य करने से होनेवाले खतरों के विस्तृत समाज-शास्त्रीय और चिकित्सकीय प्रमाण एकत्र किए। इन तैयारियों ने उस संक्षिप्त विवरण के केंद्र का निर्माण किया, जिसे गोल्डमार्क ने लिखा था और अमेरिका के उच्चतम न्यायालय में लुईस डी. ब्रैंडेईस द्वारा *मुलर बनाम ओरगोन* मामले में प्रस्तुत किया गया। जो अतत: ब्रैनडेइस ब्रीफ के रूप में प्रसिद्ध हुआ, यह सर्वोच्च न्यायालय में एक महत्त्वपूर्ण पूर्व निर्णय के रूप में स्थापित हुआ, जिसके अनुसार एक न्यायाधीश के लिए आवश्यक है कि वह अपने स्पष्टीकरण में इन समाजशास्त्रीय प्रमाणों का उपयोग करे और इन्हें लोगों के अधिकारों और कल्याण के लिए बनाए जानेवाले कानूनों के निर्माण करते समय भी ध्यान रखा जाए। इस पूर्व निर्णय ने बाद में उच्चतम न्यायालय के एक महत्त्वपूर्ण मामले ब्राउन बनाम बोर्ड ऑफ एजुकेशन में निर्णायक भूमिका निभाई, जो इस घोषणा के साथ समाप्त हुआ था कि राज्य के कानून काले और

गोरे विद्यार्थियों के लिए, जो अलग-अलग सार्वजनिक स्कूलों की स्थापना कर रहे हैं, वह असंवैधानिक है।

ब्रैनडेइन ब्रीफ पर काम समाप्त होते ही केली न्यूनतम वेतन कानून के लिए तर्क तैयार करने के कार्य में लग गईं। 1917 में उन्होंने दुबारा उच्चतम न्यायालय के एक मामले में संक्षिप्त विवरण प्रस्तुत किया, जिसमें कहा गया था किसी भी मिल, कारखाने या निर्माण प्रतिष्ठान में, एक दिन में दस घंटे से अधिक कार्य नहीं कराया जाना चाहिए। बंटिंग बनाम ओरगोन का मामला प्रसिद्ध हो गया, जिसमें संयुक्त राज्य अमेरिका के सर्वोच्च न्यायालय ने एक राज्य कानून को अनुमोदित कर दिया, जो महिला और पुरुष दोनों कर्मचारियों के लिए दस घंटे का कार्य दिवस नियत करता था और प्रतिदिन तीन घंटे के ओवर टाइम के लिए आधे वेतन का भुगतान किए जाने की आवश्यकता का उल्लेख करता था। 1925 में, उन्होंने *दी सुप्रीम कोर्ट एंड मिनिमम वैज लेजिसलैशन* का संकलन किया।

केली के अनुसार, उनके कार्यों की सबसे प्रमुख उपलब्धि 1921 में शेप्पार्ड-टाउनर मैटरनिटी एंड इन्फैंसी प्रोटेक्शन एक्ट है। यह पहला संघीय निधिबद्ध सामाजिक कल्याण कार्यक्रम था, जिसका उद्‌देश्य देश में चिंताजनक रूप से बढ़ती मातृ और शिशु मृत्यु दर को कम करना था। यह अधिनियम राज यों को महिलाओं और शिशुओं के स्वास्थ्य की देखभाल करने के लिए समर्थन देता था ताकि मातृ और शिशु मृत्यु दर को कम किया जा सके। केली ने इस कानून को पारित किए जाने के लिए हो रहे संघर्ष में मुख्य भूमिका निभाई थी, जिसे हाल ही में महिलाओं को मिले मताधिकार का भी समर्थन मिल गया था। मतदान करने का अधिकार प्राप्त होने से उत्साहित महिला कार्यकर्ताओं ने कांग्रेस के सामने पाँच वर्षीय कार्यक्रम को पारित करने के लिए अभियान चलाया, जिसकी अवधि 1926 में दोबारा बढ़ा दी गई। हालाँकि अंततः 1929 में यह अधिनियम उच्चतम न्यायालय में इसकी संवैधानिकता के बारे में संदेहों और अमेरिकन मेडिकल एसोसिएशन के कड़े विरोध के कारण समाप्त हो गया। यह इतिहास में देश में कल्याणकारी उपायों के सबसे पहले प्रयासों में से एक के रूप में दर्ज है।

दूसरे कार्य

इनके साथ ही वह दूसरे कार्यों में भी सक्रिय थीं, जिसमें महिला मताधिकार

आंदोलन प्रमुख था। बीसवीं सदी के पहले दो दशकों में केली महिला मताधिकार आंदोलन की कई नेताओं से मिलीं और महिलाओं को भी मतदान का अधिकार देने की माँग में अपनी आवाज मुखर की। उन्मूलनवाद की पारिवारिक पृष्ठभूमि के साथ, केली काले लोगों के अधिकारों की कट्टर समर्थक भी थीं। 1909 में उन्होंने नेशनल एसोसिएशन फॉर दी एडवांसमेंट ऑफ कलर्ड पीपल (एन.ए.ए.सी.पी.) की स्थापना में भी सहायता की, इसके पश्चात् वे प्रसिद्ध समाजशास्त्री और नागरिक अधिकार कार्यकर्ता डब्ल्यू.ई.बी. डुबोइस की मित्र और साथी बन गईं।

इसके तुरंत बाद जैसे ही अमेरिका प्रथम विश्व युद्ध में भाग लेने के लिए तैयार हुआ, वह जेन एडम्स के साथ उनके शांतिवादी कार्यों में जुड़ गईं। उन्होंने 1914 में *मार्डन इंडस्ट्री इन रिलैशन टू दी फैमिली, हेल्थ, एजुकेशन, मोरैलिटी* प्रकाशित की।

मृत्यु और विरासत

17 फरवरी, 1932 को फ्लोरेंस केली ने फिलाडेल्फिया के जर्मनटाउन सेक्शन में अंतिम साँस ली। उन्हें उनके गृह राज्य लौरेल हिल सिमेटरी में दफनाया गया।

आज फ्लोरेंस केली को प्राथमिक रूप से बाल श्रम के विरुद्ध उनके संघर्ष के लिए स्मरण किया जाता है। उन्होंने चौदह वर्ष से कम आयु के बच्चों को काम पर लगाने के विरुद्ध और सोलह वर्ष से अधिक आयु के बच्चों के लिए कार्य के घंटे सीमित किए जाने को सुनिश्चित करने के लिए लंबा और कठिन अभियान चलाया। उनका प्राथमिक उद्देश्य सभी बच्चों को स्कूल में देखना था, उन्होंने तर्क दिया कि यह सरकार का कर्तव्य है कि वह देखे कि देश के बच्चों का पालन–पोषण ठीक प्रकार से हो, ताकि बड़े होकर एक स्वस्थ और सक्षम नगारिक बन सकें, जो राष्ट्र की प्रगति में अपना योगदान दे सकें। इसके लिए केली ने कानून लाने का प्रयास किया, जो बच्चों को शिक्षा का अधिकार प्रदान करे। अंतत: केली ने लिलियन डी. वाल्ड के साथ मिलकर यूनाइटेड स्टेट चिल्ड्रंस ब्यूरो की स्थापना की, यह एकमात्र सरकारी संस्था थी, जो महिलाओं द्वारा संचालित की जाती थी।

श्रम सुधारों को लाने में केली को अक्सर समस्याओं का सामना करना पड़ा, उन्होंने किसी भी राजनीतिक दल से जुड़ने से मना कर दिया। 1920

के दशक में अपने जीवन के अंतिम वर्षों में रेड स्कैयर के दौरान, केली को अक्सर उग्र-समाजवाद विरोधियों से आक्रमणों के विरुद्ध अपने कार्यों और आदर्शों का बचाव करते हुए देखा जाता था। कई दक्षिणपंथी अतिवादी उन्हें बोलशेविस्ट नारीवादी कहकर उन पर आक्रमण करते और विश्व शांति के साथ ही नि:शस्त्रीकरण के लिए उनके समर्थन को संदेह की दृष्टि से देखा जाता।

हालाँकि अंत तक फ्लोरेंस केली लगातार उसके लिए कार्य करती रहीं, जिसमें उनका विश्वास था, लेकिन अपने सभी कानूनी अभियानों को कानूनों में रूपांतरित होते देखने के लिए जीवित नहीं रहीं। 1932 में उनकी मृत्यु के पश्चात् उनके कई सुधारवादी और कल्याणकारी विचारों को न्यू डील कार्यक्रमों में समाहित किया गया। नि:संदेह केली के कई प्रगतिशील विचार अंततः संघीय कानून बने, जब 1930 के दशक में राष्ट्रपति फ्रेंकलिन रूजवेल्ट और दूसरे प्रगतिशील लोग सत्ता में आए।

□

मारगैरेट सैंगर

मारगैरेट सैंगर बीसवीं सदी के प्रारंभ की एक सामाजिक और स्वास्थ्य कार्यकर्ता थीं, जिन्होंने अपना पूरा ध्यान महिला मुद्दों पर केंद्रित किया, विशेषरूप से प्रजनन संबंधी चयनों पर। सैंगर ने नर्सिंग का प्रशिक्षण लिया था और अपने कार्य के दौरान, उन्होंने अनियोजित गर्भावस्था की महिलाओं पर गंभीर प्रभात्रों को अनुभव किया। उन्होंने कई रिपोर्ट्स, पुस्तकें, एक प्रमुख पत्रिका प्रकाशित की और कई लोगों का ध्यान इस ओर खींचा। सैंगर ने महिलाओं की संतति निरोध तक पहुँच की आवश्यकता के प्रति जागरूकता पैदा करने का प्रयास किया, एक शब्दावली को सैंगर ने गढ़ा था। अपने जीवन के अंत तक सैंगर न केवल अमेरिका में पहला संतति निरोध क्लिनिक खोलने में सफल रहीं, बल्कि इसके वैधीकरण का मार्ग प्रशस्त करने में भी 1938 में एक जज ने अमेरिका में संतति निरोध पर संघीय अश्लीलता प्रतिबंध हटा लिया और 1965 में अमेरिका के उच्चतम न्यायालय ने अपने *ग्रिसवोल्ड बनाम कनेक्टीकट* के निर्णय में विवाहित युगल के लिए गर्भ निरोधक को वैध बना दिया, हालाँकि महिलाओं को प्रजनन संबंधी अधिकार देने के उनके प्रयास और विचार तब और अब भी आलोचना का विषय रहे, लेकिन वह अपने केवल एक सिद्धांत के प्रति निष्ठावान रहीं कि प्रत्येक बच्चा एक अपेक्षित बच्चा होना चाहिए।

संतति निरोध का इतिहास

यद्यपि बड़े पैमाने पर गर्भ निरोधक का उपयोग बीसवीं सदी के अंत की घटना है, लेकिन प्राचीन समय से ही एक या दूसरे रूपों में हमेशा इसका अस्तित्व रहा। प्राचीन ग्रीक लोग उन पहले लोगों में से एक थे, जिन्होंने पौधों और जड़ी-बूटियों जैसे सिलिफोन, हींग, क्वीन एन्ने लैस इत्यादि का उपयोग गर्भ निरोधक की पद्धति

के रूप में किया और इसमें से कई के बारे में कई प्राचीन स्त्री विज्ञान पर लिखने वाले लेखकों, जैसे हिप्पोक्रैट्स द्वारा लिखा भी गया है। इसी प्रकार से प्राचीन मिस्रवासी भी गर्भधारण रोकने के लिए पादप उत्पादों पर ही निर्भर थे; मिस्र की एक पांडुलिपि, जिसका शीर्षक *इबर्स पैपायरस* था, इस बारे में जानकारी देती है कि कैसे खजूर, बबूल और शहद को मिलाकर लेप बनाया जाए, इसे ऊन पर लगा दिया जाए और इसका उपयोग गर्भधारण को रोकने के लिए योनि में एक आवरण के रूप में किया जाए। इस प्रकार की बहुत सारी चीजें जड़ी-बूटियों, पत्तियों और प्राकृतिक पदार्थों, जैसे शहद और घी से तैयार की जाती थीं। इनका उल्लेख भारत के प्राचीन ग्रंथों में भी गर्भ निरोधक पद्धतियों के रूप में मिलता है। प्राचीन सभ्यताओं, जैसे चीन और अरब में, कुछ निश्चित यौन तकनीकें गर्भाधारण को रोकने के लिए उपयोग की जाती थीं, जैसे संभोग में अवरोध उत्पन्न करना और संभोग को न होने देना। इन सब पद्धतियों और तैयारियों को प्राचीन समय और सभ्यताओं में जो चीज जोड़ती थी, वह थी कि यह ज्ञान आमतौर पर विशेष सामाजिक समूहों तक ही सीमित था और गर्भधारण को रोकने के लिए ये उपाय विश्वसनीय और आसान नहीं थे, भाग्य के अंश के अलावा कई मिश्रण मानव शरीर के लिए हानिकारक भी हो सकते थे। इन सभी कारणों से उस समय के दौरान संतति निरोध अविश्वसनीय और संयोग का मामला रहा।

संतति का ऐतिहासिक विरोध

युगों से पारंपरिक संस्कृतियों में संतति निरोध के बारे में ज्ञान लोक परंपराओं और संस्कारों का भाग रहा, आमतौर पर दाइयों और समुदाय की बुजुर्ग महिलाओं के द्वारा इनका प्रचार किया जाता था। यूरोप में मध्ययुगों के दौरान, संतति निरोध के विरोध में एक व्यवस्थित आंदोलन खड़ा किया गया, जो लगभग औद्योगिक क्रांति तक जारी रहा। चर्चों ने संतति निरोध पर लोक ज्ञान को समाप्त करने में दाइयों के विरुद्ध डाइनों की खोज को प्रारंभ करके सबसे प्रमुख भूमिका निभाई, जिन्हें गर्भपात और संतति निरोध की हर्बल दवाइयों के बारे में जानकारी थी। इस प्रयास में चर्चों को बड़े पैमाने पर सामंती अधिपतियों के द्वारा समर्थन प्राप्त था, चूँकि यह उनके हित में था कि गाँवों की जनसंख्या बढ़ाई जाए ताकि अधिपतियों की भूमियों और जागीरों के लिए सस्ता श्रम उपलब्ध कराया जा सके।

शताब्दियों से समय-समय पर कई कारण रहे कि क्यों शासक और सरकारें

अपने देश की जनसंख्या को सीमित नहीं करना चाहती थीं। इसीलिए आधुनिक यूरोप के प्रारंभिक वर्षों में यूरोपीय राज्य 1938 में प्रारंभ हुई प्लेग की महामारी के कारण अपने देशों में तेजी से कम हुई जनसंख्या को पुनः बढ़ाना चाहते थे। यह जनसंख्यावादी रणनीति सत्रहवीं और अट्ठारहवीं सदी तक निरंतर चलती रही और इसे साम्राज्यवादी विस्तार के दौरान एक और औचित्य मिल गया। उस समय के व्यापारी और दुकानदार जनसंख्या में तीव्र गिरावट के विरोध में थे, क्योंकि एक बड़ी जनसंख्या संपत्ति का ही एक रूप थी, जो बड़े बाजार के निर्माण को संभव बनाती है, जो व्यापारिक लाभ और सेना के लिए महत्त्वपूर्ण थे, जबकि इस समय के दौरान संतति निरोध के बारे में अधिकतर लोक ज्ञान या तो गुप्त हो गया या नष्ट हो गया, हालाँकि कुछ प्रवर्तक गर्भधारण रोकने के लिए नए-नए विचारों के साथ लगातार आते रहे। उनमें से एक अशुअरेंस कैप था, जिसका प्रचार कैसेनोवा ने अट्ठहारवीं शताब्दी में अपनी उप-पत्नियों को गर्भधारण से बचाने के लिए किया था और तब तक इस प्रकार की अवरोध पद्धति जैसे कंडोम का उपयोग प्रमुख रूप से गर्भधारण को रोकने के बजाय यौन संबंधों से फैलनेवाले रोगों को रोकने के लिए किया जाता था। यहाँ तक कि औद्योगीकृत राष्ट्रों में भी, उन्नीसवीं सदी की सामाजिक और राजनीतिक नीतियों ने संतति निरोध के विचार का विरोध जारी रखा, क्योंकि जनसंख्या में कमी व्यापारिक और उपनिवेशवादी प्रयासों को क्षति पहुँचा सकती है, जिस पर संपत्ति का आदर्श स्थापित है। इसी प्रकार से 1873 में अमेरिकी कांग्रेस ने एंटी-ऑब्सेनिटी लॉ परित किया, जो संतति निरोध सूचनाओं के प्रचार-प्रसार को अश्लील और गैरकानूनी मानता था। उस समय संयुक्त राज्य अमेरिका एकमात्र पश्चिमी देश था, जिसने संतति निरोध को अपराध की श्रेणी में रखा था। इसी प्रकार से ब्रिटेन में, उन्नीसवीं सदी के दौरान संतति निरोध एक ऐसा राजनीतिक मुद्दा रहा, जिस पर सर्वाधिक बहस हुई, जबकि कुछ निश्चित समूह जैसे मालथुसियांस जनसंख्या वृद्धि को नियंत्रित करने के पक्ष में थे, इसलिए उन्होंने मालथुसियान लीग जैसे संगठन के द्वारा संतति निरोध का प्रचार किया, इस विचार का अधिकतर राजनीतिक समूहों द्वारा विरोध किया गया, जिनमें समाजवादियों से लेकर प्रसिद्ध चर्च भी सम्मिलित थे। संतति निरोध के विचार पर संघर्ष बढ़ने के कारण, कई महिला समूहों ने परिवार नियंत्रण और ऐच्छिक मातृत्व जैसी शब्दावलियाँ उपयोग करने का समर्थन किया।

परिवार नियंत्रण दंपती के द्वारा इच्छित संख्या में बच्चों के जन्म लेने के पश्चात् और बच्चों को जन्म न देने के विवेकशील निर्णय को निर्दिष्ट करता था। ऐच्छिक

मातृत्व 1870 के दशक में नारीवादियों द्वारा अनैच्छिक मातृत्व की राजनीतिक समालोचना और महिलाओं की मुक्ति के लिए एक इच्छा की अभिव्यक्ति के रूप में गढ़ा गया, हालाँकि इस प्रकार के समूह संतति निरोध के दूसरे समर्थकों से महत्त्वपूर्ण ढंग से अलग थे, जबकि ऐच्छिक मातृत्व संतति निरोध को अस्वीकृत करता है, तर्क देता है कि महिलाओं को संभोग में केवल संतानोत्पत्ति के लिए ही सम्मिलित होना चाहिए और उन्हें नियमित अंतराल पर ही शारीरिक संबंध बनाना चाहिए या स्थायी रूप से इसे त्याग देना चाहिए। संतति निरोध महिलाओं को अपने स्वयं के शरीरों और यौन जीवन पर नियंत्रण के साथ कृत्रिम गर्भ निरोधकों का उपयोग संतति के जन्म को रोकने के एक कृत्रिम तरीके के रूप में प्रदान करता था।

मारगैरेट सैंगर का प्रारंभिक जीवन

संतति निरोध शब्दावली मारगैरेट सैंगर ने गढ़ी थी, जिन्होंने अपने स्वयं के परिवार में अनियोजित और अनैच्छिक गर्भावस्थाओं के संकटों को देखा था। उनका जन्म 14 सितंबर, 1879 को न्यूयॉर्क के कोरनिंग में एक कामकाजी रोमन-कैथोलिक आइरिश परिवार में हुआ था। उनकी माँ ने कुल ग्यारह बच्चों को जन्म दिया और कई बार उनका गर्भपात हुआ। एक तथ्य, जिसने युवा मारगैरेट पर गहरा प्रभाव छोड़ा, उनका तो यह भी विश्वास था कि ये सब आघात ही उनकी माँ की असमय मृत्यु का कारण हैं। मारगैरेट के पिता दिहाड़ी पर काम करते थे और अपना अधिकतर समय शराब पीने या गपशप करने में बिताते थे, बच्चों को अपनी देखभाल स्वयं करने के लिए छोड़ दिया था।

घर की इस अव्यवस्थित स्थिति से बचने के लिए 1986 में मारगैरेट ने क्लावैरैक कॉलेज और हडसन रिवर इंस्टीट्यूट में प्रवेश ले लिया। इसके बाद उन्होंने नर्सिंग का अध्ययन करने का निर्णय लिया और व्हाइट प्लेन अस्पताल में प्रवेश ले लिया।

1902 में मारगैरेट की मुलाकात एक वास्तुकार विलियम सैंगर से हुई, इसी वर्ष दोनों ने विवाह कर लिया, उनके यहाँ तीन बच्चों ने जन्म लिया। हालाँकि दोनों ने 1920 में तलाक ले लिया। 1922 में उन्होंने दोबारा विवाह किया। इस बार तेल के एक संपन्न उद्योगपति, जे. नोआह एच. स्ली से, हालाँकि इसके बाद भी वे अपने पहले पति के उपनाम द्वारा ही पहचानी जाती रहीं।

प्रारंभिक सक्रियतावाद

1910 में, मारगैरेट सैंगर अपने पहले पति और बच्चों के साथ न्यूयॉर्क चली गईं और वहाँ ग्रीनविच गाँव में बस गईं। मैनहट्टन के पास स्थित यह स्थान उन दिनों उग्र सुधारवादी राजनीति का केंद्र था, सैंगर भी वहाँ सक्रियतावाद और सामाजिक सुधार के बवंडर में फँस गईं। यहाँ मारगैरेट उस समय के सबसे साहसी मस्तिष्कवाले लोगों से मिलीं, जो समाज और सामाजिक सोच में परिवर्तन लाने के लिए कार्य कर रहे थे। उनमें से एक थे लेखक अपटॉन सिनक्लेयर और दूसरी थीं एम्मा गोल्डमैन, जो महिलाओं और समाज पर अपने अराजकतावादी विचारों के लिए जानी जाती थीं। राजनीति और सुधारों में हो रही हलचलों से प्रभावित होकर वे न्यूयॉर्क सोशयलिस्ट पार्टी की महिला समिति और लिबरल क्लब से जुड़ गईं। वे मजदूरों के मुद्दों की ओर भी आकर्षित हुईं और न केवल उनकी समर्थक बन गईं बल्कि उन्होंने स्वयं भी कई हड़तालों में भाग लिया।

संतति निरोध के लिए संघर्ष

अपने नर्सिंग प्रशिक्षण के साथ सैंगर ने मैनहट्टन के निचले पूर्वी भाग में स्वास्थ्य सेवा प्रबंधक के रूप में कार्य करना प्रारंभ किया। यह प्रमुख रूप से एक निर्धन क्षेत्र था, जहाँ अधिकतर अप्रवासी रहते थे, जिनके पास बहुत थोड़े संसाधन थे।

यहाँ उन्होंने महिलाओं के द्वारा अपना गर्भपात स्वयं करने के भयानक परिणामों को भोगते हुए देखा। कई महिलाएँ प्रसव के दौरान दम तोड़ देतीं और जो महिलाएँ बच जातीं, उनका जीवन केवल एक के बाद एक जन्म लेनेवाले बच्चों के पालन-पोषण के दुष्कर काम तक ही सीमित हो जाता। इन महिलाओं की पीड़ा ने सैंगर को पहले से भी अधिक इसकी आवश्यकता के लिए आश्वस्त कर दिया कि महिलाओं को गर्भावस्थाओं की योजना बनाने में सक्षम बनाया जाए, न केवल सुविधा के लिए, बल्कि उनके स्वयं के स्वास्थ्य और जीवन के लिए भी।

1912 में सैंगर ने नर्सिंग का कार्य छोड़ दिया और अपने आपको संतति निरोध से संबंधित सूचनाओं के लिए समर्पित कर दिया। उन्होंने नियोजित गर्भावस्थाओं के लिए पहला कदम उठाया, जब उन्होंने संतति निरोध के प्रति जागरूकता पैदा करने का निर्णय लिया और उन तक सूचना पहुँचाई कि महिलाएँ इसे कैसे अपना सकती हैं। इस उद्देश्य के लिए उन्होंने 1914 में एक नारीवादी प्रकाशन *दी वुमैन रिबेल* प्रारंभ किया, जिसने महिलाओं के गर्भावस्थाओं पर नियंत्रण के लिए अभियान चलाया। उसी वर्ष उन्होंने नेशनल बर्थ कंट्रोल लीग की भी स्थापना की। हालाँकि

इन प्रयासों के कारण सैंगर का कानून से सीधा टकराव हो गया, क्योंकि उस समय गर्भ निरोध पर किसी भी सूचना का प्रसार डाक के द्वारा गैरकानूनी था। इसका आधार कामस्टॉक एक्ट, 1873 था, जो अश्लील और अनैतिक सामाग्रियों के व्यापार और वितरण पर प्रतिबंध लगाता था, जिसके अंतर्गत कोई प्रकाशन, यंत्र या गर्भनिरोध और गर्भपात से संबंधित दवाई सम्मिलित थी। इस कानून के अनुसार, जिसका समर्थन रूढ़िवादी राजनीतिज्ञ एंथनी कमस्टॉक ने किया था, इन मुद्दों से संबंधित किसी चीज को डाक से भेजना और आयात करना एक अपराध था।

दी वुमैन रिबेल के प्रकाशन के साथ सैंगर ने स्वयं को कानून की विपरीत दिशा में पाया और इसलिए वे इंग्लैंड चली गईं। जब सैंगर यूरोप में थीं, तब नेशनल बर्थ कंट्रोल लीग के परिचालन का उत्तरदायित्व मैरी वारे डेनेट और दूसरों ने ले लिया। उस समय मैरी स्टोप्स ब्रिटेन में संतति निरोध की अग्रणी प्रचारक थीं। लंदन आने पर सैंगर महिलाओं के अधिकारों के लिए चलाए जा रहे आंदोलनों से जुड़ गईं और संतति निरोध के विभिन्न रूपों के बारे में खोज प्रारंभ कर दी। इनमें से एक डायफ्रॉम था, जिसे बाद में उन्होंने वापस तस्करी के द्वारा अमेरिका में मँगवाने की योजना बनाई थी।

निजी जीवन में भी सैंगर पुराने बंधनों को तोड़ रही थीं और जिंदगी जीने के नए रास्ते तलाश रही थीं। इस समय तक वे अपने पहले पति से पहले ही अलग हो चुकी थीं। अब उन्होंने स्वतंत्र प्रेम के विचार को अंगीकार कर लिया था और दूसरे पुरुषों, जैसे मनोवैज्ञानिक हैवेलॉक इलिस और लेख एच.जी. वेल्स से उनके संबंध इसी का परिणाम थे।

अक्तूबर 1915 में सैंगर संयुक्त राज्य अमेरिका वापस आ गईं। यहाँ आने के बाद उन्हें पता चला कि उनके विरुद्ध अश्लीलता को बढ़ावा देने के आरोप वापस ले लिये गए हैं। इस समय उन्होंने पहले से भी अधिक दृढ निश्चय के साथ संतति निरोध का मामला उठाया। सैंगर ने परिवारों को सीमित करने की आवश्यकता के विचार को प्रसारित करने के लिए शहरों और आस-पास के क्षेत्रों की यात्राएँ करना प्रारंभ किया। उन्होंने संतति निरोध के मुद्दे पर लेख और पुस्तकें लिखना भी प्रारंभ कर दिए, जबकि अतीत में उन्होंने पहले ही महिलाओं के स्वास्थ्य पर समाजवादी पत्र *कॉल* में लिखना प्रारंभ कर दिया था, अब उनके लेख गर्भनिरोध से सीधे जुड़े हुए होते थे, जैसे *व्हॉट एवरी गर्ल शुड नो* (1916) और *व्हॉट एवरी मदर शुड नो* (1917)।

1916 में सैंगर ने संयुक्त राष्ट्र अमेरिका में पहला संतति निरोध क्लिनिक

खोला। हालाँकि क्लिनिक खुलने के केवल नौ दिन बाद ही वहाँ आधिकारिक छापा पड़ गया, जिसमें सैंगर और उनकी सहकर्मियों, जिसमें उनकी बहन इथेल भी सम्मिलित थी, गिरफ्तार कर लिया गया। उन पर गर्भनिरोध पर सूचनाएं उपलब्ध कराने और डायफ्रॉम फिट करने के आरोप लगाए गए। 1917 में, कामस्टॉक कानून के अंतर्गत, मारगैरेट और उनकी बहन को दोषी करार दिया गया और सार्वजनिक उत्पाद पैदा करने के लिए वर्कहाउस भेज दिया गया, जबकि कुछ इतिहासकारों के अनुसार दोनों बहनों ने तीस दिन जेल में बिताए थे।

अंततः सैंगर ने स्वयं को दोषी ठहराए जाने के विरुद्ध अपील की। हालाँकि उच्च न्यायालय ने पूर्व निर्णय को नहीं पलटा, इसने वर्तमान कानून में एक अपवाद का निर्माण कर दिया, जो डॉक्टरों को अनुमति देता था कि वे केवल चिकित्सकीय आधारों पर अपने महिला मरीजों को गर्भनिरोधक दे सकते हैं। इस समय के आस-पास, सैंगर ने *दी बर्थ कंट्रोल रिव्यू* का पहला अंक निकाला।

संतति निरोध आंदोलन के इतिहास में 1921 एक और महत्त्वपूर्ण वर्ष था, जब सैंगर के द्वारा अमेरिकन बर्थ कंट्रोल लीग की स्थापना की गई। यह बाद में प्लांड पैरेंटहुड फेडरेशन ऑफ अमेरिका के नाम से प्रसिद्ध हुआ। यह एक गैर-लाभवाला संगठन था, जो प्रजनन संबंधी स्वास्थ्य के साथ मातृ और बाल स्वास्थ्य सेवाओं को मूलभूत स्तर तक ले जाने के लिए प्रसिद्ध था। सैंगर ने अमेरिकन बर्थ कंट्रोल लीग के अध्यक्ष के रूप में 1928 तक अपनी सेवाएँ दीं।

1923 में संतति निरोध को अपराध की श्रेणी से बाहर निकालने के साथ, सैंगर ने अमेरिका में पहला वैध संतति निरोध क्लिनिक खोला, जिसे बर्थ कंट्रोल क्लिनिकल रिसर्च ब्यूरो नाम दिया गया। इसी समय के आस-पास सैंगर ने तेल व्यवसायी जे. नोआह एच. स्लि से दूसरा विवाह कर लिया, जिन्होंने उनके कई संतति निरोध कार्यों के साथ ही अनुसंधान के लिए भी धन उपलब्ध कराया।

सैंगर ने अब अपना ध्यान आम जनता के द्वारा संतति निरोध को अपनाने और उसे लोकप्रिय बनाने के मार्ग में आनेवाले विभिन्न कानूनी अवरोधों को तोड़ने की ओर किया। 1929 में कानूनी अवरोध दूर होने के साथ, उन्होंने फेडरल लेजिस्लेशन फॉर बर्थ कंट्रोल पर एक समिति स्थापित की। इस समिति से जुड़े कानूनी विशेषज्ञों ने सुधारों के लिए दबाव बनाया, जो डॉक्टरों को स्वतंत्रतापूर्वक संतति निरोध की सूचनाओं और उत्पादों को जनता को वितरित करने की अनुमति दें। 1936 में, अमेरिकी कोर्ट ऑफ अपील्स ने घोषणा की कि संतति निरोध यंत्र और उससे संबंधित सामाग्री कानूनी रूप से देश में आयात की जा सकती है।

अंतिम वर्ष

थोड़े समय के लिए सैंगर ने स्वयं को सक्रियतावाद के जीवन से अलग कर लिया और एरिजोना के टकसोन में जाकर बस गईं। हालाँकि जल्दी ही वे अपने जीवनभर चलनेवाले अभियान को समर्थन देने के लिए वापस आ गईं, जब उन्होंने संतति निरोध आंदोलन की प्रगति में एक अवरोध को पाया। 1952 में उन्होंने इंटरनेशनल प्लांड पेरेंटहुड फेडरेशन की स्थापना की और वह मार्ग खोजने लगीं, जो इस आंदोलन को एशिया और अफ्रीका में लोकप्रिय बनाने में उनकी सहायता कर सके।

गर्भनिरोध के मार्ग में जो कानूनी बाधाएँ थीं, उनके धीरे-धीरे दूर होने के साथ, सैंगर ने अपना ध्यान अनुसंधान की ओर मोड़ा। उन्होंने औषधि निर्माताओं और शोधकर्ताओं को एक प्रकार के गर्भनिरोधक को विकसित करने के लिए समझाना शुरू कर दिया, जो उतनी ही आसानी से यह निर्धारित कर दे कि बच्चा है या नहीं जितना कि एक गोली लेना होता है। 1950 के दशक के प्रारंभ में इस प्रोजेक्ट पर कार्य करने और इस मैजिक पिल को विकसित करने में शोध के लिए सैंगर ने मानव प्रजनन तंत्र विशेषज्ञ, ग्रेगोरी पिन्कस को अपने साथ मिलाया। इस शोध के लिए धन इंटरनेशनल हार्वेस्टर हेयरेस की कैथरीन मैककार्मिक ने उपलब्ध कराया। इस शोध का परिणाम विश्व की पहली खाई जानेवाली गर्भ निरोधक, एनवॉइड के रूप में सामने आया, जिसे फूड एंड ड्रग एडमिनिस्ट्रेशन की मान्यता प्राप्त थी।

1965 संतति निरोध आंदोलन के लिए एक और महत्त्वपूर्ण उपलब्धि लेकर आया, जब *ग्रिसवोल्ड बनाम कनेक्टीकट* मामले में संयुक्त राज्य अमेरिका के उच्चतम न्यायालय ने संतति निरोध को विवाहित दंपतियों के लिए वैध बना दिया। अगले वर्ष 6 सितंबर, 1966 को एरिजोना के टुकसन के एक नर्सिंग होम में सैंगर की मृत्यु हो गई।

कोई महिला अपने आपको तब तक स्वतंत्र नहीं मान सकती, जब तक वह सजग रूप से यह नहीं चुन सकती कि वह माँ बनेगी या माँ नहीं बनेगी। यह मारगैरेट सैंगर का प्रेरित करनेवाला दर्शन था, जिन्हें कई गिरफ्तारियों और अभियोजन का सामना करना पड़ा, निजी प्रायोजकों, वैज्ञानिक समुदायों के साथ ही कानूनी विशेषज्ञों को समझाना पड़ा कि महिलाओं का यह आधारभूत अधिकार है कि वे बच्चे चाहती हैं और कब चाहती हैं। उनके सभी प्रयास गर्भ निरोधक के प्रति दृष्टिकोण में बदलाव लाए, लेकिन अधिक महत्त्वपूर्ण थे कानूनी सुधार ताकि पहले डॉक्टरों को संतति निरोध पर परामर्श देने का अधिकार मिल जाए और बाद

में संतति निरोध उत्पाद रोगियों को देने का।

हालाँकि आज मारगैरेट सैंगर की विरासत उनके कुछ विचारों के कारण धुँधला गई है, पर जो समकालीन मूल्यों के अनुसार अस्वीकार्य दिखते हैं। उदाहरण के लिए मानसिक रूप से दुर्बल लोगों के साथ ही मानसिक रोगियों के बंध्यीकरण के लिए उनका समर्थन अब बर्बरतापूर्ण लगता है। इसके अलावा कुछ लोगों ने संतति-निरोध की अपनी लोकप्रियता में सैंगर पर सुजनन-विज्ञान द्वारा प्रेरित होने का आरोप लगाया। सुजनन-विज्ञान, विज्ञान की एक शाखा है, जो मानव जातियों में सुधार लाने के उद्देश्य के लिए चयनात्मक यौन-संसर्ग का समर्थन करती है और इतिहास में नरसंहार की कुछ सर्वाधिक भीषण घटनाओं को न्यायसंगत ठहराने के लिए जिसका उपयोग किया जाता है। हालाँकि उनके पोते और इंटरनेशनल प्लांड पैरेंटहुड काउंसिल के अध्यक्ष अलेक्जेंडर सैंगर ने सैंगर के बारे में यह स्पष्ट किया कि उनकी इच्छा कि अपने बच्चों के बेहतर जीवन के लिए महिलाएँ स्वाभाविक सुजजनवादी थीं और संतति निरोध बच्चों की संख्या सीमित कर सकता था और उनके जीवन की गुणवत्ता सुधार सकता था, इसे परिपूर्ण करने के लिए सर्व रोग नाशक औषधि थी।

□

डॉ. भीमराव अंबेडकर

डॉ. भीमराव अंबेडकर एक समाज सुधारक, अर्थशास्त्री, कानूनविद् और लेखक थे। जाति-व्यवस्था के मकड़जाल में उलझे भारतीय समाज की विषमताओं के बोझ के बावजूद, वे भारत के सर्वोच्च शिक्षित पेशेवर और शक्तिशाली बौद्धिक व्यक्तित्वों में से एक बन गए। स्वतंत्र भारत के पहले कानून मंत्री और स्वतंत्र भारत के संविधान के मुख्य रचनाकार थे। बचपन से ही उन्होंने भारतीय जाति-व्यवस्था के सबसे बुरे रूप का सामना किया था, अंबेडकर इस क्रूर प्रथा के विरुद्ध जीवन भर लड़ते रहे। उनका लेखन, भाषण, प्रकाशन और राजनीतिक गतिविधियाँ न केवल अस्पृश्यता और जाति-विभेद को भारतीय संविधान और भारतीय दंड संहिता से निकालने की ओर ले गईं, बल्कि दमित वर्गों के लिए सामाजिक न्याय और कल्याण के उपायों के लिए भी मार्ग तैयार किया, ताकि वे एक नई शुरुआत कर सकें, उन अवसरों के साथ, जो उन्हें भारत में सदियों से देने से मना किया जाता रहा था।

प्रारंभिक जीवन

14 अप्रैल, 1891 में भीमराव रामजी के रूप में महू के सैन्य छावनी में जनमे, अंबेडकर रामजी मालोकजी सकपाल और भीमाबाई दंपती के चौदह बच्चों में से सबसे आखिरी थे। उनके पिता ब्रिटिश नियंत्रित भारतीय सेना की सेवा में थे और सूबेदार के पद पर कार्यरत थे। परिवार का पैतृक गाँव आधुनिक समय के रत्नागिरी जिले के मंदंगड ताल्लुका का अंबावाडे था और ऐसा लगता है कि अंबेडकर को भी यह उपनाम उनकी जड़ों का उल्लेख करने के लिए दिया गया था। हालाँकि दूसरे ऐतिहासिक स्रोत के अनुसार पहले अंबेडकर का उपनाम अंबैवैडेकर था, लेकिन बाद में अंबेडकर के एक शिक्षक महादेव अंबेडकर के द्वारा इसे बदल दिया गया,

जो उन्हें बहुत पसंद करते थे और उन्होंने उन्हें स्कूल रिकॉर्ड्स में लिखने के लिए अपना उपनाम अंबेडकर दे दिया।

अंबेडकर का जन्म महर जाति में हुआ था, जिसे भारतीय जाति व्यवस्था में निम्न में से निम्नतर माना जाता है। अपने बचपन से ही युवा अंबेडकर को अस्पृश्यता की सबसे बुरी घटनाओं का सामना करना पड़ा, जिसके अनुसार कथित रूप से उच्च जाति के लोगों के लिए निम्न जाति के लोगों की चीजों को छूना भी पाप है। सेना से संबंध रखने के कारण, अंबेडकर के पिता ने अपने सबसे छोटे पुत्र को महू के सरकारी स्कूल में प्रवेश दिलाने की व्यवस्था कर ली ताकि वह आधारभूत शिक्षा प्राप्त कर सके, लेकिन जाति व्यवस्था के प्रचलन के कारण बाल अंबेडकर को स्कूल में जघन्य तिरस्कार भोगने के लिए विवश होना पड़ा। कथित रूप से निम्न जातियों के बच्चों को दूसरे बच्चों से अलग, बेंचों के बजाय टाट के थैलों पर बैठाया जाता था और यहाँ तक कि प्यास लगने पर भी उन्हें पानी का बर्तन छूने की अनुमति नहीं थी। इस अमानवीय व्यवहार का वर्णन बाद में अंबेडकर ने अपनी पुस्तक 'नो प्यून, नो वॉटर' में भी किया था, जिसमें उन्होंने लिखा था कि कैसे अगर किसी दिन स्कूल में चपरासी नहीं आता था तो उन्हें प्यासा ही रहना पड़ता था।

जब 1894 में उनके जन्म के दो वर्ष पश्चात् उनके पिता ब्रिटिश सेना से सेवानिवृत्त हुए, अंबेडकर और उनका परिवार सतारा चला गया। इसी समय के आस-पास, बीमारी के कारण उन्होंने अपनी माँ को भी खो दिया। अब बच्चों की देखभाल करने की जिम्मेदारी उनकी बुआ पर आ गई और लगातार उनका पालन-पोषण कठिन परिस्थितियों में होता रहा।

शिक्षा

1897 में अंबेडकर और उनका परिवार मुंबई चला गया, हालाँकि इससे जाति विभेद कम नहीं हुआ, जिसका सामना लगातार उन्हें समाज में करना पड़ रहा था, शहरी परिस्थितियों ने उन्हें शैक्षणिक अवसर उपलब्ध कराए, जिसने उनके विकास का मार्ग प्रशस्त किया। अंबेडकर को एलिफिंस्टन हाईस्कूल में दाखिला दिला दिया गया और 1907 में यहाँ से अपनी शिक्षा पूरी करने के पश्चात्, अगले वर्ष उन्होंने एलिफिंस्टन कॉलेज में प्रवेश ले लिया। अंबेडकर की ये सभी शैक्षणिक उपलब्धियाँ उनके समुदाय के लिए भी मील का पत्थर थीं, चूँकि वे पहले अस्पृश्य थे, जिन्होंने इन शैक्षणिक संस्थाओं से शिक्षा प्राप्त की थी।

इसी दौरान, 1906 में एक नौ साल की लड़की रमाबाई से उनका विवाह तय कर दिया गया।

1912 में अंबेडकर ने बॉम्बे विश्वविद्यालय से अर्थशास्त्र और राजनीति शास्त्र में उपाधि प्राप्त की, जिसके पश्चात् उन्होंने बड़ौदा के राजघराने के साथ कार्य करने के लिए आवेदन किया। न केवल वे अपनी नई नौकरी में सफल रहे, बल्कि उनकी बौद्धिक कुशाग्रता इतनी थी कि उन्हें बड़ौदा राज्य ने एक योजना के अंतर्गत, जिसकी स्थापना बड़ौदा के शासकों के द्वारा की गई थी, तीन वर्ष के लिए 11.50 पाउंड की छात्रवृत्ति प्रदान की। यह छात्रवृत्ति न्यूयॉर्क शहर के कोलंबिया विश्वविद्यालय में स्नातकोत्तर का अध्ययन करने के लिए पदाधिकारियों को भी आवेदन करने की अनुमति देती थी।

एक बार जब अंबेडकर को अवसर दिया गया कि वे भारत में जातिगत-भेदभाव के पंजों से बच निकलें और विदेश में अध्ययन करें, उनका व्यक्तित्व दिन-प्रतिदिन शक्तिशाली होता गया। 1913 में वे संयुक्त राज्य अमेरिका चले गए और केवल दो वर्षों में ही उन्होंने मुख्य विषय अर्थशास्त्र के साथ, समाजशास्त्र, इतिहास, दर्शनशास्त्र और मानवविज्ञानी के साथ अपनी स्नातकोत्तर की उपाधि प्राप्त कर ली। इस परीक्षा के लिए उनके शोधपत्र का शीर्षक *एंशियंट इंडियन कामर्स* था। एक वर्ष के भीतर ही अंबेडकर ने अपना दूसरा शोधपत्र पूरा कर लिया, जिसका शीर्षक *नेशनल डिवीडेंट ऑफ इंडिया-ए हिस्टोरिक एंड एनालाइटिकल स्टडी* था। इसके फलस्वरूप उन्हें स्नातकोत्तर की एक और उपाधि मिल गई। 1917 में अंबेडकर को उनके तीसरे शोधपत्र के लिए अर्थशास्त्र में डॉक्टरेट की उपाधि प्राप्त हुई, लेकिन इस समय तक वह पहले ही अमेरिका छोड़कर लंदन के लिए निकल गए थे। अंबेडकर पहले भारतीय थे, जिन्होंने विदेश में अर्थशास्त्र में डॉक्टरेट की उपाधि प्राप्त की थी।

एक सेमिनार में, जिसका आयोजन प्रसिद्ध मानवविज्ञानी अलेक्जेंडर गोल्डनवेएसर ने किया था, अंबेडकर को उनका शोधपत्र *कास्टेज इन इंडिया: देयर मैकेनिज्म, जेनेसिस एंड डिवेलपमेंट* पढ़ने की अनुमति दी गई। अक्तूबर, 1916 में उन्होंने कानून की उपाधि प्राप्त करने के उद्देश्य के साथ लंदन के ग्रेज इन में प्रवेश ले लिया। उसी समय, उन्होंने लंदन स्कूल ऑफ इकोनॉमिक्स में भी प्रवेश ले लिया, जहाँ उन्होंने डॉक्टोरल थिसिस पर कार्य करना प्रारंभ किया। हालाँकि 1917 के मध्य में उनके अध्ययन में एक छोटा सा व्यवधान आया। अंबेडकर की छात्रवृत्ति समाप्त हो गई और उन्हें भारत वापस लौटने के लिए विवश होना पड़ा,

लेकिन एक विद्वान् के रूप में ब्रिटेन के शैक्षणिक समुदाय में उनकी प्रतिष्ठता ऐसी थी कि उन्हें इंडियन रूपी (भारतीय रुपए) पर उनके शोध को चार वर्ष के अंतर्गत जमा करने के लिए वापस आने की अनुमति प्रदान कर दी गई।

1921 में अंबेडकर लंदन स्कूल ऑफ इकोनॉमिक्स में अपनी स्नातकोत्तर की उपाधि पूरी करने के लिए लंदन वापस आए। ठीक दो वर्ष पश्चात्, उन्हें अर्थशास्त्र में डी.एस.सी. प्राप्त हुआ और उसी वर्ष, वे ब्रिटेन में एक बैरिस्टर के रूप में बार के सदस्य बन गए। अंबेडकर ने डॉक्टरेट की दो और उपाधियाँ प्राप्त कीं 1952 में कोलंबिया विश्वविद्यालय से एल.एल.डी. और 1953 में ओसमानिया से एल.एल. डी., लेकिन ये मानद उपाधियाँ थीं

भारत में कॅरियर

1917 में लंदन से वापस आने के पश्चात् अंबेडकर बड़ौदा सरकार के लिए कार्य करने लगे, छात्रवृत्ति की शर्तों के अुनसार उन्हें राज्य का सैन्य सचिव नियुक्त किया गया। हालाँकि अछूत जातियों के विरुद्ध गहरी जड़ें जमा चुके भेदभाव ने उनके लिए आत्म-सम्मान के साथ कार्य करना कठिन बना दिया और उन्हें नौकरी छोड़ने के लिए विवश किया गया। एक घटना का वर्णन बाद में उन्होंने अपनी आत्मकथा, *वेटिंग फॉर अ विजा* में भी किया था। इसके पश्चात् अपने बढ़ते परिवार की आर्थिक आवश्यकताओं को पूरा करने के लिए अंबेडकर काम ढूँढ़ने लगे, उन्होंने एक निजी शिक्षक और एक अकाउंटेंट के रूप में कार्य करना प्रारंभ किया, यहाँ तक कि उन्होंने निवेश के लिए परमार्श देने का व्यवसाय भी प्रारंभ किया, वह भी असफल रहा, क्योंकि अछूत होने के कारण ग्राहक उनके पास परामर्श लेने नहीं आते थे। अंतत: अंबेडकर को मुंबई के सिडेनहैम कॉलेज ऑफ कामर्स एंड इकोनॉमिक्स में राजनीतिक अर्थनीति का व्याख्याता नियुक्त किया गया। थोड़े से समय में ही विषय में अपनी दक्षता और आधुनिक दृष्टिकोण के कारण वे विद्यार्थियों के मध्य काफी लोकप्रिय हो गए, लेकिन अभी भी उन्हें लगातार दूसरे शिक्षकों से भेदभाव का सामना करना पड़ रहा था, जहाँ उन्हें दूसरे शिक्षकों के द्वारा उपयोग किए जानेवाले पानी के जग को साझा करने की अनुमति नहीं थी।

जाति-व्यवस्था के विरुद्ध लड़ाई

विदेशों से अत्यधिक माँगवाली पेशेवर उपाधियाँ प्राप्त करने और अब एक

शैक्षणिक नौकरी मिलने के पश्चात् अंबेडकर ने अनुभव किया कि यही उपयुक्त समय है, जब दूसरे लोगों के लिए लड़ा जाए, जो उनके समान ही भारत में सबसे प्रतिकूल परिस्थितियों में रहनेवाले सामाजिक समूहों के रूप में विकसित हुए हैं।

इसी समय के आस-पास ब्रिटिश सरकार ने गवर्नमेंट ऑफ इंडिया एक्ट बनाना प्रारंभ किया, जिसके लिए उसने साउथबोरॉघ कमेटी की स्थापना की। जब अंबेडकर को समिति के सामने विश्वास प्रकट करने के लिए आमंत्रित किया गया, उन्होंने प्रबलता से तर्क दिया, अछूतों और दूसरे धार्मिक समुदायों के लिए अलग निर्वाचक मंडल बनाने और आरक्षण नीतियों को भी ठीक प्रकार से लागू करने का ताकि अछूतों को शैक्षणिक और आर्थिक अवसर मिल सकें।

1920 में भारत में जातिभेद की घृणित प्रथा के विरुद्ध जागरूकता फैलाने के लिए अंबेडकर को एक साप्ताहिक समाचार-पत्र *मूकनायक* निकालने के लिए कोल्हापुर के महाराजा शाहजी द्वितीय (1874-1922) का संरक्षण मिल गया। उन्होंने भारत में वंचित वर्गों के लिए शिक्षा और सामाजिक-आर्थिक सुधार के अवसर उपलब्ध कराने के उद्देश्य के साथ एक संस्था बहिष्कृत हितकारिणी सभा की भी स्थापना की।

अंबेडकर ने अब अपने कानूनी कॅरियर पर ध्यान केंद्रित करने के लिए एक शिक्षक के रूप में कार्य करने को छोड़ने का निर्णय लिया। इसके बारे में उनका मानना था कि यह जातिगत भेदभाव से और अधिक प्रभावकारी तरीके से लड़ने में उनकी सहायता करेगा। अत: 1926 में अंबेडकर ने तीन गैर-ब्राह्मण नेताओं के मुकदमे लिये जिनपर मानहानि के लिए मामले दायर किए गए थे, अंबेडकर ने ब्राह्मण समुदाय के दिग्गज व्यक्तियों के विरुद्ध उनका सफलतापूर्वक बचाव किया। इस कानूनी जीत के बारे में अंबेडकर के प्रसिद्ध जीवनी-लेखक ने तो यहाँ तक लिख दिया, जीत गुंजायमान थी, सामाजिक और व्यक्तिगत दोनों रूपों से, मुवक्किल और डॉक्टर के लिए।

1927 के बाद से, अंबेडकर ने निर्णय लिया कि वह जातिगत-भेदभाव को दूर करने के लिए सक्रिय रूप से कार्य करेंगे। इसके लिए उन्होंने जाति व्यवस्था की घृणित प्रथा के विरुद्ध लगातार पत्रिकाओं में लिखने या भाषण देने के अलावा मोर्चे और प्रदर्शन आयोजित करना प्रारंभ किए। जो मार्ग उन्होंने चुने, उनमें से एक था सार्वजनिक जल व्यवस्था को कथित रूप से निम्न जतियों के लोगों के लिए खोलने के लिए आंदोलन प्रारंभ करके उन्होंने अपना संदेश पहुँचाने का प्रयास किया। पीने के पानी के संसाधनों को उच्च और निम्न जातियों के लिए

अलग-अलग करने का प्रचलन था और कई स्थानों पर यह अब भी प्रचलन में है। जाति-विभेद की सर्वाधिक विनाशक प्रथाओं में से एक और इस पर आक्रमण करके अंबेडकर सर्वाधिक आधारभूत तरीकों पर प्रहार करना चाहते थे, जिस पर जातिगत शोषण कार्य करता है। इसलिए उन्होंने केवल शहर में सत्याग्रह का नेतृत्व किया ताकि अस्पृश्य समुदाय को शहर के मुख्य वाटर टैंक से पानी निकालने का अधिकार मिल जाए।

अंबेडकर के विरोध का एक और उद्देश्य रूढ़िवादी हिंदुत्व के मंदिर थे। उन्होंने इन्हें जातिगत-भेदभाव के केंद्र के रूप में सही पहचाना, जो सबसे घृणित सामाजिक प्रथा-जाति व्यवस्था को धार्मिक अनुमोदन के नाम पर न्यायोचित ठहराते हैं, जारी रखते हैं और वैध बनाते हैं। ये मंदिर अछूत जातियों के लोगों के प्रवेश को निषेध करते थे और इस प्रकार से सर्वाधिक विभेदकारी प्रथाओं में से एक को जारी रखते थे, जो कभी भारत की संस्कृति में प्रचलित रही। इस प्रकार से अंबेडकर ने अछूतों के मंदिर में प्रवेश के लिए आंदोलनों का नेतृत्व करना प्रारंभ किया।

1927 के अंत में अंबेडकर ने एक सार्वजनिक प्रदर्शन का आयोजन किया, जिसमें उन्होंने एक प्राचीन हिंदू ग्रंथ मनु-स्मृति की निंदा की और उसकी प्रतियाँ जलाईं, जो जाति-व्यवस्था के लिए वैचारिक आधार उपलब्ध कराती थी और उसे न्यायसंगत ठहराती थी। 1930 में अंबेडकर ने अछूतों के अधिकारों के लिए हिंदुओं के मंदिरों में प्रवेश के लिए सर्वाधिक उच्च स्तरीय आंदोलन चलाया, जिसे कालाराम मंदिर आंदोलन के नाम से जाना जाता है। इस अहिंसक मार्च में लगभग 15,000 स्वयंसेवक सम्मिलित हुए, जिसमें पुरुष, महिलाएँ और बच्चे सम्मिलित थे। ये सभी लोग महाराष्ट्र के नासिक शहर के कालाराम मंदिर पर एकत्र हुए, ये मंदिर में प्रवेश करना और मुख्य मूर्ति के सामने प्रार्थना करना चाहते थे, हालाँकि मंदिर के ब्राह्मण पुरोहित ने आदेश दिया कि जुलूस के मंदिर में प्रवेश को रोकने के लिए प्रवेशद्वार बंद कर दिए जाएँ। यद्यपि यह आंदोलन का अंत नहीं था; कालाराम मंदिर आंदोलन अगले पाँच वर्षों तक जारी रहा, लेकिन अंततः 13 अक्तूबर, 1935 को अंबेडकर ने अपनी इच्छा की घोषणा की कि वे हिंदू धर्म छोड़ना चाहते हैं। इस बात से आश्वस्त होकर कि अछूतों को कभी भी हिंदू धर्म के अंतर्गत धार्मिक समानता प्राप्त नहीं हो सकती, उन्होंने घोषणा की कि मैं हिंदू के रूप में नहीं मरूँगा। कालाराम मंदिर आंदोलन के बारे में उन्होंने श्रीमान भाउराव गायकवाड़ को 3 मार्च, 1934 को एक पत्र भी लिखा—मैंने मंदिर प्रवेश आंदोलन

इसलिए शुरू नहीं किया था, क्योंकि मैं चाहता था कि दमित वर्ग मूर्ति पूजक बने, जिनकी पूजा करने से उन्हें रोका जाता है या क्योंकि मेरा विश्वास था कि मंदिर प्रवेश उन्हें समान सदस्य और हिंदू समाज का अभिन्न अंग बना देगा...मैंने मंदिर प्रवेश सत्याग्रह केवल इसलिए प्रारंभ किया था, क्योंकि मैं अनुभव करता था कि यह सर्वश्रेष्ठ तरीका है दमित वर्गों में स्फूर्ति भरने और उन्हें अपनी स्थिति के बारे में सचेत बनाने के लिए। 1956 में उन्होंने बौद्ध धर्म स्वीकार कर लिया।

राजनीति में प्रवेश

इस समय तक ब्रिटिश औपनिवेशिक सरकार के साथ-साथ भारतीय स्वतंत्रता सेनानियों ने अंबेडकर को दमित वर्गों के सबसे महत्त्वपूर्ण नेता और उनके अधिकारों के लिए लड़नेवाले धर्मयोद्धा के रूप में पहचान लिया था। उनकी इस महत्ता के कारण ही अंबेडकर को 1932 में लंदन में हुए द्वितीय गोलमेज सम्मेलन में भाग लेने के लिए आमंत्रित किया गया। हालाँकि सम्मेलन में उन्होंने पाया कि अग्रणी स्वतंत्रता सेनानी गांधी के साथ उनके वैचारिक मतभेद हैं, जो निम्न जाति समूहों के लिए अलग निर्वाचक मंडल देने की माँग मानने को तैयार नहीं थे, जिसके बारे में अंबेडकर का मानना था कि केवल यही एकमात्र मार्ग है, उन्हें राजनीतिक प्रतिनिधित्व देने और इस प्रकार देश में स्वयं को अभिव्यक्त करने का।

अंततः गांधी और अंबेडकर दोनों एक अन्यान्य समझौते पर पहुँचे, जिसके अनुसार विशेष निर्वाचक मंडल के स्थान पर दमित वर्गों को क्षेत्रीय विधानसभाओं और केंद्रीय राज्य परिषदों में आरक्षण प्रदान किया जाए। इसे पूना समझौते के रूप में जाना गया, यह एक ऐतिहासिक समझौता था, जो अंबेडकर और दमित वर्गों के लिए उनकी लड़ाई को मुख्यधारा की राजनीति में ले आया।

1935 में अंबेडकर शासकीय विधि महाविद्यालय के प्रधानाध्यापक बन गए, लेकिन उनका हृदय सक्रियतावाद में था और वे दमित वर्गों के राजनीतिक अधिकारों के लिए और बड़े पैमाने पर कार्य करना चाहते थे। इसलिए 1937 में उन्होंने प्रधानाध्यापक का पद छोड़ दिया और इंडिपेंडेंट लेबर पार्टी की स्थापना की, जिसने बॉम्बे चुनावों में 14 सीटों पर विजय प्राप्त की। यह नवगठित दल के लिए एक बड़ी जीत थी।

जब भारत स्वतंत्रता प्राप्ति की ओर अंतिम कदम बढ़ा रहा था, अंबेडकर ने अपने दल का नाम बदलकर ऑल इंडिया शेड्यूल कास्ट्स फेडरेशन रख दिया।

दुर्भाग्य से दल ने 1946 में संविधान सभा के लिए हुए चुनावों में अच्छा प्रदर्शन नहीं किया।

बाद की उपलब्धियाँ

यद्यपि अंबेडकर का स्वप्न कि दमित वर्गों की पार्टी मुख्यधारा की राजनीति में अपने निशान छोड़े, पूरा नहीं हो पाया, लेकिन अपनी व्यक्तिगत क्षमता में, उन्होंने परिवर्तन लाने में अपना एक सशक्त स्थान बनाया। उन्हें वायसराय की कार्यकारी परिषद् में श्रम मंत्री बनाया गया और रक्षा परामर्श समिति के मंडल में भी आमंत्रित किया गया। अंततः अंबेडकर स्वतंत्र भारत के पहले कानून मंत्री बने। एक पद, जो उन्होंने अपनी विधिक योग्यता और बौद्धिक कुशाग्रता के कारण पाया था, उतना ही अपने समानता के व्यवहार, न्याय, सत्य के लिए अपने आवेग के कारण पाया था। उनकी पेशेवर उपलब्धियों की पराकाष्ठा तब आई, जब उन्हें भारत के संविधान की प्रारूप समिति का अध्यक्ष चुना गया। भारत का संविधान, जिसकी रचना अंबेडकर के नेतृत्व में की गई, कई मामलों में एक अद्वितीय दस्तावेज प्रमाणित हुआ। इसने कुछ निश्चित आधारभूत अधिकारों को सशक्तता से भारतीय लोगों के जीवन में स्थापित किया, इनसे फिर कभी छेड़छाड़ नहीं की गई। समानता का अधिकार और शोषण के विरुद्ध अधिकार, जिसका आश्वासन संविधान में दिया गया, इसके लोगों को किसी भी प्रकार के विभेद से स्वतंत्र करता है और देश में सामाजिक क्रांति के लिए आधार उपलब्ध कराता है। यह अस्पृश्यता का उन्मूलन करता है और दमित वर्गों के लोगों के लिए नौकरियों और शिक्षा में आरक्षण के प्रावधान को सम्मिलित करता है ताकि कुछ सीमा तक लंबी ऐतिहासिक वंचिता को ठीक किया जा सके। इतना ही महत्त्वपूर्ण है, देश में जब सभी सामाजिक वर्गों को मतदान का अधिकार प्रदान किया गया, संविधान ने इस अधिकार का विस्तार महिलाओं तक भी कर दिया, जिसे पाश्चात्य देशों की महिलाएँ लंबे समय तक किए मताधिकार आंदोलन के पश्चात् प्राप्त कर पाई थीं। संविधान सभा के द्वारा 26 नवंबर, 1949 को संविधान को स्वीकार कर लिया गया।

नव स्वतंत्र भारत के निर्माण के दूसरे पहलुओं में भी अंबेडकर का योगदान अत्यधिक रहा। उनकी मौलिक शिक्षा एक अर्थशास्त्री के रूप में थी और इस प्रकार उन्होंने कई आर्थिक नीतियाँ बनाईं, जैसे स्वतंत्र अर्थनीति, स्थायी मुद्रा और निम्न आय वर्गों के लिए आयकर का समापन, जिसे बाद में भारत सरकार ने अंगीकार

किया। इसके साथ ही अंबेडकर के आर्थिक विचारों ने रिजर्व बैंक ऑफ इंडिया और भारत के वित्त आयोग की स्थापना के लिए आधार उपलब्ध कराया।

अपने जीवन के बाद वाले भाग में, अंबेडकर ने अपना संपूर्ण विधिक पांडित्य और न्याय का बोध एक और ऐतिहासिक दस्तावेज 'द हिंदू कोड बिल' की संरचना करने में सहायता देने में लगा दिया, जिसने समाज में क्रांतिकारी परिवर्तन ला दिए। इसने न केवल महिलाओं के लिए समान लिंग अधिकारों को सुनिश्चित किया, बल्कि इसने कई धार्मिक सुधारों का मार्ग भी प्रशस्त किया।

हालाँकि जब 1951 में उन्होंने हिंदू कोड बिल प्रस्तुत किया, तब बार-बार संविधान सभा के रूढ़िवादी वर्ग ने व्यवधान डालना प्रारंभ किया, अंबेडकर ने कैबिनेट से त्याग-पत्र दे दिया। उन्होंने लोकसभा के लिए चुनाव लड़ा, लेकिन जीत नहीं पाए। बाद में अंबेडकर को राज्यसभा के लिए मनोनित किया गया, जिसके वे अपनी मृत्यु 6 दिसंबर, 1956 तक सदस्य रहे।

विरासत

अगर कोई एक व्यक्ति है, जो अपने व्यक्तिगत प्रयासों से भारत के सबसे बड़े वर्गों में सबसे बड़े परिवर्तन लाया, वे भीमराव अंबेडकर हैं। उनके जाति-विभेद के सभी रूपों को समाप्त करने और दमित वर्गों के अधिकारों के लिए जीवनपर्यंत किए संघर्ष ने देश में बड़ी संख्या में लोगों का भाग्य बदल दिया। अगर आज अनुसूचित जातियाँ और जनजातियाँ सामाजिक और विधिक समानता के साथ ही साथ शैक्षणिक, व्यावसायिक अवसरों का आनंद ले रही हैं, इसका बड़ा श्रेय अंबेडकर के अथक संघर्ष को जाता है।

एक सक्रियतावादी होने के साथ-साथ वे अत्यधिक ज्ञानवान और विद्वान् व्यक्ति थे। वे इतिहास, अर्थशास्त्र, धर्म, समाजशास्त्र और विधि में अपनी विद्ववत्ता के लिए प्रसिद्ध थे। 1937 में उन्होंने अपनी पुस्तक *दी इन्नहिलेशन ऑफ कॉस्ट* प्रकाशित की, जिसमें उन्होंने व्यवस्थित ढंग से जाति व्यवस्था के आधारों को नष्ट किया और इस घृणित प्रथा के लगातार अनुमोदन के लिए हिंदू रूढ़िवादी नेताओं पर प्रहार किए। उनका एक और महत्त्वपूर्ण कार्य था हू *वर दी शूद्रास,* जिसमें उन्होंने जाति व्यवस्था की उत्पत्ति का वर्णन किया, विशेषरूप से अछूत और कारण बताए कि क्यों अभी भी यह प्रचलित है।

अंबेडकर के द्वारा हिंदू नेताओं, ग्रंथों और प्रथाओं का लगातार विरोध उनके

उस अनुमोदन के लिए, जो उन्होंने जाति-व्यवस्था को प्रदान किया था, अंतत: उन्हें धर्मांतरण की ओर ले गया और उन्होंने बौद्ध धर्म अपना लिया।

हिंदू समाज को जाति व्यवस्था से छुटकारा दिलाने के अशक्त प्रयासों के लिए, उन्होंने कहा था, जाति के विलोपन के दृष्टिकोण से, संतों के संघर्ष का समाज पर कोई प्रभाव नहीं पड़ा...भारत में कई महात्मा हुए, जिनका एकमात्र उद्देश्य अस्पृश्ता को दूर करना और दमित वर्गों का उत्थान करना तथा उन्हें समाज की मुख्यधारा में सम्मिलित करना था, लेकिन हर कोई अपने उद्देश्य में असफल रहा। अंबेडकर को बौद्ध धर्म के रूप में एकमात्र विकल्प मिला, जो दमित वर्गों को सामाजिक, धार्मिक और सांस्कृतिक समानता के साथ रहने का एकमात्र मार्ग देता था।

अंत में अंबेडकर ने जाति-व्यवस्था में जकड़े भारतीय समाज से बाहर न्किलने के लिए अपना विश्वास शिक्षा की शक्ति, आत्म-विकास और स्व-प्रयास में स्थापित कर दिया। उन्होंने अपने अनुयायियों से कहा—तुम्हें अपनी दासता का अवश्य ही स्वयं उन्मूलन करना होगा। इसके उन्मूलन के लिए भगवान् या अतिमानव पर निर्भर मत रहो। भाग्य में विश्वास मत करो; अपनी शक्ति में विश्वास करो।

तुम्हारे लिए परामर्श के मेरे अंतिम शब्द हैं कि शिक्षित, आंदोलित और संगठित हो जाओ; स्वयं में विश्वास रखो। न्याय हमारे पक्ष में है, मैं नहीं देख पाता कि हम अपनी लड़ाई कैसे हार सकते हैं...हमारे लिए यह लड़ाई न संपत्ति के लिए है, न शक्ति के लिए, यह स्वतंत्रता के लिए लड़ाई है। यह मानव व्यक्तित्व पुनः प्राप्त करने की लड़ाई है।

□

लेविस हाइन

सामाजिक परिवर्तन की पहली हलचल कहीं भी प्रारंभ हो सकती है और फिर यह तब तक चलती रहती है, जब तक कि यह इसे सुधारों के लिए एक आह्वान में बदलने के लिए पर्याप्त समर्थन न एकत्र कर ले। अगर एक व्यक्ति के जीवन ने इसे प्रमाणित किया है, वे अमेरिका के प्रसिद्ध फोटोग्रॉफर लेविस हाइन हैं। बीसवीं सदी के प्रारंभ में हाइन ने तसवीरों की एक श्रृंखला खींची, जिसका निर्धन मजदूर बच्चों के बारे में सामान्य जागरूकता पर अत्यधिक प्रभाव पड़ा। इन तसवीरों के द्वारा हाइन ने बाल अधिकारों के साथ ही श्रम कानून की प्रक्रिया को तीव्र करने में बुनियादी भूमिका निभाई।

प्रारंभिक जीवन

1874 में लेविस विकेस हाइन के रूप में ओशकोश, विसकोन्सिन में जनमे हाइन एक साधारण पृष्ठभूमि से आते हैं। उनके परिवार के पास अधिक संसाधन नहीं थे और उनके पिता की मृत्यु के पश्चात् परिवार की आर्थिक स्थिति और भी खराब हो गई। हालाँकि युवा हाइन ने यह दृढ निश्चय किया था कि वे अपने लिए अच्छी शिक्षा प्राप्त करेंगे; उन्होंने बहुत छोटी आयु से ही काम करना प्रारंभ कर दिया। एक बार उन्हें एक फर्नीचर बनानेवाले कारखाने में नौकरी मिल गई और उन्होंने जितना अधिक से अधिक हो, पैसे बचाए ताकि वे कॉलेज जा सकें। अंततः वे कोलंबिया यूनिवर्सिटी, यूनिवर्सिटी ऑफ शिकागो के साथ ही न्यूयॉर्क यूनिवर्सिटी में शिक्षा प्राप्त कर पाए।

समाजशास्त्र में स्नातक करने के पश्चात्, हाइन न्यूयॉर्क के एथिकल कल्चरल स्कूल में वनस्पतिशास्त्र और प्रकृति अध्ययनों के शिक्षक बन गए। 1903 में उन्हें स्कूल के प्रधान की ओर से पढ़ाने में सहायक के रूप में उपयोग करने और स्कूल

की गतिविधियों को रिकॉर्ड करने के लिए एक कैमरा दिया गया। इसने हाइन के कदम फोटोग्रॉफी के पथ पर बढ़ा दिए और शीघ्र ही उन्हें यह पता चला कि वे इसका उपयोग लोगों और सामाजिक समूहों में अपनी रुचि को बढ़ाने में भी कर सकते हैं। उन्होंने अपने विद्यार्थियों को न्यूयॉर्क बंदरगाह के इल्लिस आइलैंड पर भी ले जाना प्रारंभ कर दिया, जहाँ प्रतिदिन विश्वभर से सैकड़ों आप्रवासी नए संसार में अपने सपनों को पूरा करने के लिए आते थे। अपने विद्यार्थियों को पढ़ाने के दौरान, हाइन उन्हें फोटोग्रॉफी को एक शैक्षणिक उपकरण के रूप में उपयोग करने के लिए प्रोत्साहित करते।

फोटोग्रॉफी सामाजिक सक्रियतावाद के रूप में

1904 और 1909 के वर्षों के मध्य हाइन ने इलिस आइलैंड और आस-पास के दूसरे स्थानों के कामकाजी वर्ग के लोगों की दो सौ से अधिक तसवीरें लीं। अंततः हाइन के मस्तिष्क में यह बात आई कि वे अपने जीवन में यही तो करना चाहते थे पढ़ाने की बजाय। वे फोटोग्रॉफी के अपने इस नए शौक को लोगों के प्रलेखन में करना चाहते थे और उनके जीवन में परिवर्तन लाना चाहते थे, जिस भी थोड़े से रूप में हो।

1906 में हाइन के भाग्य ने उनका साथ दिया और उन्हें रूसैल सैज फाउंडेशन के स्टॉफ फोटोग्रॉफर के रूप में नियुक्ति पत्र प्राप्त हुआ। इसने उन्हें अपनी शिक्षक की नौकरी छोड़ने में समर्थ बनाया ताकि अब वह अपने शौक को पेशेवर रूप में आगे बढ़ा सकें। अपनी नई नौकरी में, जो उन्हें अल्पकालीन संक्षिप्त कार्य सौंपे गए, उनमें से एक था पेनसिल्वेनिया के पिट्सबर्ग के स्टील-निर्माण करनेवाले क्षेत्रों में कार्य करनेवाले श्रमिकों के जीवन और कार्य-स्थितियों की तसवीरें लेना। ये तसवीरें अंततः पिट्सबर्ग सर्वे में उपयोग की गईं। यह 1907-1908 की एक प्रभावशाली समाजशास्त्रीय अनुसंधान परियोजना थी, जो भारी औद्योगीकरण का शहरी जीवन के साथ ही कामकाजी वर्ग और आप्रवासी जनसंख्या पर प्रभाव का प्रलेखन करना चाहती थी, जो इन कारखानों में कार्य करते थे। अंततः पिट्सबर्ग सर्वे ने विशाल-पैमाने पर हुए औद्योगिकरण के खतरों को रेखांकित करके और नीति-निर्माताओं को प्रेरित करके कि वह शहरी और आप्रवासी समुदायों के कल्याण के लिए कानून पारित करें, प्रगतिशील युग के सुधार आंदोलनों में महत्त्वपूर्ण भूमिका निभाई।

पिट्सबर्ग सर्वे के लिए की गई हाइन की प्रभावी फोटोग्रॉफी ने उनके लिए

नए अवसर खोल दिए। 1908 में नेशनल चाइल्ड लेबर कमेटी (एन.सी.एल.सी.) ने उन्हें एक नियुक्ति का प्रस्ताव रखा, जिसमें कारखानों में कार्य करनेवाले बच्चों के जीवनों और स्थितियों का प्रलेखन किया जाना था। एन.सी.एल.सी. बाल श्रम की क्रूर स्थितियों और परिणामों के प्रमाणों को संकलित करने की प्रक्रिया में थी ताकि नीति-निर्माताओं पर श्रम कानून में सुधार करने के लिए दबाव बनाया जा सके। हाइन ने अपने नए कार्य को उत्साह से लिया और अगले दस वर्षों तक वे औद्योगिक क्षेत्रों में काम करने और रहनेवाले बच्चों की तसवीरें लेते रहे, विशेषरूप से कैरोलिना पिइडमोंट में। 1913 में उन्होंने बाल श्रमिकों का प्रलेखन करने के लिए कई सूती मिलों का भ्रमण किया और उन्होंने मानव प्रकारों का अध्यनन करने के एक साधन के रूप में कंपोजिट पोर्टरेट्स की तकनीक के साथ प्रयोग किए, जिसका अविष्कार ब्रिटिश वैज्ञानिक फ्रांसिस गैल्टन ने किया था।

बीसवीं सदी के प्रारंभ में बाल श्रम संयुक्त राज्य अमेरिका में एक बहुत ही जटिल मुद्दा था। फ्लोरेंस केली जैसे कार्यकर्ताओं ने सभी प्रकार के बाल श्रम को समाप्त करने के लिए जोरदार अभियान चलाया, लेकिन उद्योगपति सस्ते श्रम के लाभ को छोड़ने के लिए तैयार नहीं थे, अमेरिकी समाज, समाज सुधार के दोराहे पर खड़ा था। इसने एन.सी.एल.सी. के लिए हाइन के कार्य को निश्चय ही खतरनाक बना दिया, क्योंकि कारखानों और खदानों में क्रूर कार्य स्थितियों के दृश्य प्रमाण बच्चों के रोजगार को उचित ठहराने के उद्योगपतियों के तर्क के प्रतिकूल साबित हो सकते थे। इसलिए कारखानों और निर्माण कार्यस्थल पर काम करनेवाले बच्चों की तसवीरें लेने के किसी भी प्रयास को दृढता से निषिद्ध किया गया। हाइन अगर अंदर घुसने और तस्वीरे लेने का प्रयास करते, उन्हें कार्यस्थल पर उपस्थित फोरमैन या कारखाने के सुरक्षागार्ड के द्वारा रोका जाता, उनके साथ हिंसक व्यवहार और यहाँ तक कि जान से मारने की धमकी दी जाती।

अपनी सुरक्षा और जीवन के लिए खतरों के बावजूद, हाइन मार्ग खोजने के लिए आस-पास घूमते रहते, जिसके द्वारा वे कारखानों के परिसरों या इस प्रकार के कार्यस्थलों में गुपचुप तरीके से आ-जा सकें और वहाँ कार्य कर रहे बच्चों की तसवीरें ले सकें। इसलिए इस अभियान में हाइन वेश बदलकर कभी इंश्योरेंस एजेंट, पोस्टकार्ड बेचनेवाले, बाइबिल विक्रेता, अग्नि निरीक्षक या एक औद्योगिक फोटोग्रॉफर के रूप में, जिसे कारखाने की मशीनों का रिकार्ड बनाना है, अंदर प्रवेश करते।

एक बार कारखाने या मिल के अंदर जाने के पश्चात्, हाइन जल्दी-जल्दी

वहाँ काम करनेवाले बच्चों से बात कर लेते। निःसंदेह पहले एक शिक्षक के रूप में उनके प्रशिक्षण ने उन्हें बच्चों तक पहुँचने में सहायता की और जल्दी ही वे नाम, उम्र, परिवारों, जीवन की स्थितियों और परिस्थितियाँ, जिसमें वे मिलों, फैक्टरियों या खदानों में काम करते थे, पर पूछे गए प्रश्नों के उत्तर दे रहे होते। हाइन के अपने कार्य के प्रति समर्पण के बारे में एक उद्धरण के अनुसार, यह कहा जाता था कि अगर वे बातचीत के द्वारा किसी बच्चे की उम्र पता नहीं लगा पाते थे, तब हाइन चुपके से अपनी बंडी के बटन के द्वारा बच्चे का कद माप लेते और फिर धीरे से उसके कद के द्वारा उसकी आयु का अनुमान लगा लेते।

हालाँकि छल करने के अपने साहस के बावजूद हाइन अक्सर कारखाने या मिल में प्रवेश प्राप्त करने में सफल नहीं हो पाते। ऐसे समय उन्हें प्रवेशद्वार पर कई घंटों प्रतीक्षा करना पड़ती ताकि उनकी शिफ्ट शुरू होने से पहले या समाप्त होने पर वे बच्चों से मिल सकें और उनकी तसवीरें ले सकें।

हाइन को यह भी पता चला कि बहुत बड़ी संख्या में बाल श्रमिक अपने घरों से कार्य करते हैं। उनकी जीवनशैली का भी प्रलेखन करने के लिए वे बच्चों और उनके परिवारों से मिलने के लिए उनके घरों में जाते, जो अधिकतर कारखानों या कार्यस्थलों के आस-पास ही भीड़भाड़वाले, गंदे और असुरक्षित स्थानों पर बने होते थे। हाइन को आशा थी कि उनकी तसवीरें जनता और नीति निर्माताओं को बाल श्रमिकों की भयावह जीवन के बारे में उनकी आत्मसंतुष्टि से हिला देंगी। इसके साथ ही जो उन्होंने अपने कैमरे के लैंसों से पकड़ा था, उस पर टिप्पणियाँ भी लिखीं। उदाहरण के लिए तसवीरों में अपने विषयों के बारे में उन्होंने कटाक्ष को कठिनाई से छिपाते हुए लिखा—कैसे समाज कई अवसर देता है बच्चों और परिवारों को उद्योग की सेवा में भरती होने के लिए।

दूसरी तस्वीरें

हाइन के डॉक्यूमेंटरी फोटोग्रॉफी के शौक ने एक और सृजनात्मक अभिव्यक्ति पा ली, जब वे राहत कार्यों की तसवीरें लेने के लिए यूरोप गए थे, जो अमेरिकी रेडक्रॉस के द्वारा प्रथम विश्व युद्ध के दौरान और बाद में चलाए जा रहे थे। ये तसवीरें स्मरणीय थीं, क्योंकि ये अवसर देती थीं कि युद्ध के द्वारा उत्पन्न हुए संहार और उसके साथ उपजी मानवता को पास-पास रखने का, जो सभी लोगों में भीतर कहीं छिपी हुई है। यह समय इतिहास के सबसे चुनौतीपूर्ण काल के रूप में उभरा।

1920 और 1930 के दशक में हाइन ने शृंखलाबद्ध पोर्ट्रेट बनाए, जो औद्योगीकरण में मानव के योगदान को रेखांकित करते हैं। ये तसवीरें आमतौर पर मजदूरों को कारखानों और मिलों में दिखाती हैं, जिसमें उन्होंने अव्यक्तिक्ता और मशीनों के विशालकाय अनुपात का विरोधाभास दिखाया, इसके साथ ही मानव श्रम की तुलनात्मक दुर्बलता, लेकिन उनकी अंतर्निहित गरिमा भी प्रदर्शित की।

1930 में हाइन को दी एम्पायर स्टेट बिल्डिंग का प्रलेखन देने के लिए अधिकृत किया गया, जो न्यूयॉर्क शहर का एक आइकॉनिक लैंडमार्क बनकर सामने आया। मजदूर जो वहाँ काम कर रहे थे, उनके अद्‌भुत साहस और प्रतिबद्धता को दिखाने के लिए, हाइन ने उन्हें अत्यंत खतरनाक स्थितियों में चित्रित किया, जैसे अस्थिर रस्सी और बाँस की सीढ़ियों पर झूलते हुए सैकड़ों फीट ऊपर हवा में। निःसंदेह हाइन ने स्वयं भी इसी प्रकार का जोखिम लिया था ताकि वह सर्वश्रेष्ठ अनुकूल बिंदु अपनी तसवीरों के लिए प्राप्त कर सके। एक अवसर पर हाइन ने अपने आपको एक विशेष रूप से डिजाइन की टोकरी में स्थापन किया और पाँचवें मार्ग के ऊपर लगभग 1,000 फीट घुमा दिया। एम्पायर स्टेट बिल्डिंग के निर्माण की तस्वीरें, पहले खींची गईं कारखाना मजदूरों और दूसरे मजदूरों की तसवीरों के साथ संकलन में *मैन एट वर्क* शीर्षक से प्रकाशित हुईं।

1930 के महा विषाद के दौरान, हाइन वापस अमेरिका रेड क्रॉस चले गए, सूखे और उसके परिणामस्वरूप आई भोजन की कमी के कारण बरबाद हो चुके दक्षिण अमेरिका में उनके राहत कार्यों की तसवीरें लेने के लिए। इस समय उन्हें टेन्नेस्सी वैली अथॉरिटी की ओर से राज्य के पूर्वी पहाड़ी क्षेत्रों में रहनेवाले लोगों के जीवन का प्रलेखन करने का प्रस्ताव मिला।

उनके कार्य

प्रमुख संस्थाओं द्वारा दृश्य प्रलेखन उपलब्ध कराने के लिए अधिकृत होने और जनता का रिकॉर्ड रखने के अलावा हाइन ने नेशनल रिसर्च प्रोजेक्ट के प्रमुख फोटोग्रॉफर के रूप में भी अपनी सेवाएँ दीं, जो वर्क्स प्रोग्रेस एडमिनिस्ट्रेशन के द्वारा उद्योग में होनेवाले परिवर्तनों और उनके रोजगार में प्रचलन पर प्रभाव के अध्ययन के लिए चलाया जा रहा था। हाइन इथिकल कल्चर फील्ड्सटन स्कूल में शिक्षक भी रहे, जहाँ वे फोटोग्रॉफी और समाजशास्त्र पढ़ाते थे।

आज लाइब्रेरी ऑफ कांग्रेस में हाइन के द्वारा ली गई पाँच हजार से अधिक

तसवीरें हैं। इनमें से अधिकतर उनके बाल मजदूरों और रेडक्रॉस के राहत कार्यों की हैं। इसके साथ ही मिलों और कारखानों में काम करनेवाले लोगों के पोट्रेट हैं। इसके अलावा उनकी डब्ल्यू.पी.ए. और टी.वी.ए. छवियाँ भी हैं, जो लाइब्रेरी ऑफ कांग्रेस के लेखागार में रखी गई हैं। दूसरे प्रमुख संस्थानों में से, जहाँ हाइन ने कार्य किया, वे हैं जार्ज ईस्टमैन हाउस, अल्बिन ओ. कुहन लाइब्रेरी, गैलेरी ऑफ दी यूनिवर्सिटी ऑफ मैरीलैंड और बाल्टीमोर काउंटी, जहाँ लगभग पाँच हजार तसवीरें हैं, जो हाइन ने एन.सी.एल.सी. के साथ अपने कार्य के रूप में ली थीं। इन स्थानों पर तसवीरों के साथ निगेटिव भी मिल सकते हैं।

बाद का जीवन

अपने जीवन के अंतिम वर्षों में हाइन के लिए सरकार या निजी संस्थाओं से काम प्राप्त करना लगतार कठिन होता गया। 1938 में उन्हें अमेरिकी शिल्पकारों की काम करते हुए तसवीरें लेने के लिए अनुदान देने से मना कर दिया गया। उस समय तक सामाजिक प्रलेखन फोटोग्रॉफी में रुचि में एक निश्चित कमी आने लगी, आय का कोई साधन न होने के कारण हाइन को अपना घर भी बेचना पड़ा और कल्याण-केंद्र के लिए आवेदन करना पड़ा। 3 नवंबर, 1940 को न्यूयॉर्क के डॉब्बस फेरी अस्पताल में ऑपरेशन के बाद हुई जटिलताओं के कारण उनकी मृत्यु हो गई।

हालाँकि उनकी मृत्यु के पश्चात्, न्यूयॉर्क स्थित फोटो लीग ने उनके कुछ कार्य का प्रचार किया, इसमें कई वर्ष लगे, जब उनके कार्य को नए सिरे से याद किया गया और प्रशंसा की गई।

उनकी विरासत

लेविस हाइन आधारभूत रूप से एक फोटोग्रॉफर थे, लेकिन जिस प्रकार से वे अपने कौशल का उपयोग करते थे और उनकी तसवीरों का जो स्थायी प्रभाव समाज पर पड़ा, उसके कारण आज उनकी गिनती बीसवीं सदी के अग्रणी समाज सुधारकों में होती है। अपने कार्यों के द्वारा उन्होंने दिखा दिया कि प्रलेखन फोटोग्रॉफी का उपयोग सामाजिक परिवर्तन और सुधार के एक साधन के रूप में किया जा सकता है। हाइन ने जो तसवीरें लीं, उन्होंने पुस्तिकाओं, पत्रिकाओं के लेखों और प्रदर्शनियों में अपना स्थान बनाया। इसके अलावा इनका उपयोग व्याख्यान कक्षों में दृष्टांतों या लालटेन के प्रकाश में दिखाई जानेवाली स्लाइडों में कठोर औद्योगिक

श्रम का बच्चों के स्वास्थ्य और जीवन पर पड़नेवाले प्रभावों को दिखाने के लिए किया गया। इन तसवीरों की सहायता से बाल कल्याण कार्यकर्ताओं और संगठनों ने श्रम कानून में बदलाव लाने के लिए दबाव बनाया। 1916 में पहला संघीय बाल श्रम कानून पारित हुआ, जिसमें उन वस्तुओं को राज्य की सीमा से बाहर भेजने को प्रतिबंधित किया गया, जिनके निर्माण में न्यूनतम आयु कानूनों का उल्लंघन हुआ है। हालाँकि यह कानून केवल 1918 तक प्रभावी रहा, लेकिन सुधार के लिए आंदोलन को लगातार बल मिलता रहा। 1936 में फेडरल पर्चेजिंग लॉ पारित हुआ और वाल्श–हैले एक्ट कहता है कि अमेरिकी सरकार उन वस्तुओं को नहीं खरीदेगी, जिनका निर्माण निर्धारित उम्र से कम उम्र के बच्चों के द्वारा किया गया हो। हालाँकि इसमें अभी दो वर्ष और लगे, जब फेडरल रेग्युलेशन ऑफ चाइल्ड लेबर को फेयर लैबर स्टैंडर्ड्स एक्ट से बदल दिया गया। इसके अनुसार, पहली बार, नौकरी की न्यूनतम आयु और बच्चों के लिए काम करने के घंटों का नियमन फेडरल लॉ के द्वारा किया गया।

इस प्रकार से हालाँकि अप्रत्यक्ष रूप से, हाइन ने बाल श्रम के बारे में अपनी तसवीरों के द्वारा जागरूकता उत्पन्न करने में महत्त्वपूर्ण भूमिका निभाई और इस प्रक्रिया में नीति निर्माताओं को विवश किया कि वे सामाजिक और श्रम सुधारों को प्रारंभ करें।

□

बाबा आमटे

परोपकारिता नष्ट करती है, कार्य निर्माण करता है, यह वह नीतिवचन था, जिसका उन्होंने भारतीय समाज के गरीब और शोषित लोगों, विशेषकर, वे जिन्हें कोढ़ के रोगियों के रूप में समाज से बहिष्कृत कर दिया जाता है, के सशक्तीकरण के लंबे प्रयासों में हमेशा पालन किया। संपत्ति और परंपराओं, जिसमें वे जनमे थे, को ठुकराने से प्रारंभ हुई उनकी यह यात्रा आनंदवन की स्थापना और इसके संचालन तक जार रही। आनंदवन कोढ़ रोग से पीड़ित लोगों के पुनर्वास और दूसरे सामाजिक-पर्यावरणीय पहलों को समर्थन देने का केंद्र है। बाबा आपटे निःस्वार्थ सेवा और व्यावहारिक सुधारों के प्रतीक थे। उनके आत्मनिर्भर ग्रामीण अर्थव्यवस्था, पर्यावरण-अनुकूल विकास और समाज को वापस देने के उनके कार्यक्रमों ने उन्हें आधुनिक भारत के सबसे अग्रणी सुधारकों में से एक बना दिया।

26 दिसंबर, 1914 को मुरलीधर देविदास के नाम से महाराष्ट्र के वर्धा तहसील के शहर हिंगानघाट में जनमे बाबा आमटे संपन्न ब्राह्मण परिवार के सबसे बड़े पुत्र थे। उनके पिता देविदास आमटे राजस्व उगाही विभाग के कर्मचारी और एक संपन्न जमींदार थे। इसलिए बाबा आमटे का पालन-पोषण सुविधाओं और भोग-विलास से परिपूर्ण वातावरण में हुआ था। जब उनकी आयु केवल चौदह वर्ष की थी, तब उनके पास एक बंदूक थी, जिसे लेकर वे शिकार करने जाते थे। अपनी सोलहवीं वर्षगाँठ पर उन्हें सिंगर स्पोर्ट कार उपहार में दी गई, उस समय किसी लड़के के लिए एक दुर्लभ विलासिता की वस्तु थी। जब वे बड़े हो रहे थे, उन्होंने सिनेमा में विशेष रुचि दिखानी प्रारंभ की और एक फिल्मी पत्रिका 'पिक्चरगोवर' के लिए भी लिखना प्रारंभ कर दिया था। उन्होंने उस समय की प्रतिष्ठित पाश्चात्य नायिकाओं जैसे ग्रेटा गार्बो और नोरमा शियारर के साथ पत्र-व्यवहार करना भी प्रारंभ कर दिया। जब बाबा आमटे ने कोढ़ के रोगियों के साथ कार्य करना प्रारंभ किया, नोरमा भारत

के बाहर उनके सबसे प्रारंभिक दानदाताओं में से एक थीं।

हालाँकि बाबा आमटे एक ठेठ जमींदार परिवार के बीच पले-बढ़े, यह प्रारंभ से स्पष्ट था कि उनके सोचने और जीने की एक अपनी ही शैली थी। जब वे केवल छह वर्ष के थे, तब उन्होंने एक दीपावली पर खर्च करने के लिए मिले। मुट्ठीभर चांदी के सिक्के एक नेत्रहीन भिखारी को दे दिए। उस समय जब जातीय-पृथक्करण का पालन अत्यंत कड़ाई से किया जाता था, एक बच्चे के रूप में बाबा आमटे नौकरों और दूसरे परिवार के बच्चों के साथ खेलने की जिद करते, जिन्हें कथित रूप से निम्न जाति कहा जाता था, जो उनके परिवार में काम करते थे। स्पष्टतौर पर इन बातों को लेकर उनका अपने माता-पिता से कई बार झगड़ा होता, क्योंकि बाबा आमटे अस्पृश्यता की प्रथा को कभी भी न्यायोचित नहीं मानते थे, वे इसे एक जघन्य अपराध मानते थे, जिसका महात्मा गांधी ने भी अपने राजनीतिक आंदोलनों में विरोध किया था।

उनके धर्मयुद्ध का प्रारंभ

बाबा आमटे ने वकालत की शिक्षा प्राप्त की और थोड़े समय में ही वर्धा में एक सफल वकील के रूप में स्थापित हो गए। अपने पेशे के दौरान ही उनके पास स्वतंत्रता सेनानियों का केस आया, जिन्हें ब्रिटिश सरकार ने 1942 के भारत छोड़ो आंदोलन में गिरफ्तार कर लिया था, उन्होंने बचाव पक्ष के वकील के रूप में मुकदमा लड़ने का निर्णय लिया। इसने शीघ्र ही उन्हें ब्रिटिश औपनिवेशिक सरकार से स्वतंत्रता के भारतीय संघर्ष में पूर्णरूप से सम्मिलित कर दिया।

देश के नेताओं में बाबा आमटे महात्मा गांधी और उनके द्वारा की जा रही सेवाओं, त्याग, अहिंसा और सत्याग्रह की ओर आकर्षित हो गए। थोड़े समय के लिए वे गांधीजी के आश्रम सेवाग्राम में भी रहे, जो उस समुदाय को बढ़ावा देने के लिए था, जो उनके आदर्शों पर आधारित था। वहाँ रहने के दौरान बाबा आमटे ने चरखे पर खादी भी काती और बहुत साधारण जीवनशैली का अनुसरण किया, लेकिन वे समाज के वंचित वर्गों के लिए कुछ करना चाहते थे और अंततः वह वहाँ इतनी अधीरता अनुभव करने लगे कि उन्होंने आश्रम छोड़ने का निर्णय लिया और अवकाश पर चले गए।

हालाँकि बाबा आमटे इस बात को लेकर तो आश्वस्त थे कि वे आर्थिक पारितोषिक के लिए कार्य नहीं करना चाहते हैं, लेकिन वे यह भी नहीं समझ पा

रहे थे कि वे वास्तव में क्या करना चाहते हैं, लेकिन इतना निश्चित था कि यह कम भाग्यशाली लोगों की सेवा का जीवन होगा, और समाज का एक वर्ग था, जिसकी सहायता करने का बाबा आमटे ने दृढ निश्चय कर लिया था, वह था, जो मैला ढोता है, यहाँ तक कि जब वे एक वकील के रूप में कार्य कर रहे थे, तब भी महाराष्ट्र की चंद्रपुर तहसील में अपनी पारिवारिक जागीर में गरीबी को देखकर भयभीत हो गए थे। अपनी फलती-फूलती कानूनी प्रैक्टिस को पीछे छोड़कर उन्होंने स्वयं सफाईकर्मियों के संघ का अध्यक्ष बनने का निर्णय लिया और नौ महीने तक स्वयं हाथ से सफाई की। यह उन्होंने न केवल इस सबसे दमित वर्ग के लिए एकजुटता दिखाने के लिए किया, बल्कि विभेद के केंद्र पर भी प्रहार करने का प्रयास किया, जो समाज में अंतर्निहित है।

अंततः बाबा आमटे का अपने भाग्य से तब आमना-सामना हुआ, जब एक दिन उन्होंने एक भिखारी को देखा, जो कोढ़ से पीड़ित था। उसकी हालत बड़ी दयनीय थी, उसका शरीर फोड़ों से ढँका हुआ था, उस व्यक्ति को कूड़े के ढेर पर मरने के लिए छोड़ दिया गया था। बाबा आमटे जैसे उच्च नैतिक व्यक्ति की पहली प्रतिक्रिया भी भय और उस दृश्य से भाग जाने की इच्छा की थी, लेकिन जितना अधिक उन्होंने पीड़ित व्यक्ति के बारे में सोचा, उतना अधिक भयों का सामना करने का उनका दृढ निश्चय शक्तिशाली होता गया। इसलिए वह वापस कूड़े के ढेर के पास गए, उस व्यक्ति को बचाया और तब तक उसकी देखभाल की, जब तक उस रोगी ने अंतिम साँस नहीं ली।

एक बार बाबा आमटे ने अनुभव किया कि वे अपना जीवन कोढ़ के रोगियों की सेवा करते हुए बिताना चाहते हैं, उन्होंने इस रोग के बारे में पता लगाने का प्रयास किया, जितना अधिक-से-अधिक वे कर सकते थे। वे कलकत्ता के स्कूल ऑफ ट्रॉपिकल मेडिसिन में अध्ययन करने के लिए चले गए और एक बार तो उन्होंने प्रायोगिक अध्ययन करने के लिए अपना शरीर ही प्रस्तुत कर दिया। इस पारंपरिक विश्वास को अस्वीकार करने के लिए कि कोढ़ एक संक्रामक रोग है, उन्होंने अपने आपको बैसिलि का इंजेक्शन लगाने की अनुमति दी। उन्हें कुछ नहीं हुआ और वह इस टेस्ट का उपयोग लोगों को आश्वस्त करने के प्रमाण के रूप में करते थे कि कोढ़ संक्रामक रोग नहीं है।

विश्व के दूसरे भागों के समान भारत में भी कोढ़ से संबंधित कई मनगढ़त बातें जुड़ी हुईं थीं। भारतीय समाज में, इस रोग से पीड़ित व्यक्ति के बारे में सोचा जाता था कि वह पिछले जन्मों के पापों का फल भोग रहा है और बुरे कर्मों का ऋण

चुका रहा है। व्यापक रूप से कोढ़ के रोगियों को समाज से कुछ सबसे अधिक भयावह विभेदों का सामना करना पड़ता था। उन्हें उनके घरों और गाँवों से बाहर निकाल दिया जाता था, उनके परिवारों के द्वारा त्याग दिया जाता था और उन्हें कार्य तथा आर्थिक सहायता के सभी माध्यमों को खोना पड़ता था। अपना प्रबंध अपने आप करने के लिए विवश इनमें से अधिकतर लोग भिक्षावृत्ति का जीवन जीते थे और किसी प्रकार से समाज के हाशिये पर जीवित रहते थे।

आनंदवन

समाज के वंचित वर्गों के लिए कुछ करना बाबा आमटे ने अपने जीवन का लक्ष्य बना लिया, चाहे वे कोढ़ के रोगी हों, जाति-आधारित बहिष्कार के शिकार या जिन्हें उनके परिवारों के द्वारा किसी विकलांगता के कारण छोड़ दिया जाता है। इस उद्देश्य के लिए उन्होंने एक आश्रम की स्थापना की, जो न केवल निर्धनों और पीड़ितों का पुनर्वास करता था, बल्कि एक आत्मनिर्भर और स्व-संपोषित समुदाय के रूप में कार्य करता था। 15 अगस्त, 1949 को उन्होंने एक वृक्ष के नीचे एक अस्पताल के साथ अपने अभियान को प्रारंभ किया। दो वर्ष पश्चात् 1951 में आनंदवन पंजीकृत हो गया तथा सरकार के द्वारा उन्हें और भूमि प्रदान की गई। हालाँकि बाबा आमटे ने आनंदवन का वर्णन रोगियों के एक आश्रय के लिए किया था, लेकिन यह इससे भी अधिक कुछ निकला। कार्य के अपने दर्शन को ध्यान रखते हुए बाबा आमटे ने यह सुनिश्चित किया कि यहाँ के निवासी आत्मनिर्भर होना सीखें और वे अपनी जीविका के लिए किसी पर निर्भर न रहें। इसलिए आश्रम को इसके खेतों के द्वारा आत्म-निर्भर बनाया गया, जो लोग यहाँ रहते थे, खेतों में काम करते थे और जो वे स्वयं उगाते थे वही खाते थे। जैसा आश्रम की वेबसाइट उल्लेख करती है कि केवल नमक, चीनी और तेल को छोड़कर सभी चीजों का निर्माण समुदाय के परिसर में ही किया जाता है, उनके द्वारा जिन्हें समाज ने कभी समाप्त मान लिया था।

निःसंदेह आनंदवन की स्थापना वास्तव में उस क्षेत्र की अर्थव्यवस्था के लिए एक वरदान थी, जो पहले एक बंजर भूमि थी, बाबा आमटे और उनके लोगों ने अपने विशुद्ध कठिन परिश्रम के साथ वातावरण के अनुकूल पद्धतियों, जैसे जैविक खेती और सूक्ष्म जल व्यवस्था को मिलाकर फसलें उगाने का प्रबंध किया।

इसके साथ ही आनंदवन में कई कुटीर उद्योग भी हैं, जो न केवल आश्रम के

लोगों को अपने उपयोग के लिए वस्तुओं के निर्माण करने में सक्षम बनाते हैं, बल्कि आश्रम के अतिरिक्त खर्च चुकाने के लिए आय भी उत्पन्न करते हैं।

आज आश्रम 465 एकड़ के विस्तृत भू-भाग में फैला हुआ है। इस परिसर में दो अस्पताल, नेत्रहीन लोगों के लिए एक अस्पताल, एक विश्वविद्यालय, एक अनाथाश्रम के साथ ही लगातर नवीन प्रकार के उपकरणों और साधनों के निर्माण के लिए एक तकनीकी संस्थान भी है, जो विशेष रूप से सक्षम लोगों को कार्य करने और जीने में सहायता कर सकें। आधुनिक जीवन की सभी वस्तुएँ, जैसे बैंक, स्टोर और एक डाकघर भी यहाँ स्थित है। यहाँ एक सामुदायिक केंद्र भी है, जिसमें रीडिंग रूम, वयस्कों और बच्चों के लिए पार्क और चिड़ियाघर भी है। ऐसे लोगों की संख्या पाँच हजार से कम नहीं है, जो आनंदवन को अपना घर कहते हैं।

विश्व के विभिन्न भागों से नेता और प्रसिद्ध व्यक्ति आनंदवन आए हैं। तिब्बतियों के धर्मगुरु दलाईलामा, प्रसिद्ध गायिका लता मंगेशकर और पौलेंड के एरिस्टोक्रैट काउंट आर्थर टरनोवस्की उन गण्यमान्य व्यक्तियों में से हैं, जो आश्रम की जीवन शक्ति और जीवन को दृढ करनेवाले उत्साह से प्रभावित हुए।

पर्यावरणीय पहलें

बाबा आमटे का दृष्टिकोण समाज के सभी वर्गों के लिए न केवल आत्मसम्मान का जीवन ही, बल्कि प्रकृति के साथ सामंजस्य में रहना भी सम्मिलित करता है। इसीलिए आनंदवन की उन्होंने पर्यावरण-अनुकूल परिसर के रूप में रचना की। यहाँ सभी प्रकार के व्यर्थ पदार्थों को रिसाइकिल किया जाता है और प्राकृतिक संसाधनों का उपयोग अत्यधिक सोच-समझकर किया जाता है ताकि उनकी समाप्ति न हो। इस क्षेत्र के सूखे होने के कारण यहाँ जल संरक्षण और वर्षा के जल को जमा करने पर अत्यधिक ध्यान दिया जाता है। पकाने के लिए ईंधन बायोगैस प्लांट से आता है, जो व्यर्थ पदार्थों को ऊर्जा में रूपांतरित कर देते हैं।

आनंदवन में प्रकृति और पर्यावरण के सम्मान के महत्त्व को एक अद्वितीय स्मारक, एक अनाम वृक्ष के द्वारा प्रतीक के रूप में समझा जाता है। इस परिसर के सारे समारोह एक सामाजिक संस्कार के रूप में इस स्मारक पर फूलमाला चढ़ाने के द्वारा पूरे किए जाते हैं।

यह परंपरा बाबा आमटे की प्रकृति के साथ सहयोग में रहने की प्रवृत्ति से परिचय कराती है। निःसंदेह उन्होंने हमेशा विकास की आक्रामक शहरी और

भौतिक अवधारणा की आलोचना की, जो न केवल पर्यावरण की माँगों की अनदेखी करते हैं, बल्कि उसे नष्ट करने का प्रयास करते हैं। एक आह्वान करनेवाले रूपक में बाबा आमटे, अपने लोगों से कहते हैं—आवश्यकता और संतुष्टि के पाठ के लिए मधुमक्खियों को देखो। उन्होंने कहा, ''मधुमक्खियों द्वारा मधुरस का खजाना पुष्पों के मूल्य पर प्राप्त नहीं किया जाता है, बल्कि इनका मधु निकालने का कार्य फूलों को संतुष्टि देता है। आपको जिबरान, गोर्बाचेव या गांधी से भी सीखने की आवश्यकता नहीं है। इसके स्थान पर मधुमक्खियों से सीखने का चयन करो, आपके मूक साथी के रूप में वे आपको दिखा देंगी, बिना नष्ट किए कैसे विकसित हों।

दूसरे कार्य

आनंदवन में अपने कार्य के अलावा बाबा आमटे ने भारत में दूसरे कल्याणकारी कार्यों को भी अपना समर्थन दिया। उदाहरण के लिए उन्होंने देश की आदिवासी जनजातियों के साथ भी सहानुभूति दिखाई। उन्होंने नर्मदा नदी पर सरदार सरोवर बाँध प्रोजेक्ट के विरुद्ध भी बोला, क्योंकि यह बड़ा बाँध उस क्षेत्र के पर्यावरण और मानव आवासों के लिए कई विपत्तियाँ लाएगा। 1990 में बाबा आमटे मेधा पाटकर के नर्मदा बचाओ आंदोलन से जुड़ गए और कुछ समय के लिए नर्मदा नदी के पास भी रहे। नर्मदा बचाओ आंदोलन का उद्देश्य स्थानीय जनता के अनुचित विस्थापन के साथ-साथ पर्यावरण को होनेवाली क्षति के विरुद्ध संघर्ष करना था।

उन्होंने पूरे भारत में कई शांति और न्याय मार्च निकाले, जिनमें 'भारत जोड़ो आंदोलन' सर्वाधिक प्रसिद्ध हुआ। राष्ट्रीय एकता को बढ़ावा देने और सांप्रदायिक हिंसा को रोकने के उद्देश्य के साथ, दिसंबर, 1985 को बाबा आमटे ने देश के दक्षिण छोर कन्याकुमारी से उत्तर में जम्मू तक की यात्रा की। इस यात्रा के दौरान वे विभिन्न राज्यों से गुजरे, लेकिन हमेशा लोगों के लिए उनका संदेश समान ही रहा धार्मिक कट्टरता, भाषाओं और क्षेत्रीय प्रभुता के ऊपर लड़ने को रोकना और राष्ट्र व इसके आदर्शों को किसी भी चीज या किसी और व्यक्ति से ऊपर रखना।

निजी जीवन

भारत में कोढ़ के रोगियों के पुनर्वास में क्रांति उत्पन्न करने के लिए बाबा आमटे जितने प्रसिद्ध हैं, उतने ही सादा जीवन जीने के लिए भी हैं। वे उतना ही सादा जीवन जीना पसंद करते थे, जितना उनके प्रेरक व्यक्ति महात्मा गांधी। बाबा

आमटे आनंदवन के पुनर्वास केंद्र के करघे पर बुनी खादी पहनते थे और वहाँ पर उगाए जानेवाले फलों और सब्जियों का सेवन करते थे।

बाबा आमटे के जीवन और कार्य में समर्थन के सबसे बड़े स्रोतों में से एक उनकी पत्नी साधना थीं। चाहे आनंदवन में उनका अपना कोई मित्र आए या आगंतुक, बहुत कम ही ऐसा होता था कि वे अपने कार्यों में साधना के योगदान को रेखांकित करने के अवसर को छोड़ दें। उनका विवाह साधना गुलेशास्त्री से 1946 में हुआ था। जब उन्होंने एक बूढ़े नौकर की सहायता करने के लिए साधना को विवाह समारोह को छोड़कर बाहर निकलते हुए देखा, यह बात उनके हृदय को छू गई। वे हँसते हुए सुनाते थे, "मैं उनके घर गया और उनके माता-पिता से कहा—मैं उनके लिए एक योग्य वर हूँ।"

बाबा आमटे के दो पुत्र, विकास और प्रकाश हैं, उन्हें चिकित्सा शास्त्र की पढ़ाई कराई गई, ताकि वे अपने पिता के मानवतावादी कार्यों को जारी रख सकें। विकास आनंदवन के रहवासियों का मार्गदर्शन के लिए यहीं रहा। प्रकाश विदर्भ में हेमलकासा चला गया, वहाँ के मादिया और गौंड आदिवासियों के बीच बाबा आमटे के सुधार और स्व-सहायता के दर्शन को आगे बढ़ाने के लिए।

रोग और मृत्यु

वर्षों के कठोर परिश्रम और अक्सर कठिन शारीरिक श्रम करने ने बाबा आमटे को प्रोग्रेसिव स्पाइनल डिजनरेशन का शिकार बना दिया। इसके कारण वे केवल खड़े हो सकते थे या लेट सकते थे। कष्टदायी दर्द और सीमित गतिविधियों के बावजूद, बाबा आमटे ने नब्बे वर्ष की आयु में भी अपने कार्य को जारी रखा। हालाँकि बाद में उनके कैंसर से पीड़ित होने के बारे में पता चला, तब भी उन्होंने अस्पताल जाने से मना कर दिया और अपने अंतिम दिन अपनी कर्मभूमि आनंदवन में ही बिताने को प्राथमिकता दी। 9 फरवरी, 2008 यह महान् और साहसी आत्मा स्वर्गवासी हो गई।

विरासत

समाज के सर्वाधिक अभावग्रस्त वर्गों के लिए किए उनके निःस्वार्थ कार्य को सम्मान देने के लिए बाबा आमटे को कई राष्ट्रीय और अंतरराष्ट्रीय सम्मानों से सम्मानित किया गया, जिसमें पद्मश्री (1971), जमनालाल बजाज पुरस्कार

(1979), मैग्सेसे पुरस्कार (1985), वेलफेयर ऑफ डिसएबल्ड अवार्ड (1986), पदम विभूषण (1986), जी.डी. बिरला इंटरनेशनल अवार्ड (1988) सम्मिलित थे। 1999 में उन्हें सामाजिक परिर्वतन के लिए डॉक्टर अंबेडकर इंटरनेशनल अवार्ड प्रदान किया गया और उसके अगले ही वर्ष शोषित वर्गों के लिए कार्य करने और अन्याय व असामनता के विरुद्ध संघर्ष करने के लिए उन्हें गांधी पीस प्राइज दिया गया। उनको प्रदान किए गए अंतरराष्ट्रीय सम्मानों में कई मानवतावादी और पर्यावरणीय पुरस्कारों के अलावा सबसे प्रतिष्ठित यूएन ह्यूमन राइट्स प्राइज के साथ-साथ टेम्पलेटन प्राइज भी हैं।

दलाई लामा ने एक बार बाबा आमटे के कार्य का व्यावहारिक करुणा, वास्तविक रूपांतरण और भारत को विकसित करने के उचित मार्ग के रूप में वर्णन किया था। बाबा आमटे उन गांधीवादियों में से अंतिम थे, जिन्होंने महात्मा के सेवा के आदर्शों और सामुदायिक जीवन के आदर्शों को समाज के जीवन में मूल्यों को जोड़ने के लिए उपयोग किया था, हालाँकि गांधी के विपरीत आमटे अपने पूरे जीवन नास्तिक रहे।

बाबा आमटे और उनके परिवार को जो कई पुरस्कार मिले, उससे लगभग डेढ़ करोड़ रुपए की आमदानी हुई और इस सबका उपयोग आनंदवन को चलाने के लिए किया गया।

सामाजिक सुधार और वंचितों को सशक्त बनाने के बाबा आमटे के विशाल योगदान को देखते हुए कई सामाजिक और राजनीतिक विवरणकारों ने उनके लिए नोबल पुरस्कार की माँग की। इस प्रश्न पर बाबा आमटे हर बार अपनी विशेष विनम्रता और ईमानदारी से यह उत्तर देते कि यह बात उन्हें कभी चिंतित नहीं करती, क्योंकि आखिरकार उनका उद्यम नोबल है।

□

व्हिटनी एम यंग जूनियर

व्हिटनी यंग जूनियर एक अमेरिकी नागरिक अधिकारों के नेता थे, जिन्हें देश के काले लोगों के द्वारा जिन आर्थिक विभेद का सामना करना पड़ रहा था, उसे दूर करने के लिए बहुत काम किए। उन्होंने शक्तिशाली संगठन नेशनल अर्बन लीग की पहुँच को विस्तृत करने के लिए इसका नेतृत्व किया ताकि यह विश्व का सबसे बड़ा सामाजिक-नागरिक अधिकारों का संगठन बन जाए। यंग ने कार्यस्थलों पर जातीय एकीकरण और सरकार को प्रेरित करने के लिए काले लोगों के कल्याण के लिए अधिक मात्रा में धन उपलब्ध कराने के लिए भी बहुत प्रयास किए, ताकि जातीय विभेद को समाप्त किया जा सके और अच्छे गुणवत्तापूर्ण जीवन तक सबकी पहुँच हो सके।

प्रारंभिक जीवन

व्हिटनी एम. यंग जूनियर का जन्म 31 जुलाई, 1921 को केंटुकी के लिंकन रिज में हुआ था। वे एक उच्च शिक्षित दंपती के तीन बच्चों में से बीच के थे। उनकी माँ लौरा यंग अफ्रीकी-अमेरिकी मूल के प्रारंभिक स्कूल, लिंकन इंस्टीट्यूट की शिक्षिका थीं, जहाँ उनके पिता व्हिटनी एम. यंग सीनियर भी प्रधानाध्यापक थे। उनकी माँ ने केंटुकी की पहली महिला डाकपाल के रूप में अपनी सेवाएँ दीं, वे इस पद को पानेवाली दूसरी महिला थीं। उन्हें 1940 में राष्ट्रपति रूजवेल्ट द्वारा इस पद पर नियुक्त होने का सौभाग्य प्राप्त हुआ था।

यंग ने केंटुकी स्टेट इंडस्ट्रियल कॉलेज में प्रवेश ले लिया। स्नातक की उपाधि प्राप्त करने के पश्चात्, प्रारंभ में उन्होंने अपने माता-पिता के समान ही शिक्षक बनने का निर्णय लिया था, लेकिन शीघ्र ही द्वितीय विश्वयुद्ध की शुरुआत हो गई और यंग अमेरिकी सेना में सेवा देने के लिए आगे बढ़ गए। अपनी तकनीकी शिक्षा के

कारण, यंग को सड़क निर्माण का दायित्व सौंपा गया, जिस दल में काले सैनिक थे। चूँकि इस दल का पर्यवेक्षण दक्षिणी गोरे अधिकारियों के द्वारा किया जाता था, दोनों पक्षों में बहुत विद्वेष था। केवल तीन सप्ताह के बाद ही यंग को निजी से प्रथम हवलदार के रूप में पदोन्नति मिल गई, जिससे जातीय स्थिति और गंभीर हो गई। यद्यपि अंत में वे दोनों पक्षों में मध्यस्थता कराने में सफल रहे और परस्पर स्वीकार्य निर्णय के लिए दोनों पक्षों को तैयार कर लिया। इस प्रसंग ने यंग को उस समय के गोरे और काले लोगों के संबंधों की जटिलता के बारे में बहुत कुछ सिखा दिया, यहाँ तक कि जब लोगों से अपेक्षा की जाती थी कि वे युद्ध में एक होकर लड़ें, विभेद और अलगाव के लंबे इतिहास से एक-दूसरे के लिए कटु टिप्पणियाँ निकल ही आती थीं। हालाँकि उनकी स्वाभाविक निपुणता और परिपक्वता के कारण युद्ध के दौरान कई घटनाओं के समय, यंग को अक्सर दोनों जातियों के कर्मचारियों के मध्य तनाव को शांत करने के लिए बुलाया जाता था।

1944 में यंग ने मारगैरेट बुकनेर से विवाह कर लिया, एक उत्साह से भरी हुई महिला, जिसे वे कॉलेज के दिनों से जानते थे, दोनों के दो बच्चे हुए। मारगैरेट बाद में लेखक बन गईं और उन्होंने बच्चों के लिए दो किताबें लिखीं।

नस्लभेद के विरुद्ध संघर्ष

अपना सेना का कार्यकाल समाप्त होने के पश्चात् यंग वापस अमेरिका लौट आए और आगे पढ़ाई करने तथा एक और उपाधि प्राप्त करने का निर्णय लिया। इस बार उन्होंने यूनिवर्सिटी ऑफ मिन्नेसोटा में प्रवेश ले लिया और सामाजिक कार्यों में स्नातकोत्तर की उपाधि प्राप्त करने के लिए कड़ी मेहनत की, 1947 में यह उपाधि प्राप्त हो गई। इसके पश्चात् वे सेंट पॉल चैप्टर ऑफ अर्बन लीग से जुड़ गए और शीघ्र ही यह स्पष्ट हो गया कि संस्था के लिए यंग की जितनी बड़ी योजना है, उतनी अतीत में किसी के पास नहीं थी। यंग के प्रबंधन में लीग ने कार्यस्थल पर समान अवसर के लिए दबाव बनाया। इसके परिणामस्वरूप काले कर्मचारियों को उन पदों पर नियुक्तियाँ मिलने लगीं, जो पहले गोरे के लिए आरक्षित थे।

1950 में यंग लीग की ओमाहा शाखा के कार्यकारी सचिव बन गए और उन्होंने कई उपायों को गति दी, जो उस क्षेत्र में जातीय एकीकरण को सुधारने के लिए आवश्यक थे।

इसके पश्चात् यंग को 1954 में अटलांटा यूनिवर्सिटी के स्कूल ऑफ

सोशल वर्क का डीन नियुक्त किया गया। अपने कार्यकाल के दौरान, वे अपनी भूतपूर्व शिक्षण संस्था के समर्थन में खुलकर आ गए, जब उन्होंने जार्जिया कांफ्रेंस ऑफ सोशल वेलफेयर का बहिष्कार करने का निर्णय लिया, इस आधार पर कि जीसीएसडब्ल्यू अपने अफ्रीकी-अमेरिकी कर्मचारियों को गोरे कर्मचारियों की तुलना में कम भुगतान करता था, हालाँकि उसी समय यंग ने शहर और विश्वविद्यालय के मध्य अत्यधिक सद्भाव और सहयोग विकसित कर लिया था। उन्होंने जातियों के मध्य एकता बढ़ाने के लिए कई कदम उठाए। इसके साथ ही इस समय के दौरान, यंग ने नागरिक अधिकार आंदोलन में भी बढ़-चढ़कर भाग लिया, यहीं उनका पादरी मार्टिन लूथर किंग जूनियर से परिचय हो गया, जो उस समय पास स्थित इबेनेजर बापिस्ट चर्च में यंग के पिता के सहायक थे, किंग जूनियर बाद में आंदोलन के एक अग्रणी नेता बनकर उभरे।

1960 में यंग नेशनल एसोसिएशन ऑफ एडवांसमेंट ऑफ कलर्ड पीपल (एन.ए.ए.सी.पी.) की राज्य ईकाई में शामिल हो गए और उसी वर्ष उसके अध्यक्ष बन गए। इस संगठन से यंग के जुड़ाव ने उनका परिचय प्रख्यात नागरिक अधिकारों के नेता और एन.ए.ए.सी.पी. एक महत्त्वपूर्ण सदस्य रॉय विल्किन्स से कराया जिन्होंने 1960 के दशक के दौरान इसके कार्यकारी निदेशक के रूप में अपनी सेवाएँ दीं।

1960 के दशक के दौरान, रीजनल अर्बन लीग के साथ यंग के लंबे और सफल साथ ने उन्हें राष्ट्रीय स्तर पर पहुँचा दिया। वे 1961 में नेशनल अर्बन लीग के कार्यकारी निदेशक बन गए और 1971 में अपनी मृत्यु तक इसके अध्यक्ष के रूप में अपनी सेवाएँ दीं। यह काल अमेरिका के अधिकतर भागों में नागरिक अधिकारों के आंदोलन के प्रारंभ को चिह्नित करता था और यही वह समय था, जब काले और गोरे लागों के मध्य तनाव चरम पर था। गोरे लोग अफ्रीकी-अमेरिकी मूल के लोगों को समस्याएँ उत्पन्न करनेवाला मानते थे, कालों का मानना था कि गोरे लोगों ने जो आर्थिक और सामाजिक सफलता प्राप्त की है, वह उनके अवसरों के मूल्य पर प्राप्त की है।

पारस्परिक अविश्वास और संदेह के इस वातावरण में यंग ने जातीय एकता लाने में महत्त्वपूर्ण भूमिका निभाई। वह उन चुनिंदा नागरिक अधिकारों के नेताओं में से एक थे, जिनका गोरे और काले दोनों लोगों के समूहों के साथ अच्छा तालमेल था। नेशनल अर्बन लीग के कार्यकारी निदेशक के रूप में यंग गोरे उद्योगपतियों और उद्यमियों से मिलते, उन्हें आश्वस्त करते कि काले कर्मचारियों को भी समान

अवसर उपलब्ध कराएँ। इसके साथ ही यंग को काले मजदूरों का भी विश्वास प्राप्त था, जो इस बात को लेकर आश्वस्त थे कि वे उनके अधिकारों के लिए कार्य कर रहे हैं। उनकी दूरदर्शिता और प्रशासनिक कुशलता इस प्रकार थी कि नेशनल अर्बन लीग के कार्यकारी निदेशक के रूप में अपने कार्यकाल के दौरान न केवल यह आर्थिक विनाश से बच गया, बल्कि इसने अपना सबसे बड़ा विस्तार भी देखा एक संस्था, जब यंग ने इसके निदेशक का पद सँभाला था, तब इसकी केवल 60 शाखाएं थीं, जो बढ़कर 98 हो गईं और इसकी संयुक्त राज्य अमेरिका के लगभग प्रत्येक भाग में उपस्थिति थी।

नेशनल अर्बन लीग की पहुँच का विस्तार करने के अलावा संगठन की प्राथमिकताएँ और पहचान में परिवर्तन लाने का श्रेय भी यंग को जाता है, जबकि प्रारंभ में लीग मुख्यतः मध्यमवर्ग के मुद्दों से जुड़ी हुई थी, जैसे समान्य समेकन लेकिन अब यह अधिक सक्रिय रूप से निर्धन काले लोगों की स्थिति को सुधारने के कार्य में सम्मिलित हो गई, जो शहरी क्षेत्रों में रहते थे उनके जीवन और कार्य की स्थितियों के साथ ही एक बेहतर गुणवत्तापूर्ण जीवन जीने की उनकी माँग। लीग को लोकप्रिय बनाने के लिए और लोगों के जीवन के रोजमर्रा के आयामों के लिए इसे और प्रासांगिक बनाने के लिए यंग ने स्ट्रीट अकेडमी जैसे कार्यक्रम प्रारंभ किए। यह पढ़ाने की एक वैकल्पिक व्यवस्था थी, जिसका उद्देश्य उन लोगों को कॉलेज के लिए तैयार करना था, जिन्होंने पढाई बीच में ही छोड़ दी है। यंग लीग के द्वारा एक और पहल न्यू थर्स्ट की गई, जिसमें स्थानीय काले नेताओं को समुदाय की समस्याओं को ढूँढ़ने और उनका समाधान करने का कार्य सौंपा गया। यह निर्णय लेनेवाले पहले व्यक्ति यंग ही थे कि लीग को 1963 के ऐतिहासिक वाशिंगटन मार्च का सह-प्रायोजक बनना चाहिए। इस पर लीग के सभी संस्थापक सदस्य सहमत नहीं थे, लेकिन उनकी प्रेरणा ऐसी थी कि लीग को इस आयोजन का समर्थन करना ही पड़ा, जो नागरिक अधिकारों की सबसे बड़ी रैलियों में से एक साबित हुई, जिसमें लगभग 2,50,000 लोगों ने भाग लिया और यह उन पहली रैलियों में से एक थी, जिसे विस्तृत टेलीविजन कवरेज मिली।

इस समय के आस-पास, अमेरिका वियतनाम युद्ध में उलझ गया। प्रारंभ में यंग ने अमेरिका के इसमें भाग लेने का विरोध किया, लेकिन बाद में वे अमेरिकी सैन्य टुकड़ियों से मिलने गए, जो वियतनाम में तैनात थीं। फिर वे लीग के लिए सेवानिवृत्त सैनिकों के मामलों के विभाग को स्थापित करने के लिए वापस लौटे।

काले लोगों को समान कामकाजी और जीवन की स्थितियाँ देने के अपने

संघर्ष में यंग ने अंततः औद्योगिक अमेरिका की सहायता लेने का निर्णय लिया। गोरे व्यवसायिक नेताओं और संस्थाओं के मध्य जो उनकी अच्छी छवि थी, यंग ने कई लोगों को नागरिक अधिकारों के आंदोलन के लिए यथोचित योगदान देने के लिए मना लिया। इसका यह अर्थ था कि काले लोगों की स्व-सहायता कार्यक्रमों तक विस्तृत पहुँच हो, जो रोजगार के अवसर उत्पन्न करने के साथ ही आवास, शिक्षा और परिवार-पुनर्वास के कार्यों से भी जुड़े हुए थे।

उनके दोनों पक्षों के जातीय आर्थिक विभाजन से निपटने के विस्तृत अनुभव के कारण, श्रम मामलों पर परामर्श लेने के लिए विभिन्न राजनीतिक विचारधाराओं के राष्ट्रीय नेताओं के द्वारा उन्हें बुलाया जाता था। इसलिए उन्होंने जातीय संबंधों पर विस्तृत समझ प्राप्त करने के लिए विशेषरूप से, क्योंकि वे कार्यस्थलों से संबंधित थे, राष्ट्रपति केनेडी के साथ ही राष्ट्रपति लिंडन बी. जॉन्सन की भी सहायता की थी। यंग के बारे में धारणा थी कि वे विशेष रूप से राष्ट्रपति जॉनसन के करीब हैं, जिनके कार्यकाल के दौरान यंग ने अपना डोमेस्टिक मार्शल प्लान आगे बढ़ाया था। इसके अनुसार, अगले दस वर्षों में विभिन्न कल्याणकारी योजनाओं पर खर्च करने के लिए 145 अरब डॉलर अलग रख दिए गए। अंततः इस धनराशि में से कुछ मात्रा राष्ट्रपति लिंडन बी. जॉनसन की वार ऑन पॉवर्टी प्रोग्राम के लिए रख ली गई, जिसका एक निश्चित प्रभाव राष्ट्रपति की कल्याणकारी योजनाओं पर पड़ा। 1968 में यंग को नागरिक अधिकारों के आंदोलन में उनके योगदान के साथ ही काले कर्मचारियों को नौकरी के समान अवसर उपलब्ध कराने के उनके प्रयासों के लिए प्रेसिडेंशियल मेडल ऑफ फ्रीडम से सम्मानित किया गया।

1960 के दशक के बादवाले भाग में, यंग ने जाति, कार्य और समाज के बारे में अपने विचारों को कागज पर उतारने के लिए कुछ पुस्तकें लिखीं। 1964 में उन्होंने *टू बी इक्वल* लिखी और प्रकाशित की और पाँच वर्ष पश्चात्, *बियॉन्ड रैसिज़्म : बिल्डिंग एन ओपन सोसायटी* आई। इनके अलावा, यंग ने एक प्रसिद्ध संघीय समाचार पत्र कॉलम भी लिखा।

यंग और एन.ए.एस.डब्ल्यू.

यंग के सुधार और सक्रियतावाद के जीवन का एक दूसरा पहलू नेशनल एसोसिएशन ऑफ सोशल वर्क्स से जुड़ाव था। 1969 से 1971 तक उन्होंने एन.ए.एस.डब्ल्यू. के अध्यक्ष के रूप में अपनी सेवाएँ दीं और आर्थिक अस्थिरता

के दौरान संस्था की रूपरेखा बनाने में महत्त्वपूर्ण भूमिका निभाई। यह एन.ए.एस. डब्ल्यू. के भविष्य के बारे में संदेहों का समय भी था, क्योंकि तब तत्कालीन राष्ट्रपति रिचर्ड निक्सन के बारे में कुछ अनिश्चितता भी थी कि वे वार ऑन पॉवर्टी प्रोग्राम के प्रति प्रतिबद्धता को जारी रखेंगे। इस संस्था को प्रासंगिक बनाए रखने के लिए यंग ने सामाजिक कार्यकर्ताओं को गरीबी कम करने और जातीय समन्वय जैसे कार्यों के द्वारा समुदाय और राष्ट्र के कल्याण में योगदान देने के लिए प्रेरित किया।

बाद का जीवन और कॅरियर

1960 के दशक के अंत में उग्र सुधारवादी ब्लैक पॉवर मूवमेंट के उभार के साथ, जातीय एकीकरण के लिए किए जा रहे यंग के प्रयास अत्यधिक दब्बू और रूढ़िवादी दिखाई देने लगे, जिनके राजनीति पर विशाल प्रभाव लाने के बारे में संदेह होने लगा। काले श्रमिक समूहों के उग्र सुधारवादी दलों का मानना था कि यंग ने निरंतर चले आ रहे जातीय मुद्दों पर अधिक समझौतावादी दृष्टिकोण अपनाया था, यहाँ तक कि तब यंग ने न्यू थर्स्ट प्रोग्राम को अपना सक्रिय समर्थन दिया, जो शहरी समुदायों के वास्तविकीकरण के साथ ही काली जनसंख्या के प्रत्यक्ष आर्थिक सशक्तिकरण के लिए घोषित किया गया था।

मार्च 1971 में यंग एक सम्मेलन में भाग लेने के लिए नाइजीरिया के लागोस गए, जिसे फोर्ड फाउंडेशन ने प्रायोजित किया था, जिसका उद्देश्य काले और गोरे लोगों के मध्य तालमेल को सुधारना था। 11 मार्च को एक समुद्री तट पर तैरते समय वे डूब गए। राष्ट्रपति निक्सन ने उनके पार्थिव शरीर को लाने के लिए एअरक्रॉफ्ट भेजा और उन्हें श्रद्धांजलि देने के लिए केंटुकी भी आए।

विरासत

यंग ने काले लोगों के लिए समान अवसरों के लिए किए आंदोलन में महत्त्वपूर्ण भूमिका निभाई। उनके संघर्ष ने न केवल कार्यस्थलों पर विभेद, भुगतान में जातीय असमानता को समाप्त किया, बल्कि समाज के विभिन्न वर्गों में एकीकरण के प्रयासों में भी अग्रणी भूमिका निभाई, जो तब तक जातीय, सामाजिक और आर्थिक आधारों पर बँटे हुए थे। नेशनल अर्बन लीग के अध्यक्ष के रूप में यंग का प्रबंधन विभेदों और असमानताओं के अवरोधों को तोड़ने में मुख्य कारक रहा, जिसने काले अफ्रीकी अमेरिकी लोगों की प्रगति को रोका हुआ था। उनकी अध्यक्षता में लीग

का विस्तार इस प्रकार से हुआ, जैसा पहले कभी नहीं हुआ और उस समय यह संपूर्ण विश्व के सबसे बड़े सामाजिक-नागरिक अधिकारों के संगठन के रूप में उभरा। बाद के उग्र सुधारवादी काले समूहों के विपरीत यंग का दृष्टिकोण विस्तृत और सबको सम्मिलित करनेवाला था; उन्होंने कहा था, ''प्रत्येक व्यक्ति हमारा भाई है और प्रत्येक व्यक्ति का बोझ हमारा अपना है। जहाँ निर्धनता का वास है, सभी अधिक निर्धन हैं। जहाँ घृणा फलती-फूलती है, सभी भ्रष्ट हैं। जहाँ अन्याय का बोलबाला है, सभी असमान हैं।

□

मार्टिन लूथर किंग

मार्टिन लूथर किंग एक अमेरिकी सुधारक और सक्रियातावादी थे, उन्होंने साठ के दशक में पूरे देश में हुए नागरिक अधिकार आंदोलन में अग्रणी भूमिका निभाई थी। उन्होंने न केवल अफ्रीकी-अमेरिकी समुदाय के कानूनी पृथक्करण को समाप्त करने के लिए संघर्ष किया था, बल्कि 1964 के नागरिक अधिकार अधिनियम के निर्माण में भी मुख्य भूमिका निभाई। इन सब उपलब्धियों के लिए किंग को विश्वभर में कई सम्मान प्रदान किए गए, जिसमें 1964 में मिला शांति का नोबल पुरस्कार भी है। अपनी हत्या के समय केवल उनचालीस वर्ष की आयु मैं वे देश के इतिहास के सबसे सम्मानित नेताओं में से एक थे और आज भी उन्हें 1963 में उनके अविस्मरणीय संबोधन, मेरा एक सपना है, के लिए स्मरण किया जाता है।

प्रारंभिक जीवन

माइकल लूथर किंग जूनियर के रूप में 15 जनवरी, 1929 को जनमे भविष्य के नागरिक अधिकारों के नेता एबेजेनर बैपटिस्ट चर्च के मंत्रियों के परिवार से आये थे। किंग के नाना ए.डी. विलियम्स ने तेरह सदस्यों का समूह बनाकर चर्च की शुरुआत की थी, जब वे 1893 में ग्रामीण जार्जिया से अटलांटा गए थे। विलियम के दामाद किंग सीनियर थे और 1931 में विलियम की मृत्यु के पश्चात् उन्होंने एबेनेजर चर्च के पादरी का कार्यभार सँभाल लिया। उन्होंने जर्मन के प्रसिद्ध प्रोटेस्टेंट नेता मार्टिन लूथर के सम्मान में अपना नाम भी बदलकर माइकल किंग सीनियर से मार्टिन लूथर किंग सीनियर रख लिया।

किंग का संबंध एक घनिष्ठ परिवार से था, जहाँ उनके पिता अनुश।सनवादी थे और उनकी माँ मृदु व्यवहारवाली महिला थी, जिनके जीवन की धुरी अपने बच्चों

का अच्छा पालन-पोषण करना था। हालाँकि किंग सीनियर बच्चों की परवरिश को लेकर सख्त थे, लेकिन उनका मन मानवीय मूल्यों से ओतप्रोत था, इसीलिए वे नस्लभेद के विरोधी थे, क्योंकि यह न केवल शोषण करनेवाला था, बल्कि इसलिए भी कि वह वास्तव में यह सोचते थे कि इस प्रकार के घृणित प्रथा का ईसाइयत में कोई स्थान नहीं होना चाहिए। निःसंदेह किंग सीनियर विभेद के सभी रूपों के विरुद्ध थे और उन्होंने अपने बच्चों को इस प्रकार बड़ा किया था कि उनमें किसी भी प्रकार का वर्ग श्रेष्ठता का भाव नहीं आए। अंततः इसने किंग जूनियर के राजनीतिक विचारों को गहराई से प्रभावित किया, जब वे नागरिक अधिकार आंदोलन में वर्ग-विभेद के विरुद्ध संघर्ष को सम्मिलित करने के लिए इसका क्षेत्र बढ़ा रहे थे।

जब किंग बड़े हो रहे थे, उन्होंने उन स्कूलों में पढ़ाई की, जहाँ नस्लभेद एक आधिकारिक नीति थी। बाद में उन्होंने बूकर टी. वाशिंगटन हाईस्कूल में प्रवेश ले लिया, जहाँ वे अपने समकालीनों से पढ़ाई में बहुत आगे निकल गए; उनके बारे में कहा जाता है कि उन्होंने नौवीं और ग्यारहवीं कक्षा की पढ़ाई नहीं की और सीधे 1994 में अटलांटा के मोरेहाउस कॉलेज में प्रवेश ले लिया, जब उनकी उम्र केवल पंद्रह वर्ष थी। अपने कॉलेज के प्रारंभिक वर्षों में किंग अपना ध्यान केंद्रित नहीं कर पाते थे केवल इसलिए नहीं कि उनकी पढ़ाई में रुचि नहीं थी, बल्कि ऐसा लगता था कि उन्होंने धर्म में भी विश्वास खो दिया है। जब किंग युवा थे, वे धार्मिक भावना के खुल्लम-खुल्ला प्रदर्शन में असहज अनुभव करते थे और आगे चलकर यह भावना स्पष्ट रूप से द्वेष में बदल गई थी। एक दिन उन्होंने अपने परिवार को यह कहकर स्तब्ध कर दिया कि वह पादरी नहीं बनना चाहते हैं, यह समाचार विशेष रूप से उनके पिता के लिए किसी आघात से कम नहीं था, जिन्हें किंग जूनियर से बहुत आशाएँ थीं कि वे उनके पदचिह्नों का अनुसरण करेंगे।

हालाँकि जब किंग जूनियर छोटे थे, तब उन्होंने बाइबिल की पढ़ाई की थी और इसने उन्हें अपने जीवन का एक नया अध्याय प्रारंभ करने के लिए प्रेरित किया। वे फिर से अपने जीवन के बारे में गंभीर हो गए और मंत्रालय में एक कॅरियर की तैयारी करने लगे। कॉलेज के अंतिम वर्ष में किंग जूनियर ने अनुभव किया कि वे अपना निर्णय अपने पिता से साझा करने के लिए तैयार हैं।

1948 में किंग मोरेहाउस कॉलेज से समाजशास्त्र की उपाधि के साथ स्नातक हो गए, जिसके पश्चात् उन्होंने पेनसिल्विया के चेस्टर की क्रोजर थियोलॉजिकल सेमिनरी में प्रवेश ले लिया। यहाँ उन्होंने सभी विषयों में अच्छा प्रदर्शन किया और 1951 में उन्होंने अपनी क्लास की ओर से विदाई भाषण दिया। उसी समय वे

अपने सहपाठियों के मध्य लोकप्रिय हो गए। थोड़े समय के लिए किंग ने यहाँ अपने जीवन का सबसे रोमांचक दौर जिया, उन्होंने वही सब किया, जिनसे दूर रहने की उनके पिता ने उनसे अपेक्षा की थी—पूल खेलना, बियर पीना और गोरी लड़की के प्रेम में पड़ना।

सेमिनरी में अंतिम वर्ष में किंग एक और रूपांतरण से गुजरे, लेकिन इसका उनके जीवन पर स्थायी प्रभाव रहा। उन्होंने प्रमुख धर्मशास्त्री रीनहोल्ड नेब्बुहर से क्लास ली, जो मोरेहाउस कॉलेज में किंग सीनियर के सहपाठी हुआ करते थे। नेब्बुहर ने किंग जूनियर के धर्मशास्त्र पर उनके उदारवादी विचारों को चुनौती दी और मार्गदर्शन उपलब्ध कराया, जो उस युवा व्यक्ति को जीवन में अपना उद्देश्य प्राप्त करने के लिए आवश्यक था। किंग ने नेब्बुहर में अपने परामर्शदाता को अधिक से अधिक खोजना प्रारंभ किया, जो उन्हें उनकी ऊर्जाओं को केंद्रित करने में सहायता करते थे, इसलिए जिस समय तक किंग ने सेमिनरी छोड़ी, वे डॉक्टरेट की उपाधि प्राप्त करने के लिए तैयार हो चुके थे। येल यूनिवर्सिटी और स्कॉटलैंड की एडिनबर्ग यूनिवर्सिटी; दोनों किंग को स्वीकार करने को तैयार थीं, लेकिन उन्होंने बोस्टन यूनिवर्सिटी में प्रवेश लेने का निर्णय लिया।

जब वे बोस्टन यूनिवर्सिटी में अपने डॉक्टरेट के शोध पर कार्य कर रहे थे, किंग एक अभिलाषी गयिका और संगीतकार कोरेट्टा स्कॉट से मिले। दोनों प्रेम में पड़ गए और जून, 1953 में विवाह कर लिया। इस दंपती के चार बच्चे हुए—योलांदा, मार्टिन लूथर किंग तृतीय, डेक्सटर स्कॉट और बरनाइस। 1954 में, किंग अल्बामा के मोंटगोमेरी के डेक्सटर एवेन्यू बैपटिस्ट चर्च में पादरी के रूप में अपनी सेवाएँ देने लगे, हालाँकि इस समय तक भी वे अपने शोध पर कार्य कर रहे थे। 1955 में, किंग ने अंततः अपना शोध पूरा किया और इसी वर्ष उन्हें पी-एच.डी. की उपाधि प्राप्त हो गई। किसी के लिए भी एक अविश्वसनीय उपलब्धि, जिसकी आयु पच्चीस वर्ष से अधिक नहीं थी।

एन.ए.ए.सी.पी. में सम्मिलित होना

अलबामा में एक पादरी के रूप में कार्य करते हुए, किंग ने पाया कि उनका अपने क्षेत्र के लोगों की पीड़ाओं की ओर खिंचाव बढ़ता जा रहा था, जो प्रतिदिन नस्लवादी प्रथाओं के शिकार हो रहे थे। नस्लवादी भेदभाव के विरुद्ध एक आधिकारिक मंच से लड़ने के लिए किंग उस समय की अग्रणी संस्था नेशनल एसोसिएशन फॉर दी एडवांसमेंट ऑफ कलर्ड पीपल की कार्यकारी समिति के

सदस्य बन गए, जो अफ्रीकी-अमेरिकी लोगों के अधिकारों के लिए लड़ रही थी।

2 मार्च, 1995 को एन.ए.ए.सी.पी. के पास क्लाउडेट्टे कोल्विन का मामला आया। एक पंद्रह वर्षीय लड़की, जिसको गिरफ्तार कर लिया गया, क्योंकि उसने मोंटोगोमेरी सिटी बस में एक गोरे व्यक्ति को अपनी सीट देने से मना कर दिया था। हालाँकि शुरुआत में ऐसा लगा कि यह एक उचित मामाला है, जिसे उठाना चाहिए, लेकिन अंततः एन.ए.ए.पी. ने इस मामले को छोड़ दिया, जब यह पता चला कि गर्भवती कोल्विन अविवाहित थी, समाचार ने संभवतः अत्यधिक धार्मिक अफ्रीकी-अमेरिकी समुदाय को विक्षुब्ध कर दिया और इस उद्‌देश्य से सहानुभूति रखनेवाले गोरे लोगों के समर्थन से भी वंचित कर दिया।

वर्ष के अंत में मोंटोगोमेरी की सिटी बस में एक और दूसरी घटना घटी, जिसने अमेरिकी इतिहास का मार्ग बदल दिया और सबसे बड़े नागरिक अधिकारों के आंदोलन को प्रारंभ किया, जो देश ने अब तक देखा था। 1 दिसंबर, 1995 को एक 42 वर्षीय काली महिला रोजा पार्क, दिभर काम करने के पश्चात् थकी-मांदी, घर जाने के लिए क्लेवेलैंड एवेन्यू बस में चढ़ी। वह बस के बीचवाले भाग में बैठी थी, जहाँ काले लोगों के लिए बैठने की व्यवस्था होती थी, गोरे लोगों के लिए आरक्षित सभी सीटें भर गईं। ड्राइवर ने देखा कि कुछ गोरे लोग खड़े हैं और उसने बैठे हुए काले लोगों से कहा कि वे सीटें खाली करने के लिए खड़े हो जाएँ, जबकि तीन काले यात्रियों ने अनिच्छा से वही किया, जो कहा गया था। पार्क ने अपनी सीट छोड़ने से मना कर दिया। उस समय के प्रचलित शहरी कानूनों के अनुसार, इसे एक अपराध माना गया, जिसके लिए पार्क्स को गिरफ्तार कर लिया गया और एक सप्ताह पश्चात् उस पर ट्रायल चला, उस पर दस डॉलर के जुर्माने के साथ-साथ चार डॉलर न्यायालय शुल्क देने का आदेश दिया गया।

रोजा पार्क्स घटना को एन.ए.ए.सी.पी. द्वारा उसके भेदमूलक नस्लभेदी कानून के विरुद्ध संघर्ष के लिए लोगों को एकत्र करने के प्रसंग के रूप में उठाया गया। ई.डी. निक्सन, एन.ए.ए.सी.पी. की स्थानीय शाखा के अध्यक्ष, संस्था के अग्रणी सदस्यों के साथ-साथ दूसरे नागरिक अधिकारों के नेताओं से मिले और यह निर्णय लिया गया कि मोंटगोमेरी बस सेवाओं के पूरे शहर में बहिष्कार का नेतृत्व किंग करेंगे। किंग न केवल युवा, सक्रिय और उच्च शिक्षित थे, बल्कि एक लोकप्रिय नए पादरी होने के कारण, अभी तक उनका कोई आलोचक नहीं था, इसलिए वे एक सही व्यक्ति थे, समुदाय को एक साथ लाने और नस्लभेद के विरुद्ध उसका नेतृत्व करने के लिए।

उस सिटी बस का बहिष्कार लगातार 382 दिनों तक होता रहा। इस समय के दौरान अफ्रीकी-अमेरिकी समुदाय को अत्यधिक कठिनाइयों का सामना करना पड़ा। उन्हें पैदल चलकर काम करने जाना और घर वापस आना होता था; मार्ग में उन्हें परेशान किया जाता और कभी-कभी उन पर आक्रमण भी किया जाता, यहाँ तक कि किंग और ई.डी. निक्सन के घर को भी नहीं छोड़ा गया और उन पर हिंसक आक्रमण किए गए, लेकिन इस पूरे संघर्ष के दौरान, किंग ने अफ्रीकी-अमेरिकी समुदाय की आशाओं को अपनी कुशल वाक्‌पटुता और ऊर्जावान, ईमानदार नेतृत्व के साथ ऊँचा उठाए रखा। इसके साथ ही नागरिक अधिकारों के नेताओं ने कानूनी मार्ग भी अपनाया, तर्क किए, जो *ब्राउन बनाम बोर्ड ऑफ एजुकेशन* मामले में सर्वोच्च न्यायालय के निर्णय अलग कभी समान नहीं हैं, पर आधारित थे, शहरी विधान बस सेवा में जो नस्लभेद कर रहा है, वह असंवैधानिक था। अंततः निचली अदालत के आदेशों में लगातार हार और अत्यधिक आर्थिक हानि भोगने के पश्चात्, मोंटगोमेरी शहर सार्वजनिक परिवहन सेवाओं में नस्लभेद रोकने के लिए तैयार हो गया।

एस.सी.एल.एस. का किंग का नेतृत्व

एक बार जब जीत का उत्साह शांत हो गया, किंग और दूसरे नागरिक अधिकारों के कार्यकर्ताओं ने अनुभव किया कि उनके संघर्ष को राष्ट्रीय स्तर पर ले जाने का यही सही समय है। जनवरी 1957 में मार्टिन लूथर किंग, राल्फ अबेरनैथी ने साठ चर्च के मंत्रियों और नागरिक अधिकारों के सक्रियतावादियों के साथ सदर्न क्रिश्चियन लीडरशिप कॉन्फ्रेंस की स्थापना की और शीघ्र ही वह इसके नेता चुन लिये गए। इस संस्था का मुख्य उद्‌देश्य अफ्रीकी-अमेरिकी समुदाय के गहरे विश्वास के साथ-साथ चर्चों की संगठित करने की शक्ति को देशभर में नस्लभेद के विरुद्ध और समान अधिकारों को प्राप्त करने के लिए संघर्ष को प्रारंभ करने के लिए आकर्षित करना था। इसकी परिचालन रणनीति के लिए यह निर्णय लिया गया कि अहिंसा की पद्धति को अपनाया जाएगा, जैसे मौन विरोध, जुलूस, धरने और सार्वजनिक बैठकें। इसमें किंग भारतीय स्वतंत्रता संघर्ष के अग्रणी नेता महात्मा गांधी से अत्यंत प्रभावित थे, यहाँ तक कि किंग ने भारत में गांधी के जन्म स्थान की यात्रा भी की और घोषणा की कि वह इस भारतीय नेता के अहिंसा और सत्याग्रह के आदर्शों से अत्यंत प्रभावित हैं।

किंग पर जो गांधी का प्रभाव था, उसका सबसे बड़ा कारण किंग की बैयार्ड

रस्टिन से मित्रता थी। अफ्रीकी-अमेरिकी नागरिक अधिकारों के सक्रियतावादी रस्टिन, गांधी की शिक्षाओं के समर्पित अनुयायी थे और उन्होंने किंग को परामर्श दिया कि काले लोगों के अधिकारों के लिए संघर्ष में अहिंसा के सिद्धांतों का अनुसरण करें। हालाँकि रस्टिन समलैंगिक था और उसका कम्युनिस्ट पार्टी से भी संबंध था। दूसरे नागरिक अधिकारों के नेताओं ने अनुभव किया कि यह अमेरिकी लोगों को पसंद नहीं आएगा, इसलिए उन्होंने किंग से रस्टिन से दूरी बनाने को कहा।

इसी दौरान एससीएलसी ने सबसे आधारभूत माँगों के साथ अपना विरोध आंदोलन प्रारंभ करने का निर्णय लिया, सभी अफ्रीकी-अमेरिकी लोगों को मताधिकार देने के लिए, ताकि वे सभी स्तरों पर मतदान प्रक्रिया में भाग ले सकें। स्थानीय, राज्य और राष्ट्रीय और अपने स्वयं के लिए राजनीतिक प्रतिनिधित्व सुनिश्चित करें। फरवरी 1958 में एस.सी.एल.सी. ने अमेरिका के दक्षिण के सबसे बड़े शहरों में जितना अधिक से अधिक हो सके, अफ्रीकी-अमेरिकी समुदाय से मतदाताओं को पंजीकृत करने के उद्देश्य के साथ लगातार कई जनसभाएँ आयोजित कीं। एस.सी.एल.सी. की मुहिम के लिए जागरूकता बढ़ाने और भागीदारी को प्रेरित करने के लिए अफ्रीकी-अमेरिकी समुदाय से जितना बड़े पैमाने पर संभव हो सके, किंग संपूर्ण अमेरिकन साउथ के नागरिक अधिकारों के कार्यकर्ताओं और धार्मिक नेताओं से मिले। 1957 और 1968 के बीच उन्होंने साठ लाख मील से अधिक की यात्रा की और ढाई हजार से अधिक भाषण दिए, साहसी बनने और अपने अधिकारों के लिए लड़ने के लिए एक साथ आने के लिए काले लोगों को लामबंद किया। जहाँ भी जातीय अन्याय की कोई घटना घटती या हिंसा होती, किंग विरोध प्रदर्शन करनेवालों को समर्थन देने और उनका मार्गदर्शन करने के लिए वहाँ के लिए निकल पड़ते।

1960 से किंग और एस.सी.एल.सी. के दूसरे नेताओं ने अपने अहिंसक विरोध को सार्वजनिक स्थानों, जैसे कॉलेजों, विश्वविद्यालयों और शहरी क्षेत्रों में ले जाना प्रारंभ कर दिया, जहाँ काले और गोरे लोगों के लिए सेवा के अलग-अलग क्षेत्र चलाए जाते थे। फरवरी 1960 में उत्तरी कैरोलिना के ग्रींसबोरो में अफ्रीकी-अमेरिकी विद्यार्थियों ने शहर के कॉलेजों में ऐसे लंच काउंटरों पर, जहाँ भोजन नस्लभेद के आधार पर दिया जाता था, एक धरना आयोजित किया। जब उनसे वहाँ से जाने के लिए कहा गया, तब भी वे वहाँ से नहीं हटे। हालाँकि उन्हें अपशब्द कहे गए और शारीरिक रूप से भी प्रताड़ित किया गया, लेकिन विद्यार्थी जानते थे कि हिंसा के साथ प्रतिक्रिया नहीं देनी है। अप्रैल 1960 में किंग उत्तरी कैरोलिना के रालेघ में शॉ

यूनिवर्सिटी के विद्यार्थियों से मिले, जहाँ उन्होंने उन्हें अनुचित नस्लभेद कानूनों के विरुद्ध अहिंसक पद्धतियों के द्वारा विरोध को जारी रखने के लिए प्रोत्साहित किया। किंग के समर्थन से और अधिक उत्साहित होकर विद्यार्थियों और युवा अफ्रीकी-अमेरिकियों ने दक्षिण के दूसरे शहरों में विरोध के इस रूप को तुरंत अपना लिया और अगस्त 1960 तक उस क्षेत्र के सत्ताईस शहरों में लंच काउंटरों पर नस्लभेद को छोड़ने के लिए विवश करने में धरने सफल रहे।

एक धरना, जहाँ किंग ने व्यक्तिगत रूप से भाग लिया था, वह उनके अपने शहर अटलांटा में था। 19 अक्तूबर, 1960 को किंग ने पचहत्तर विद्यार्थियों के साथ एक स्थानीय डिपार्टमेंट स्टोर में प्रवेश किया और लंच-काउंटर सेवा के लिए अनुरोध किया। जब उन्हें खाना देने से मना किया गया, तब उन्होंने निर्णय लिया कि वे यहाँ तब तक बैठे रहेंगे, जब तक उन्हें खाना नहीं परोसा जाएगा। इसके कारण किंग को उनके छत्तीस समर्थकों के साथ गिरफ्तार कर लिया। जब किंग को गिरफ्तार करने का समाचार शहर के मेयर तक पहुँचा, उसने तुरंत मामले को निपटाने के लिए बातचीत प्रारंभ कर दी और प्रशासन को किंग को रिहा करने के लिए तैयार कर लिया। हालाँकि कुछ ही दिनों पश्चात्, अपनी परिवीक्षा का उल्लंघन करने के झूठे आरोपों पर किंग को पुन: गिरफ्तार कर लिया गया, लेकिन नागरिक अधिकारों के लिए राष्ट्रीय आंदोलन की कमान सँभालने के कारण उनका कद इतना बढ़ चुका था कि 1960 के राष्ट्रपति चुनावों में उनकी गिरफ्तारी एक मुद्दा बन गई। राष्ट्रपति जॉन एफ.केनेडी. ने व्यक्तिगत रूप से इस मामले में हस्तक्षेप किया और यह बात मानी कि किंग के साथ बहुत गलत व्यवहार किया गया है, इसने उनकी रिहाई की प्रक्रिया को तीव्र कर दिया।

1963 के बसंत ने अलबामा के बरमिंघम में नस्लभेद कानूनों के विरुद्ध दुकानों के लंच काउंटरों पर किंग के विशाल प्रदर्शन का नेतृत्व किया। आंदोलन लंच काउंटरों पर विरोध से प्रारंभ हुआ, जिसमें कार्यकर्ताओं को गिरफ्तार कर लिया गया। इसके बावजूद अन्य कार्यकर्ता विरोध को आगे सिटी हाल तक मोर्चे के द्वारा ले गए, उनकी भी गिरफ्तारी हुई तथा आगे कोई और मोर्चा न निकालने पर प्रतिबंध लगा दिया गया। किंग ने इस आदेश पर प्रतिक्रिया देते हुए सिटी हाल तक मोर्चे का नेतृत्व किया, जिसके कारण उन्हें गिरफ्तार किया गया और जेल में डाल दिया गया। जेल की सलाखों के पीछे से किंग ने बरमिंघम जेल से एक पत्र लिखा, जिसमें उन्होंने बलपूर्वक कहा कि अफ्रीकी-अमेरिकी लोगों का यह नैतिक कर्तव्य है कि वो समाज और राष्ट्र के अन्यायपूर्ण कानूनों के विरुद्ध उठ खड़े हों, लेकिन

अहिंसा की पद्धितयों के द्वारा। इस सिद्धांत को रेखांकित करते हुए उन्होंने लिखा, प्रत्यक्ष अहिंसक काररवाई इस प्रकार के संकट उत्पन्न कर देती है और इस प्रकार के तनाव को पालती है कि जो समुदाय, लगातार बात करने से मना कर रहा था, वह इस मुद्दे का सामना करने के लिए विवश हो गया। बरमिंघम जेल से आए पत्र, युवा लोगों की संपूर्ण पीढ़ी, समर्थकों और नागरिक अधिकारों के कार्यकर्ताओं को उत्साहित कर रहे थे और अंततः इसे नस्लभेद के विरुद्ध अफ्रीकी-अमेरिकी क्रांति के घोषणा-पत्र के रूप में अनुमोदित किया गया।

बरमिंघम आंदोलन विरोधों और गिरफ्तारियों की सिलसिलेवार तरंगों में निरंतर चलता रहा, जब तक कि किंग और दूसरे नागरिक अधिकारों के नेताओं ने हाईस्कूल के विद्यार्थियों को भी संघर्ष में भाग लेने के लिए प्रेरित करने का निर्णय नहीं ले लिया। 2 मई, 1963 को पुलिस ने एक हजार से भी अधिक युवाओं को गिरफ्तार कर लिया, जो वास्तव में किशोर थे, लेकिन अब आंदोलन उस स्तर पर पहुँच गया था, जब अगले दिन, विरोध में और अधिक लोग सम्मिलित हुए। इस समय सिटी पुलिस के मुखिया ने आंदोलन का दमन करने का निश्चय किया और मोर्चा निकाल रहे निहत्थे लोगों पर लाठियाँ और कुत्तों के इस्तेमाल का आदेश दे दिया। इसके अतिरिक्त दमकल कर्मियों को भीड़ को पीछे खदेड़ने के लिए पानी की तेज धारा छोड़ने का आदेश दे दिया। जैसे ही पुलिस की क्रूरता की तसवीरें विश्व ने देखीं कि प्रशासन अपनी नस्लवादी नीतियों की सुरक्षा के लिए जिस सीमा तक जा सकता था, उसके लिए स्तब्धता और अविश्वास था, लेकिन अफ्रीकी-अमेरिकी विरोधियों के लिए जो अपने समानता और सम्मान के साथ जीवन जीने के अधिकार के लिए संघर्ष कर रहे थे, सहानुभूति और समर्थन भी था। राष्ट्रपति केनेडी और उनके एटॉर्नी जनरल भाई ने बरमिंघम शहर के प्रशासनिक अधिकारियों पर दबाव डालकर अपनी प्रतिक्रिया दी, जिसके पश्चात् 10 मई को व्यावसायिक प्रतिष्ठान सभी लंच काउंटर, विश्राम कक्ष, दुकानें और सार्वजनिक पीने के पानी के ठिकाने सभी जाति के लोगों के लिए खोल दिए गए और काले लोगों को नौकरी के अवसर प्रदान करने की घोषणा भी की गई।

एक बार जब बरमिंघम आंदोलन ने राष्ट्र का ध्यान आकर्षित किया, किंग ने इसे आगे राजनीतिक व्यवस्था के केंद्र तक ले जाने का निर्णय लिया। इसका परिणाम ऐतिहासिक वाशिंगटन मार्च के रूप में सामने आया, जिसमें ढाई लाख लोगों के विशाल जनसमूह ने 28 अगस्त, 1963 को लिंकन मेमोरियल तक मार्च निकाला। यह उस समय तक अमेरिकी धरती पर संभवतः सबसे विशाल नागरिक

अधिकारों का प्रदर्शन था और यह प्रदर्शन इतिहास में उस अवसर के रूप में दर्ज है, जब किंग ने अपना अविस्मरणीय संबोधन दिया था, मेरा एक सपना है। इसमें उन्होंने सभी अमेरिकी लोगों का आह्वान किया था कि वे मानवता के एक साझे बंधन में संयुक्त हो जाएँ और अलगाव और विभेद के सभी रूपों को समाप्त कर दें।

प्रभाव तीव्र और निश्चित था। 1964 में नागरिक अधिकार अधिनियम पारित हुआ, जिसने जाति, रंग, धर्म, लिंग, राष्ट्रीयता पर आधारित विभेदों को समाप्त कर दिया। इसके पारित होने के तुरंत बाद कानून ने स्कूलों, कार्यस्थलों और सार्वजनिक उपयोग के स्थानों पर नस्लभेद को समाप्त कर दिया। इसके साथ ही मतदाता पंजीकरण की आवश्यकताओं में जो असमानता थी, जिसके कारण अफ्रीकी-अमेरिकी समुदाय और दूसरे अल्पसंख्यक समूहों को राजनीतिक रूप से हानि होती थी, उसे भी समाप्त कर दिया गया।

यद्यपि नागरिक अधिकार अधिनियम को एक बड़ी विजय माना गया, लेकिन जमीनी सच्चाई सकारात्मकता से बहुत दूर थी। किंग और उनके समर्थकों पर नस्लभेद के समर्थकों के साथ ही प्रशासन के द्वारा हिंसक आक्रमण लगातार बढ़ रहे थे और कई बार तो उनके शांतिपूर्वक किए जा रहे प्रदर्शनों पर भी आक्रमण किया जाता। ऐसी ही एक घटना 7 मार्च, 1965 को हुई, जब मोंटगोमेरी में एक नागरिक अधिकार मोर्चा पर पुलिस ने आँसू गैस और लाठियों से आक्रमण कर दिया, जैसे ही प्रदर्शनकारियों ने एडमंड पेट्टस पुल को पार करने का निर्णय लिया। इसे खूनी रविवार का नाम दिया गया, इसके कारण मोर्चे निकालने पर प्रतिबंध लगा दिया गया। किंग ने दो दिन पश्चात् शांतिपूर्वक धरना देने की घोषणा की। किंग के नेतृत्व में नागरिक अधिकार आंदोलन एक बार फिर विजेता के रूप में उभरे, जब 1965 में, मतदान अधिकार अधिनियम पारित हुआ।

बाद के वर्ष

एक बार जब अफ्रीकी-अमेरिकी समुदाय को आधारभूत अधिकार प्राप्त हो गए, उनमें नागरिक अधिकार आंदोलन को कैसे आगे बढ़ाया जाए, इस पर मतभेद उभरने लगे। युवा नेता किंग की अहिंसक पद्धतियों और उनके गोरे लोगों की मानवता से इस अनुरोध से कि वे काले लोगों को उनके अधिकार प्राप्त करने में सहायता करें, के आलोचक थे। अपने संघर्ष को और अधिक प्रासंगिक बनाने के लिए किंग ने अपने उद्देश्य का क्षेत्र विस्तृत किया। इसमें उन्होंने अमेरिका के सभी

दमित वर्गों, जिसमें महिलाएँ और श्रमिक भी सम्मिलित थे, के अधिकारों के लिए होनेवाले संघर्ष को भी जोड़ लिया। नस्लभेद को समाप्त करने के उनके संघर्ष में अब वर्ग और लिंग पर आधारित विभेद को समाप्त करने के प्रयास भी सम्मिलित हो गए। अंततः उनका संघर्ष वियतनाम युद्ध के विरोध तक विस्तृत हो गया, जिसके बारे में उनके विचार थे कि यह गरीबों के लिए दमनात्मक था। 1968 के बसंत में, किंग ने मेमफिस के सफाईकर्मियों की हड़ताल को अपना समर्थन दिया और 3 अप्रैल को उन्होंने एक भाषण दिया, यह उनकी अंतिम सार्वजनिक उपस्थिति थी। अगले दिन, किंग जब लोररैने मोटेल स्थित अपने कमरे की बालकनी में खड़े थे, उनकी हत्या कर दी गई।

विरासत

आज मार्टिन लूथर किंग को बीसवीं सदी के सबसे प्रसिद्ध अफ्रीकी-अमेरिकी नेता के रूप में जाना जाता है। जिस प्रकार से उन्होंने नागरिक अधिकार आंदोलन को प्रभावित किया, वह देश के इतिहास में अद्वितीय था। चर्च की शक्ति, अहिंसा की तकनीक के साथ ही मानव की आवश्यक सुशीलता में विश्वास का उपयोग करके, उन्होंने नस्लभेद और अंततः विभेद के सभी रूपों को समाप्त करने के लिए संघर्ष किया। उनके संघर्ष में उन्हें पच्चीस से अधिक बार गिरफ्तार किया गया और लगभग चार बार शारीरिक रूप से प्रताड़ित किया गया। उन्होंने पाँच पुस्तकें और कई लेख लिखे, उन्हें पाँच मानद उपाधियों से सम्मानित किया गया। 1963 में टाइम पत्रिका ने उन्हें मैन ऑफ दी ईयर घोषित किया और अगले वर्ष उन्हें नोबल शांति पुरस्कार प्रदान किया गया, इस प्रकार वे उस समय तक यह सम्मान प्राप्त करनेवाले सबसे युवा व्यक्ति बन गए। विश्वभर की भावी पीढ़ियाँ आज भी उन्हें न केवल अफ्रीकी-अमेरिकी अद्वितीय नेता के रूप में, बल्कि विश्व के अग्रणी नेता के रूप में भी आदर देती हैं, जिनका विश्वास था कि सभी मानवों को सम्मान और गरिमा के साथ जीवन जीने का अधिकार है।

□

मैरियन राइट इडेलमैन

लेखक, वकील और कार्यकर्ता मैरियन राइट इडेलमैन संयुक्त राज्य अमेरिका में वंचित लोगों के अधिकारों की लड़ाई में हमेशा आगे रही हैं। हालाँकि उन्होंने अफ्रीकी-अमेरिकी लोगों के अधिकारों के लिए संघर्ष करनेवाले एक कार्यकर्ता के रूप में शुरुआत की थी, अंततः वे देश में बाल अधिकारों की सबसे शक्तिशाली समर्थक बन गईं। एक अभियान, जिसे चिल्ड्रंस डिफेंस फंड की स्थापना से प्रोत्साहन मिला, जिसकी वह वर्तमान में अध्यक्ष भी हैं। 2000 में इडेलमैन को बच्चों और परिवारों के लिए किए उनके कार्यों के लिए प्रेसिडेंशियल मेडल ऑफ फ्रीडम से सम्मानित किया गया।

प्रारंभिक जीवन

मैरियन राइट का जन्म 6 जून, 1939 में दक्षिण कैरोलिना के बेन्नेटविले में पाँच बच्चों के बड़े परिवार में हुआ था। उनके पिता आर्थर राइट, बैपटिस्ट चर्च के मंत्री थे, जिन्होंने बहुत शुरुआत में ही अपने बच्चों के मन में दो बातें बैठाई थीं अच्छी शिक्षा की आवश्यकता के साथ ही सेवा के विचार जैसी ईसायत में आवश्यकता है। इन सबमें आर्थर राइट प्रसिद्ध अफ्रीकी-अमेरिकी नागरिक अधिकारों और मजदूर संघ के नेता ए. फिलिप रैंडोल्फ के मूल्यों से बहुत प्रभावित थे, जिन्होंने वाशिंगटन तक के मार्च का नेतृत्व किया था, जहाँ मार्टिन लूथर किंग जूनियर ने अपना अविस्मरणीय भाषण, मेरा एक सपना है⋯दिया था।

मैरियन राइट की उम्र जब केवल चौदह वर्ष थी, तब उन्होंने अपने पिता को खो दिया था। एक प्रसिद्ध उद्धरण के अनुसार, अपनी मृत्यु से पहले आर्थर राइट ने मैरियन से कहा था, ''किसी भी चीज को अपनी शिक्षा के मार्ग में न आने देना।''

मैरियन ने अपने पिता के अंतिम शब्दों को सच कर दिखाया और अपने

आपको शिक्षा के द्वारा सशक्तिकरण के मार्ग पर स्थापित कर दिया। बेनेट्सविल्ले स्थित मार्लबोरो ट्रेनिंग हाईस्कूल से अपनी शिक्षा पूरी करने के पश्चात्, उन्होंने स्पेलमैन कॉलेज में प्रवेश ले लिया। शीघ्र ही पढ़ाई में उनकी प्रतिभा और कठोर परिश्रम करने की क्षमता ने उन्हें कई छात्रवृत्तियाँ दिलाईं। मेरिल स्कॉलरशिप ने उन्हें विश्व को देखने में सहायता की, जबकि लिसले फेलोशिप ने सोवियत संघ की यात्रा करने और वहाँ रहने का अवसर दे दिया। बाद में एक *न्यू योर्कर* के लिए, उन्होंने कहा कि उस वर्ष अध्ययन के लिए की गई यात्राओं ने उन्हें अत्यधिक आत्मविश्वास दिया और उन्हें दिखा दिया कि वे विश्व की यात्रा कर सकती हैं और वहाँ कुछ भी कर सकती हैं। 1959 में मैरियन वापस स्पेलमैन आ गईं और शीघ्र ही नागरिक अधिकारों के आंदोलन में सम्मिलित हो गईं, जो उस समय बड़ी तीव्रता से चल रहा था। उन्होंने विदेश सेवा में जाने की अपनी योजना छोड़ दी और इसके स्थान पर कानून की पढ़ाई प्रारंभ कर दी, जिसके लिए उन्होंने येल यूनिवर्सिटी में प्रवेश ले लिया। हालाँकि मैरियन ने यहाँ तक स्वीकार किया कि उन्हें कानून के अध्ययन में कोई विशेष रुचि नहीं थी, लेकिन उन्होंने अनुभव किया कि कानूनी प्रशिक्षण उन्हें गरीबों और शोषित अफ्रीकी-अमेरिकी लोगों का बेहतर तरीके से प्रतिनिधित्व करने और नस्लभेद के विरुद्ध संभावित सबसे प्रभावी तरीके से संघर्ष करने की योग्यता से लैस कर देगा। जब वे अभी विद्यार्थी ही थीं, मैरियन मिसिसिप्पी में अफ्रीकी-अमेरिकी मतदाताओं के पंजीकरण की योजना में सम्मिलित हो गईं।

प्रारंभिक सक्रियतावाद

1963 में मैरियन येल लॉ स्कूल से स्नातक हो गईं। फिर वह एन.ए.ए.सी.पी. या नेशनल एसोसिएशन फॉर दी एडवांसमेंट ऑफ क्लर्ड पीपल में सक्रिय हो गईं। अपनी हाल में प्राप्त की गई कानून की डिग्री के साथ प्रारंभ में वे न्यूयॉर्क के एन.ए.ए.सी.पी. लीगल एंड डिफेंस फंड में सम्मिलित हो गईं, लेकिन बाद में वे इसी संस्था के लिए कार्य करने के लिए अपने गृह राज्य में चली गईं। इसके साथ ही मैरियन राइट पहली अफ्रीकी-अमेरिकी महिला बन गईं, जो मिसिसिप्पी में कानून की प्रैक्टिस करती थीं। एन.ए.ए.सी.पी. के साथ उनका जुड़ाव उन्हें जातीय न्याय मुद्दों के आमने-सामने ले आया और धीरे-धीरे 1960 के दशक के नागरिक अधिकारों के आंदोलन से उनका जुड़ाव गहरा होता गया, जो पूरे अमेरिका में फैला हुआ था। 1964 में मिसिसिप्पी में फ्रीडम समर के दौरान कई

अफ्रीकी-अमेरिकी स्वयंसेवकों को जितने अधिक-से-अधिक हो संभव हो सके, उतने अफ्रीकी-अमेरिकी मतदाताओं को पंजीकृत करने के अभियान के दौरान नियमित रूप से निशाना बनाया गया। कुक्लक्स क्लान किसी भी काले व्यक्ति के विरुद्ध हिंसक साधनों का उपयोग करने के लिए जो नस्लभेद की यथास्थिति को चुनौती देने का प्रयास करता था, विशेषरूप से कुख्यात हो गया। एन.ए.ए.सी.पी. की कानूनी सलाहकार के रूप में उन्होंने अपनी पूरी क्षमता के साथ इन कार्यकर्ताओं का प्रतिनिधित्व किया, ताकि उन्हें न्यायालय से न्याय मिल सके। उन्होंने मिसिसिप्पी में एक हेड स्टार्ट प्रोग्राम प्रारंभ करने के लिए भी बहुत कड़ा परिश्रम किया, जिसके अंतर्गत निम्न-आय वर्ग के परिवारों के बच्चे को प्राथमिक शिक्षा, स्वास्थ्य, पोषण और अन्य सेवाएँ संघीय सरकार से प्राप्त हो सकें।

1967 में मैरियन के नेतृत्व में सिनेटर रॉबर्ट केनेडी और जोसेफ क्लार्क मिसिसिप्पी के डेल्टा क्षेत्र की मलिन बस्तियों में दयनीय जीवन स्थितियों को प्रत्यक्ष रूप से देखने के लिए, जहाँ परिवार बिना आधारभूत सुविधाओं, जैसे स्वच्छ पानी और बिजली के रहते थे, एक दौरे पर गए। यह दौरा निजी रूप से भी उनके लिए महत्त्वपूर्ण रहा, क्योंकि इसने मैरियन का परिचय सिनेटर केनेडी के सहायक, पीटर एडेलमैन से करा दिया। दोनों से शादी करने का निर्णय लिया और बाद में मैरियन वाशिंगटन चली गईं, जहाँ पीटर कार्य करते थे।

वाशिंगटन डी.सी आने ने मैरियन को अमेरिका की राजनीतिक शक्ति के मुख्य केंद्र के अधिक निकट ला दिया। उन्होंने अनुभव किया कि यहाँ अपना सामाजिक कार्य जारी रखने से वंचित लोगों के अधिकारों के लिए नीतियों के निर्माण पर अधिक प्रत्यक्ष प्रभाव पड़ेगा। हालाँकि दो घटनाओं ने उस समय के नागरिक अधिकारों के आंदोलन को अंदर तक हिला दिया, मार्टिन लूथर किंग जूनियर और रॉबर्ट केनेडी की हत्या। चीजों को एक साथ रखनेवाले एक शक्तिशाली करिश्माई नेता के बिना आंदोलन के अव्यवस्था में फँसने का खतरा था। उस समय पहले से भी अधिक मैरियन ने अनुभव किया कि सामाजिक न्याय समुदाय को प्रत्येक मस्तिष्क के समर्थन की आवश्यकता है, जो उतने ही परिपक्व और प्रतिबद्ध हों, जितना कि उसका है। इसलिए उन्होंने दृढ निश्चय किया कि वह किंग जैसे महान् नागरिक अधिकार नेता के अभियान को आगे बढ़ाने में तन-तन से जुट जाएँगी और अपना सर्वश्रेष्ठ देंगी। इस समय सर्दन क्रिश्चियन लीडरशिप कॉन्फ्रेंस एक और संगठन था, जिसे मैरियन ने अपना बहुत समय और ध्यान दिया। उन्होंने वाशिंगटन रिसर्च प्रोजेक्ट की भी स्थापना की थी, यह जनहित के लिए कार्य करनेवाली एक

कानूनी फर्म थी, जो निम्न आय परिवारों के लिए चलाए जा रहे संघीय कार्यक्रमों की निगरानी रखती थी।

बाल अधिकारों के मुद्दों में सम्मिलित होना

हालाँकि धीरे-धीरे मैरियन के सुधारवादी उद्देश्य में परिवर्तन आ गया। नागरिक अधिकारों के मुद्दों के प्रति अपने किसी उत्साह या प्रतिबद्धता को खोए बिना उन्होंने पाया कि उनकी रुचि बच्चों और बचपन के विकास, वंचित परिवारों के बच्चों के विशेष अधिकारों को बढ़ाने में लगातार बढ़ती जा रही है। निर्धनता में जी रहे अफ्रीकी-अमेरिकी परिवारों के लिए उनके कार्यों ने उन्हें इस तथ्य का साक्षी बना दिया कि दमनात्मक और शोषणात्मक नीतियों का समाज के सबसे दुर्बल वर्गों—महिलाओं और बच्चों पर सबसे खराब प्रभाव पड़ता है। उनके सारभूत विस्तृत व्यक्तित्व को भी सार्वधिक संतुष्टि बच्चों के अधिकारों के लिए कार्य करने में मिलती थी, क्योंकि यह उन्हें जातीय और सामुदायिक बाधाओं को पार करने में समर्थ बनाती थी।

1970 के दशक से मैरियन ने अपने सक्रियतावाद को चाइल्ड केयर लेजिसलेशन पर केंद्रित करना प्रारंभ कर दिया। उन्होंने विस्तृत बालविकास कार्यक्रम को प्रारंभ करने की आवश्यकता के लिए कांग्रेस के सामने आंदोलन किया। 1971 में उन्होंने कई कल्याणकारी समूहों को एकसाथ लाने के लिए कड़ा परिश्रम किया ताकि चाइल्डहुड डिवेलपमेंट बिल कांग्रेस में आसानी से पारित हो जाए। हालाँकि राष्ट्रपति रिचर्ड निक्सन ने बिल पर रोक लगा दी और यह बाल-केंदित विधायन को आगे बढ़ाने के लिए चलाए जा रहे देशव्यापी कार्यक्रमों के लिए एक गंभीर झटका साबित हुआ।

चिल्ड्रंस डिफेंस फंड

1973 में मैरियन ने देश में सभी बच्चों के हितों की सुरक्षा और उसको बढ़ावा देने के लिए चिल्ड्रंस डिफेंस फंड (सी.डी.एफ.) की स्थापना की। उन्होंने देखा कि निर्धन और अल्पसंख्यक परिवारों के बच्चे या जो किसी भी रूप में विकलांगता से संघर्ष कर रहे हैं, उन्हें अपने अधिकारों के लिए दबाव बनाने के लिए एक विशेष मंच की आवश्यकता है। सी.डी.एफ. वही मंच और उससे भी बढ़कर साबित हुआ। सर्वाधिक महत्त्वपूर्ण रूप से मैरियन ने सी.डी.एफ. को पूर्णरूप से निजी फंड से

चलाई जानेवाली संस्था बनाए रखा ताकि इसके निर्णयों, नीतियों या दिन-प्रतिदिन के कामकाज में कोई हस्तक्षेप न हो।

सी.डी.एफ. में मैरियन कई कार्य करती थीं, सी.डी.एफ. के अध्यक्ष के रूप में न केवल वे इसकी प्रशासनिक अध्यक्ष थीं, बल्कि इसका सार्वजनिक चेहरा भी थीं, विभिन्न स्थानों पर सी.डी.एफ. के अभियानों, गतिविधियों और उपलब्धियों के बारे में बोलती थीं। इसके अलावा, मैरियन सी.डी.एफ. की मुख्य पैरवीकर्ता थीं और उन्हें अक्सर कांग्रेस के समाने चाइल्ड केयर लेजिस्लेशन में सुधार के लिए आंदोलन करते हुए देखा जा सकता था। सी.डी.एफ. में मैरियन का कार्य न केवल बच्चों के मुद्दों पर जागरूकता बढ़ाने में सफल रहा, बल्कि इसके कई दूसरे ठोस परिणाम भी आए। उन्होंने कांग्रेस को शिक्षा और निर्धनता-विरोधी कार्यक्रमों के लिए और अधिक केंद्रीय फंड खर्च करने के लिए मना लिया, इस पर ध्यान दिए बिना कि उस समय कौन सा राजनीतिक दल सरकार को नियंत्रित कर रहा था।

बच्चों के अधिकारों की सुरक्षा के लिए कानूनी और सामाजिक सुधारों का समर्थन करने के अलावा, चिल्ड्रन डिफेंस फंड एक शोध केंद्र के रूप में भी कार्य करता था। इसके पास पेशेवर लोगों का एक दल था, जो देश के विभिन्न भागों या समाज के विभिन्न वर्गों से बच्चों को प्रभावित करनेवाली विभिन्न समस्याओं का अध्ययन करते थे। ये लड़कियों की किशोरावस्था में गर्भधारण करने, बच्चों के पालन-पोषण और बच्चों की देखभाल जैसे मुद्दों पर भी काम करते थे। शोध दल को इस प्रकार की समस्याओं के समाधान सुझाने और कैसे इनसे प्रभावित बच्चे बेहतर जीवन जी सकते हैं, का कार्य भी सौंपा गया था। सी.डी.एफ. का एक और महत्त्वपूर्ण आयाम इसको आगे बढ़ाने का अभियान था। हाल के वर्षों में इस संस्था ने किशोरियों और युवा लड़कियों में गर्भधारण को रोकने के क्षेत्र में कई पहलें की हैं। अपने निगरानी के कार्य में सी.डी.एफ. ने समाज में विभिन्न चाइल्ड-केयर पॉलिसीज पर कड़ी दृष्टि रखी है। यह देखने के लिए कि ये उच्च गुणवत्ता के स्तर को बनाए रखें और इन्हें स्थानीय, राज्य या संघीय स्तर पर पूर्ण रूप से धन उपलब्ध कराया जाए।

हाल के समय में सी.डी.एफ. की सफलता

1992 में बिल क्लिंटन के अमेरिका के राष्ट्रपति चुने जाने के साथ मैरियन राइट को बच्चों के अधिकारों के लिए उनकी लड़ाई के समर्थन में अपने लिए

एक शक्तिशाली साथी मिल गया। तब की प्रथम महिला हिलेरी क्लिंटन ने अपनी इंटर्नशिप चिल्ड्रंस डिफेंस फंड से की थी, जब वे येल लॉ स्कूल में अध्ययन कर रही थीं। उसी वर्ष, सी.डी.एफ. ने अपना अभियान 'किसी बच्चे को पीछे न छोड़ो' प्रारंभ किया था, जिसने न केवल कल्याण कार्यक्रम हेड स्टार्ट के लिए पूर्ण फंड की माँग की, बल्कि कांग्रेस से देश के प्रत्येक बच्चे और गर्भवती महिला के लिए बीमा सुरक्षा सुनिश्चित करने के लिए कानून पारित करने के लिए कहा और सभी बच्चों के लिए टीकाकरण अनिवार्य बनाने की भी माँग की।

1996 में मैरियन के नेतृत्व में सी.एफ.डी. बच्चों के अभियान के लिए खड़ी होनेवाले सर्वाधिक सक्रिय आयोजकों में से एक बन गई। यह आयोजन दो लाख से अधिक लोगों को बाहर गलियों में ले आया, इसमें विविध समूहों जैसे एन.ए.ए.सी.पी., दी मार्च ऑफ डाइम्स, दी साल्वेशन आर्मी और दी नेशनल अर्बन लीग बच्चों के कल्याण की नीतियों के लिए धन उपलब्ध कराने में राज्य की और अधिक सक्रिय भूमिका के समर्थन में बाहर आए। इस मार्च का उद्देश्य विश्व के सबसे समृद्ध देश में बच्चों की अनदेखी को रेखांकित करना था और निर्धनता व आवश्यकता के मुद्दों पर राष्ट्रीय और अंतरराष्ट्रीय दोनों स्तरों पर ध्यान आकर्षित करना था, क्योंकि ये सर्वाधिक वंचित वर्ग में बच्चों को सबसे अधिक प्रभावित करते हैं।

यद्यपि मैरियन क्लिंटन की घनिष्ठ मित्र थीं, लेकिन यह उन्हें क्लिंटन प्रशासन पर आक्रमण करने से नहीं रोक पाया, जब 1996 में इसने उस कानून का समर्थन किया, जो कल्याणकारी कार्यों, जैसे बच्चों और परिवार की पोषण योजनाओं में संघीय सहायता को 54 अरब डॉलर कम करता था। इसकी प्रतिक्रिया में, सी.डी.एफ. ने उस प्रभाव के दस्तावेजीकरण की प्रक्रिया को प्रारंभ किया, जो घटाए हुए बजट ने वास्तविक लोगों के वास्तविक जीवनों पर डाला था।

प्रतिबद्धता की निरंतरता

2000 में मैरियन राइट इडेलमैन को प्रेसीडेंशियल मेडल ऑफ फ्रीडम से सम्मानित किया गया, जो संयुक्त राज्य अमेरिका का सबसे बड़ा नागरिक सम्मान माना जाता है। चिल्ड्रंस डिफेंस फंड के अलावा मैरियन कई कार्यों से जुड़ी रहीं, जो बच्चों और परिवारों के अधिकारों का समर्थन करते थे। इसमें से एक था न्यूयॉर्क स्थित रॉबिन हुड फाउंडेशन, एक गैर-लाभवाला संगठन, जो गरीबी उन्मूलन के प्रति समर्पित था, जिसके बोर्ड में वे अभी भी अपनी सेवाएँ दे रहीं हैं। इसके साथ

ही हाल के समय में अमेरिका के स्कूलों में हुई गोलीबारी की घटनाओं को देखते हुए उन्होंने सिलेक्टिव गन कंट्रोल की भी कई बार आलोचना की।

मैरियन ने बच्चों के मुद्दों तथा समाज, कानून, चिकित्सा और अन्य क्षेत्रों में जो संसाधन उपलब्ध हैं, उन पर कई पुस्तकें भी प्रकाशित की हैं। उनके कार्यों में, जो सर्वाधिक प्रसिद्ध हैं, वे हैं *दी मेजर ऑफ अवर सक्सेस: ए लेटर टू माय चिल्ड्रन* और *युअर्स एंड आई एम युअर चाइल्ड, गॉड: प्रेयर ऑफ चिल्ड्रन एंड टीनेजर्स* ।

आज वे एक सम्मानित जीवन जी रही हैं, उनके पास व्यक्तिगत और सार्वजनिक, दोनों सफलताएँ हैं। मैरियन के पति जार्जटाउन में कानून के प्रोफेसर हैं और दोनों के तीन बच्चे हैं—जोशुला, जोनाह और एज्रा। अपने माता-पिता के समान, इडेलमैन के बच्चों ने भी वैसा ही कॅरियर चुना है, जो समाज के मुद्दों से जुड़ा है। जोशुआ एक शैक्षणिक प्रशासक है, जबकि जोनाह ने ऑक्सफोर्ड से पी-एच.डी. की है और शिक्षा के समर्थन में कार्य करती हैं। सबसे छोटी इज्रा टेलीविजन प्रोड्यूसर हैं।

हाल के समयों में, मैरियन राइट इडेलमैन लगातार बच्चों के उचित पालन-पोषण पर लिख रही हैं। उन्होंने माता-पिता को अपने बच्चों को सही मूल्यों को प्रदान करने में अधिक उत्तरदायित्व लेने और जन संचार के माध्यमों में आनेवाली हिंसा की छवियों के संपर्क में आने को कम करने के लिए प्रेरित किया है। उनके जीवन के घटनाक्रमों को देखते हुए यह स्पष्ट है कि बचपन में जो सेवा का दर्शन उनके मन में बैठा दिया गया था, वह आज भी उनके सभी प्रयासों का मार्गदर्शन कर रहा है। जैसा उन्होंने इसे अभिव्यक्त किया है, अगर आप उस तरीके को पसंद नहीं करते हों, जैसा संसार है, आपके ऊपर एक नैतिक बाध्यता है, इसे बदलने की, इसे केवल एक समय में एक कदम के द्वारा करें।

□

एडोल्फो पेरेज एसक्विवेल

एडोल्फो पेरेज एसक्विवेल अर्जेंटिना के एक मानवाधिकारों के कार्यकर्ता और मूर्तिकार थे, जिनके सामाजिक-राजनीतिक सुधार लाने के अहिंसक तरीकों ने उन्हें अत्यधिक सम्मान दिलाया और लोगों को अपने जीवन को अधिक बेहतर बनाने के लिए परिवर्तन लाने के लिए प्रेरित किया। उन्होंने विशेष रूप से भूमिहीन किसानों के शोषण के साथ ही 1970 के दशक के दौरान अर्जेंटीना के सैन्य शासन के द्वारा जो दमन किया गया, उसके विरुद्ध अपना स्वर मुखर किया, जिसमें हजारों लोगों को प्रताड़ित किया गया, उनकी हत्या की गई। उनके सर्विस फॉर पीस एंड जस्टिस, एक संस्था, जो संपूर्ण लैटिन अमेरिका में मानवाधिकारों की गतिविधियों में समन्वय लाने की ओर प्रतिबद्ध थी, के लिए किए कार्यों को देखते हुए 1980 में नोबल शांति पुरस्कार से सम्मानित किया गया।

प्रारंभिक जीवन

अर्जेंटिना के ब्यूनस आयरस में 26 नवंबर, 1931 को जनमे, एसक्विवेल स्पेन के एक अप्रवासी परिवार से आए थे। उनके पिता एक कॉफी सेल्स एजेंट थे, जो बहुत यात्राएँ करते थे। जब बचपन में ही एसक्विवेल की माता का निधन हो गया, तब उन्हें कैथोलिक बोर्डिंग स्कूल में प्रवेश दिला दिया गया। वे एक समर्पित कैथोलिक के रूप में बड़े हुए; निःसंदेह उनकी धार्मिक पृष्ठभूमि ने उनके मानवतावादी कार्यों को भी प्रभावित किया। एसक्विवेल ने समाज में सकारात्मक परिवर्तन लाने में धर्म की शक्ति को अनुभव किया, जिसके आधार पर ही पीस एंड जस्टिस संगठन ने लैटिन अमेरिका में मानवाधिकारों का समर्थन करने के लिए पादरियों को अपने साथ जोड़ा।

एक और प्रारंभिक प्रभाव, जिसने एसक्विवेल के मानवाधिकारों की

सक्रियतावाद के आदर्शों और पद्धतियों को आकार दिया, वह अहिंसा का दर्शन था। युवा एसक्विवेल भारत के स्वतंत्रता आंदोलन के पिता मोहनदास करमचंद गांधी के कार्यों के संपर्क में आए, जिनकी असहयोग की व्यवस्था ब्रिटिश औपनिवेशिक शासन से स्वतंत्रता दिलाने में महत्त्वपूर्ण थी। बहुत बाद में एसक्विवेल ने इस अहिंसा के दर्शन को अर्जेंटीना की सैन्य सरकार के विरुद्ध संघर्ष में प्रयोग किया।

हालाँकि एक स्वाभाविक कलाकार होने के कारण, एसक्विवेल का झुकाव रेखाओं और आकार के संसार की ओर था और उन्होंने ब्यूनस आयरस और ला प्लाटा के नेशनल स्कूल ऑफ फाइन आर्ट्स में प्रवेश ले लिया। 1956 में यहाँ से स्नातक होने के पश्चात् उन्होंने एक मूर्तिकार के रूप में कार्य करना प्रारंभ किया और शीघ्र ही ललित कला के संसार में एक उभरती हुई नई प्रतिभा के रूप में लोगों का ध्यान आकर्षित किया। कला के सृजन के अलावा, वह उसी संस्था के स्थापत्य कला विभाग में अध्यापन करने लगे, जहाँ उन्होंने अध्ययन किया था। इस समय के दौरान वे एक संगीतकार, पियानोवादक और रचनाकार एमांडा पेरेज से मिले और बाद में दोनों ने शादी कर ली। दोनों के तीन पुत्र हुए।

राजनीति से प्रारंभिक जुड़ाव

उस समय के दौरान जब एसक्विवेल एक मूर्तिकार के रूप में कार्य कर रहे थे और स्थापत्यकला के बारे में पढ़ा रहे थे, अर्जेंटिना राजनीतिक अस्थिरता में फँस गया। 1955 में लोकप्रिय सैन्य नेता और दो बार के राष्ट्रपति, जुआन पेरॉन को सत्ता से बाहर निकालकर फेंक दिया गया, जिसके पश्चात् सैन्य सरकार के स्थान पर नई असैन्य सरकार सत्ता में आई, लेकिन राजनीतिक स्थायित्व या आर्थिक प्रगति नहीं ला पाई। इस काल के दौरान एसक्विवेल का झुकाव वामपंथी राजनीति की ओर हो गया और उनका मानना था कि देश को सामाजिक–आर्थिक सुधारों की तत्काल आवश्यकता है, विशेषरूप से गरीब किसानों ओर मजदूरों के जीवन को बेहतर बनाने के लिए।

हालाँकि दूसरे वामपंथी राजनीतिक कार्यकर्ताओं के विपरीत, एसक्विवेल ने कभी परिवर्तन लाने के लिए हिंसा के उपयोग का समर्थन नहीं किया। इसके स्थान पर उन्होंने स्थितियों को बेहतर बनाने के लिए प्रशासन को विवश करने के लिए असहयोग पद्धतियों, जैसे भूख हड़ताल, शांतिपूर्वक प्रदर्शन और धरने को अपनाने की योजना बनाई। इस प्रकार की पहली घटनाओं में से एक है, जब अपनी माँगों को लेकर एसक्विवेल दो महीने की भूख हड़ताल पर गए।

सर्विस फॉर पीस एंड जस्टिस

1968 में एसक्विवेल ने समान-विचारोंवाले कुछ और लोगों के साथ मिलकर मोन्टेवीडियो में एक सम्मेलन का आयोजन किया, जहाँ यह निर्णय लिया गया कि लोगों के मानवाधिकारों की सुरक्षा करने के लिए यह आवश्यक है कि एक संयुक्त संस्था की स्थापना की जाए, जो संपूर्ण लैटिन अमेरिका में सभी अहिंसक तत्त्वों के मध्य समन्वय स्थापित करे। इस विचार ने एक सार्वभौमिक संगठन सर्विस फॉर पीस एंड जस्टिस संस्था की स्थापना का मार्ग प्रशस्त किया। एसक्विवेल ने इस संस्था के लिए कार्य करने के लिए अपना तन-मन लगा दिया और यहाँ तक कि एक मूर्तिकार के रूप में अपना कॅरियर भी छोड़ दिया। 1974 में उन्हें संस्था की अतिरिक्त जिम्मेदारी लेने के लिए कहा गया और इस प्रकार वह इसके महासचिव बन गए। उन्होंने अपने अध्यापक के पद से भी त्याग-पत्र दे दिया, ताकि वे संपूर्ण लैटिन अमेरिका में सभी मानवाधिकार समूहों के समन्वय की ओर अपना संपूर्ण समय और उर्जा समर्पित कर सकें।

यह संस्था वास्तव में एक छत्र संस्था के रूप में कार्य करती थी, जो लैटिन अमेरिकी देशों में सभी प्रकार के मानवाधिकार समूहों को सम्मिलित करती और उनकी गतिविधियों में समन्वय स्थापित करती। कार्य को आसान बनाने के लिए, संपूर्ण लैटिन अमेरिका को तीन भागों में विभाजित किया गया, प्रत्येक का अपना एक कार्यालय था। प्रत्येक क्षेत्र के अंतर्गत संगठन की राष्ट्रीय शाखाएँ सम्मिलित थीं। उनकी सभी गतिविधियाँ ब्यूनस आयरस में एसक्विेल के कार्यालय द्वारा समन्वित होती थीं।

इस संस्था का प्राथमिक उद्देश्य यह देखना था कि लैटिन अमेरिका में रहनेवाले गरिमा, स्वतंत्रता और बिना किसी भय के जीने में सक्षम हैं। हालाँकि एसक्विवेल इस बात को लेकर सतर्क थे कि मानवाधिकारों की सुरक्षा को इंगित करने का अर्थ बिना आम जनता के आर्थिक कल्याण को सुनिश्चित किए कुछ नहीं था। अत: उन्होंने व्यावहारिक स्तर पर गरीब या छोटे किसानों के भूमि के अधिकारों के लिए उनके संघर्ष में उनकी ऐसी ही सहायता की जैसी वे मजदूर संघों को मजदूरों के अधिकारों की सुरक्षा में उनके संघर्ष में उपलब्ध कराते थे। यह सहायता अन्य सब बातों के साथ कानूनी सहायता के रूप में भी होती है। इसके सुधारवादी कार्यों को अनुमोदन का रूप देने के साथ ही इसे लोगों के जीवन में प्रासंगिक बनाने के लिए, सर्विस फॉर पीस एंड जस्टिस ने अपने मानवतावादी प्रयासों में चर्च को इसके एक सक्रिय साझेदार के रूप में जोड़ा। संस्था के आदर्श ईसायत के मूल्यों

के आधार पर गढ़े गए थे और इसने धर्माध्यक्षों और पादरियों का समर्थन भी लिया था, जो सर्वसत्तावादी सरकारों के दमनात्मक या शोषक नीतियों के आलोचक हैं।

सक्रियातावाद का जीवन

इस संस्था के साथ कार्य के भाग के रूप में और मानवाधिकारों के मुद्दों के प्रति जागरूकता बढ़ाने के लिए, एसक्विवेल ने दक्षिण अफ्रीका के कई देशों की यात्राएँ करना प्रारंभ कीं। वहाँ उन्होंने सार्वजनिक रूप से सैन्य शासन के विरुद्ध बोला और बड़े पैमाने पर नागरिक अधिकारों के लिए न्याय की माँग की, जिसका वे अकसर आदेश देते थे। इन सभी गतिविधियों ने एसक्विवेल के लिए खतरा बढ़ा दिया। 1975 में ब्राजील प्रशासन ने उन्हें गिरफ्तार किया और अगले वर्ष एसक्विवेल को एक्वाडोर की जेल में डाल दिया गया।

1973 में राष्ट्रपति पेरॉन के छोटे से कार्यकाल और अगले वर्ष उनकी मृत्यु से, अर्जेंटीना में राजनीतिक स्थिति अत्यधिक अस्थिर हो गई। सैन्य तानाशाही, जो अर्जेंटीना में सत्ता में आई, वह प्रजातंत्र के लिए लोकप्रिय माँग को कुचलने के लिए अत्यधिक दमनात्मक नीतियों का उपयोग कर रही थी। जिन्होंने दमन के इस रूप के विरुद्ध अपना स्वर मुखर किया, रातोरात गायब हो गए, उनकी गिरफ्तारी का कोई रिकॉर्ड भी नहीं था। अगर विरोध की थोड़ी सी भी आशंका हो जाती, लोगों को महीनों तक बिना मुकदमा चलाए गिरफ्तार करके रखा जाता। उस समय अर्जेंटीना में हजारों परिवार ऐसे थे, जिन्हें अपने प्रियजनों के ठिकानों का पता नहीं था। कई बार दमनात्मक उपाय इतने क्रूर थे कि संपूर्ण परिवार को गुपचुप तरीके से मार दिया जाता था और फिर उनके बारे में कभी किसी को कुछ भी पता नहीं चलता था। दूसरे लैटिन अमेरिकी देशों में भी सैन्य सरकार के साथ अनुभव मुख्यतया नकारात्मक ही था। इसके नेता न केवल अपनी राजनीतिक स्वतंत्रता का गलत उपयोग कर रहे थे, बल्कि व्यापक भ्रष्टाचार से देश को बरबाद कर रहे थे।

इस प्रकार की खतरनाक परिस्थितियों के बावजूद जिनका अर्जेंटीना में बोलबाला था, एसक्विवेल ने मानवाधिकारों के लिए अपनी लड़ाई को और आगे बढ़ाने का निर्णय लिया। वे दो समूहों के सह-संस्थापक बन गए, दी पर्मानेंट असेंबली फॉर ह्यूमन राइट्स के साथ ही इकुमेनिकल मूवमेंट फॉर ह्यूमन राइट्स। उनकी योजना इन समूहों को दूसरे मानव-अधिकार संगठनों से जोड़ने की थी, जो लैटिन अमेरिका के दूसरे भागों में किसानों और औद्योगिक श्रमिकों के अधिकारों

की सुरक्षा और उनको बढ़ावा देने के लिए कार्य कर रहे थे।

1976 में एसक्विवेल ने संयुक्त राष्ट्र संघ को मानव अधिकार आयोग स्थापित करने के लिए मनाने के उद्‌देश्य के साथ एक विश्व-स्तरीय अभियान प्रारंभ किया। जब एसक्विवेल मानव अधिकार आयोग स्थापित करने की माँग कर रहे थे, उनके संगठन ने एक दस्तावेज तैयार किया, जिसमें लैटिन अमेरिका के देशों में मानव अधिकारों के उल्लंघन की घटनाओं का विवरण था। 1977 की गरमियों में पेरेज एसक्विवेल को बिना कोई कारण बताए या मुकदमे की कोई तिथि बताए गिरफ्तार कर लिया गया। उन्हें तेरह महीने तक जेल में रखा गया, इस दौरान उन्हें नियमित रूप से पीटा जाता और कई प्रकार से प्रताड़ित किया जाता। एक अवसर पर उन्हें लगभग एक सप्ताह तक पानी देने से मना कर दिया गया और काफी लंबे समय तक उन्हें अँधेरे में रखा गया।

संपूर्ण विश्व में मानव अधिकारों के समर्थक के रूप में एसक्विवेल की प्रसिद्धि लगातार बढ़ रही थी, कई अंतरराष्ट्रीय संगठनों ने उनकी रिहाई की माँग की। एमनेस्टी इंटरनेशनल ने माँग की कि एसक्विवेल को रिहा कर दिया जाए। संयुक्त राज्य अमेरिका की जिम्मी कार्टर सरकार के अधिकारियों ने भी अर्जेंटीना सरकार से एसक्विवेल की रिहाई की माँग की। अंतत: मई, 1978 में उन्हें जेल से रिहा करने की अनुमति दे दी गई, लेकिन उन्हें घर में ही नजरबंद कर दिया गया। नजरबंदी हटने के बाद भी उन्हें नियमित रूप से पुलिस थाने जाकर हाजिरी देनी पड़ती थी।

इस प्रकार की कठिन परीक्षा से गुजरने के बावजूद, एसक्विवेल लगातार मानव अधिकारों को बढ़ावा देने के कार्य में लगे रहे। अपनी रिहाई के तुरंत बाद ही वे उन सैकड़ों परिवारों के संघर्ष में सम्मिलित हो गए, जिन्होंने अर्जेंटीना में सैन्य सरकार के क्रूर राजनीतिक दमन के दौरान अपने प्रियजनों को खो दिया था। एक अनुमान के अनुसार लगभग 10,000 से 20,000 युवा लोग राजनीतिक दमन की सबसे भयावह कारस्वाइयों में से एक के कारण लापता थे। लापता बच्चों के परिवार के लोग प्रेसिडेंशियल प्लाजा के सामने जमा होते और चौराहे पर प्रदर्शन करते, जिसके कारण इसे मदर्स ऑफ प्लाजो डी मायो के नाम से जाना जाने लगा।

1980 में एसक्विवेल के लंबे संघर्ष को मान्यता मिली और उन्हें स्वीडिश नोबल कमेटी ने उस वर्ष का नोबल शांति पुरस्कार देने का निर्णय लिया। पुरस्कार देने की घोषणा के साथ जो प्रेस रिलीज जारी की गई, उसके अनुसार पेरेज एसक्विवेल, मानव अधिकारों के लिए अपने संघर्ष में विश्व में अर्जेंटीना की छवि और प्रतिष्ठा के लिए संघर्ष का प्रतिनिधित्व करते हैं।

पिछले कुछ वर्षों में एसक्विवेल ने अर्जेंटीना के मूल निवासियों के संघर्ष और पर्यावरण सुरक्षा के उपायों के लिए अपने समर्थन का प्रस्ताव रखा। उन्होंने हमेशा उन कठोर नियमों के विरुद्ध बोला, जो जनकल्याणकारी सहायता को कम करते थे। इसके साथ ही उन्होंने अमेरिका के मुक्त व्यापार के विरुद्ध भी अपनी आवाज उठाई, जो उनके अनुसार समृद्ध देशों के द्वारा निर्धन राष्ट्रों के संसाधनों के ऊपर साम्राज्यवादी नियंत्रण की और ले जाते हैं। वे संयुक्त राज्य अमेरिका की वार्षिक पीसलैम यूथ कॉन्फ्रेंस में नियमित गेस्ट ऑफ ऑनर थे। 1990 के दशक के मध्य में प्रारंभ हुए इस युवा संगठन का उद्देश्य विश्वभर में सामाजिक और न्यायिक कार्यों के प्रति जागरूकता फैलाना है।

हाल ही में जब लीबिया और सीरिया में तानाशाही सत्ता के विरुद्ध विशाल जन प्रदर्शन हुआ, एसक्विवेल ने अरब देशों के राजनीतिक मामलों में पाश्चात्य देशों के हस्तक्षेप की आलोचना की।

स्थायी प्रभाव

मानव अधिकारों के लिए एसक्विवेल के प्रखर समर्थन ने लगातार उन्हें शक्तिशाली संगठनों के साथ संघर्ष में ला दिया; सैन्य परिषद् से तानाशाही सरकारों तक। हालाँकि जो बात उन्हें दूसरे सक्रियतावादियों से अलग करती है, वह उनका अहिंसा के दर्शन में विश्वास है। कठोरतम दंड भोगने के बावजूद एसक्विवेल ने राजनीतिक और आर्थिक सुधारों को लाने के अपने संघर्ष में हिंसा के मार्ग को छोड़ने पर बल दिया। उनकी इस स्थिति ने सैन्य परिषद् के साथ ही उग्र सुधारवादी वामपंथियों, दोनों की शत्रुता भी दिला दी। एसक्विवेल के अनुसार, मानव अधिकारों को लोगों की आर्थिक बेहतरी से अलग नहीं किया जा सकता। अपने संपूर्ण जीवन में उन्होंने भूमिहीन किसानों के साथ ही औद्योगिक मजदूरों के अधिकारों के लिए भी आंदोलन चलाया, ताकि वे समूह, जिनका शोषण समृद्ध जमींदारों ओर उद्योगपतियों के द्वारा किया गया, उन्हें अपना वैध अधिकार मिल जाए।

एसक्विवेल को अपने देश के भीतर कई आलोचनाओं का सामना करना पड़ा। कई अर्जेंटीनावासियों का मानना था कि लोगों के अधिकारों के लिए जो उनका मुखर विरोध था, विशेषकर उन लोगों के लिए जो अर्जेंटीना की सैन्य परिषद् के शासन के दौरान गायब हो गए थे, वह उनके देश के लिए शर्मिंदगी लाया। इन आरोपों पर नोबल पुरस्कार समिति ने 1980 के शांति पुरस्कार की घोषणा के साथ जो प्रेस

रिलीज जारी की थी, उसमें अर्जेंटीना के महान् कवि जार्ज लुईस बोरगेस के शब्दों को उद्धृत किया गया था। जब लोगों को न्यायालय लाए बिना गिरफ्तार कर लिया जाता है, मैं चुप नहीं रह सकता। वे मुझसे कहते हैं किसी को इस प्रकार की बातें नहीं कहनी चाहिए, अपने देश की छवि को सुरक्षित रखने के लिए, लेकिन सत्य किसी छवि से अधिक महत्त्वपूर्ण होता है।

एसक्विवेल ने स्वयं नोबल पुरस्कार प्राप्त करने के समय अपने भाषण में कहा था कि शांति केवल तभी संभव है जब यह न्याय का फल हो। वास्तविक शांति एक गहन रूपांतरण है अहिंसा की शक्ति के माध्यम के द्वारा जो प्रेम की शक्ति है।

□

मोहम्मद यूनुस

मोहम्मद यूनुस बाँग्लादेश के एक अर्थशास्त्री, उद्यमी होने के साथ-साथ आर्थिक और सामाजिक सुधारक भी हैं, जिनकी लघु ऋण की व्यवस्था देश के वंचित लोगों के बड़े वर्गों की आर्थिक स्थिति में क्रांतिकारी परिवर्तन लाई। गरीबों के बैंकर के नाम से लोकप्रिय यूनुस ने 1983 में ग्रामीण बैंक की स्थापना की ताकि वंचित लोग भी आसान किश्तों पर लोन लेने में सफल हो सकें ताकि उन्हें भी अपना स्वयं का व्यवसाय करने या जीविकोपार्जन का छोटा सा अवसर मिल सके।

इस विश्वास के द्वारा मार्गदर्शित की ऋण तक पहुँच प्रत्येक मानव का एक मूलभूत अधिकार है, यूनुस बाँग्लादेश में लगभग हजारों परिवारों की निर्धनता से बाहर निकलने में सहायता करने में सफल रहे। यूनुस ने उन्हें आर्थिक रूप से आत्मनिर्भर बनाया और इससे भी बढ़कर उन्होंने शेष विश्व को गरीबों को नाममात्र की शर्तों पर ऋण देने के लिए प्रेरित किया।

प्रारंभिक जीवन

मोहम्मद यूनुस का जन्म 1940 में चटगाँव के बंदरगाह शहर के पास स्थित हथाजारी शहर के बथुआ नामक गाँव में हुआ था। उस समय चटगाँव ब्रिटिश औपनिवेशिक सरकार के अधीन बंगाल प्रेसिडेंसी का भाग हुआ करता था। ब्रिटिश सरकार के भारत से जाने के पश्चात्, बंगाल प्रेसिडेंसी का पूर्वी भाग नवनिर्मित देश पाकिस्तान का भाग बन गया और पूर्वी पाकिस्तान के नाम से जाना गया। इसे वास्तविक स्वतंत्रता बाँग्लादेश की स्वतंत्रता के युद्ध के पश्चात् 1971 में मिली, जब भारतीय फौजों की सहायता से पाकिस्तानी सेना को बाहर खदेड़ दिया गया और देश का नया नाम बाँग्लादेश रखा गया।

यूनुस ने अपने बाल्यकाल के प्रारंभिक दिन गाँव में बिताए थे, जहाँ उनका

जन्म हुआ था। 1944 में, परिवार चटगाँव में आकर बस गया, जिसने यूनुस की विस्तृत शैक्षणिक अवसरों का उपयोग करने में सहायता की। लामाबाजार प्राथमिक स्कूल में अपनी प्राथमिक शिक्षा पूरी करने के पश्चात्, उन्होंने चटगाँव कोलेजिएट स्कूल में प्रवेश ले लिया। यह अधिक संसाधनों के साथ एक बड़ा स्कूल था और यहाँ ब्वॉय स्काउट के रूप में, यूनुस को देश और यहाँ तक कि विश्व में भी यात्रा करने का अवसर मिला। उन्होंने 1952 में भारत और फिर पश्चिमी पाकिस्तान की यात्रा की और 1955 में जम्बोरीस में भाग लेने के लिए कनाडा भी गए। स्कूल की पढ़ाई समाप्त होने के पश्चात् यूनुस ने ढाका विश्वविद्यालय में अर्थशास्त्र में उपाधि प्राप्त करने के लिए पढ़ाई शुरू कर दी। 1960 में अर्थशास्त्र में बी.ए. के साथ वे स्नातक हो गए और अगले ही वर्ष उन्होंने स्नातकोत्तर की उपाधि भी प्राप्त कर ली।

शैक्षणिक जीवन

बी.ए. के साथ स्नातक होने के ठीक बाद, यूनुस को ब्यूरो ऑफ इकोनॉमिक्स में शोध सहायक के पद पर नियुक्ति मिल गई। एक बार जब उन्होंने स्नातकोत्तर की उपाधि प्राप्त कर ली, वह चटगाँव कॉलेज में अर्थशास्त्र के प्रोफेसर के रूप में वापस चटगाँव आ गए। इसके पश्चात् उन्होंने फुलब्राइट स्कॉलरशिप प्राप्त करने के लिए अपना सर्वोच्च प्रदर्शन किया, जिसके कारण उन्हें संयुक्त राज्य अमेरिका जाकर पी-एच.डी. करने का अवसर मिला। उन्होंने वहाँ वैंडेरबिल्ट यूनिवर्सिटी में प्रवेश ले लिया, जहाँ 1971 में ग्रेजुएट प्रोग्राम इन इकोनॉमिक्स (जी.पी.ई.डी.) पूरा किया और फिर 1969 से 1972 तक अपनी डॉक्टरेट की उपाधि प्राप्त की, यूनुस ने वहाँ मुरफ्रीसब्रो की मिडिल टेन्नेस्सी स्टेट यूनिवर्सिटी में सहायक प्रोफेसर के रूप में पढ़ाया।

जब 1971 में बँगलादेश की स्वतंत्रा के लिए युद्ध प्रारंभ हुआ, यूनुस संयुक्त राज्य अमेरिका में ही थे। अपने गृह देश में चल रहे युद्ध के लिए समर्थन बढ़ाने के लिए यूनुस ने अमेरिका में रह रहे दूसरे बाँग्लादेशियों को एकत्र करके एक सिटीजन कमेटी संगठित की और नाशविल्ले में अपने घर से ही बाँग्लादेश सूचना केंद्र चलाया। बाँग्लादेश को पाकिस्तान से स्वतंत्रता मिलने और युद्ध समाप्त होने के पश्चात्, यूनुस वापस अपने देश आ गए और नई सरकार के नुरूल इसलाम की अध्यक्षतावाले योजना आयोग में सम्मिलित हो गए। हालाँकि इस नियुक्ति में जिस प्रकार के कार्य की आवश्यकता होती थी, उससे वे शीघ्र ही ऊब गए और वापस

चटगाँव विश्वविद्यालय जाने के लिए त्याग-पत्र दे दिया, जहाँ उन्हें अर्थशास्त्र विभाग के अध्यक्ष के रूप में नियुक्त किया गया।

ग्रामीण बैंक

1974 में यूनुस ने विश्वविद्यालय में विद्यार्थियों को अर्थशास्त्र पढ़ाने के अलावा कुछ और करने का सोचा। 1974 के अकाल ने पूरे देश को बरबाद कर दिया था और कई परिवारों को निर्धनता में धकेल दिया। चारों ओर निर्धनता और भूख के दृश्य देखकर यूनुस ने ग्रामीण आर्थिक कार्यक्रम के बारे में सोचना प्रारंभ कर दिया जो निर्धनता दूर कर सकता है, लेकिन लोगों को इसका कोई मूल्य नहीं चुकाना पड़ेगा। पहले 1975 में उन्होंने नाबाजंग तेबागा खामर या तीन अंश खेत का विचार रखा जिसे सरकार ने भी पैकेज्ड इनपुट प्रोग्राम के रूप में अपना लिया। इस परियोजना को और अधिक प्रभावकारी बनाने के लिए यूनुस और उनके साथियों ने ग्राम सरकार की व्यवस्था का विकल्प प्रस्तावित किया, लेकिन यह कार्यक्रम अधिक लंबे समय तक नहीं चला, क्योंकि 2005 में उच्च न्यायलय ने इस प्रकार की ग्राम सरकार को गैर-कानूनी और असंवैधानिक घोषित कर दिया।

हालाँकि उनकी ग्रामीण आर्थिक पहलें यूनुस को गरीबों के संपर्क में लाईं और लगातार उनसे बातचीत करने पर उन्होंने पाया कि उन्हें छोटी मात्रा में धन उधार देने का भी उनकी आर्थिक स्थितियों पर अत्यधिक सकारात्मक प्रभाव पड़ सकता है। इसने उन्हें एक ऐसी व्यवस्था के बारे में सोचने के लिए प्रेरित किया, जहाँ बिना या थोड़े सी जमानत के छोटी मात्रा में धन ऋण के रूप में दिया जा सकता है। इसमें वह डॉ. अख्तर हमीद खान, संस्थापक पाकिस्तान अकेडमी फॉर रूरल डिवेलपमेंट से भी प्रभावित हुए। यूनुस ने सबसे पहले इस योजना को चटगाँव विश्वविद्यालय के पास जोब्रा गाँव की टोकरी बुननेवाली महिलाओं के साथ प्रारंभ करने का सोचा। वे गाँव के साहूकारों से अत्यधिक ऊँची ब्याज दरों पर लोन लेने के लिए विवश थीं क्योंकि बैंक गरीब लोगों को, जो कोई गारंटी नहीं दे पाते थे, पैसा उधार नहीं देते थे। यूनुस ने 42 महिलाओं को 27 अमेरिकी डॉलर उधार देने का निर्णय लिया, उन्होंने न केवल समय पर पैसा वापस कर दिया, बल्कि लोन पर प्रत्येक ने 0.02 अमेरिकी डॉलर का लाभ भी कमाया। इसने यूनुस को अत्यधिक प्रभावित किया, जो अब दृढतापूर्वक यह विश्वास करने लगे थे कि गरीबों, विशेषकर महिलाओं को थोड़ा सा भी अवसर दिया जाए, वे लोन चुका देंगी और यह व्यवस्था निरंतर

चलनी चाहिए, उन्होंने थोड़ी मात्रा में लाभ भी कमाना प्रारंभ कर दिया है।

टोकरी बुननेवाली महिलाओं के साथ उनके सकारात्मक अनुभव ने लघु-ऋण के बीज उपलब्ध कराए और उन्होंने इसे अधिक संस्थागत रूप में स्थापित करने के बारे में गंभीरतापूर्वक सोचना प्रारंभ कर दिया। दिसंबर 1976 में यूनुस सरकार द्वारा संचालित जनता बैंक से लोन प्राप्त करने में सफल रहे; उनका उद्देश्य इस धन का उपयोग जोबरा के गरीबों को उधार देने का था। यूनुस ने इस व्यवस्था का विस्तार अधिक और अधिक लोगों तक करना प्रारंभ कर दिया, जब तक कि 198 2 तक 28000 सदस्य नहीं हो गए। अंततः 1 अक्तूबर, 1983 को इस आरंभिक परियोजना ने एक पूर्ण-विकसित बैंक के रूप में कार्य करना प्रारंभ कर दिया, जिसे अब ग्रामीण बैंक नाम दे दिया गया।

हालाँकि यूनुस को ग्रामीण बैंक की संभावित सफलता पर कभी कोई संदेह नहीं था, लेकिन उन्हें और उनके सहकर्मियों को कई प्रकार के विरोधों का सामना करना पड़ा। न केवल सरकारी अधिकारी और नौकरशाह यूनुस द्वारा शुरू किए गए इस नए कार्य के प्रति संशयी थे, बल्कि गाँव के साहूकारों द्वारा प्रायोजित हिंसक दल की योजनाएँ अधिक खतरनाक थीं, जिन्हें दिख रहा था कि लागों को अब उनके ऊँची ब्याजवाले लोन की आवश्यकता नहीं है। अपने विरोध को और अधिक बढ़ाने के लिए साहूकारों ने धार्मिक नेताओं को भी अपने साथ मिला लिया, जिन्होंने महिला श्रमिकों को धमकाया कि अगर वे ग्रामीण बैंक से पैसा उधार लेंगी तो उन्हें एक मुसलिम की तरह दफनाने नहीं दिया जाएगा।

अंततः यूनुस और ग्रामीण बैंक लोगों का विश्वास जीतने में सफल रहे, जिनके लिए नाममात्र की ब्याज दरों पर लोन की संभावना अक्सर निर्धनता और आर्थिक आत्म-निर्भरता में अंतर बना देती थी। हालाँकि यूनुस इस बात को लेकर सतर्क थे कि ग्रामीण बैंक को एक घाटे के उपक्रम में नहीं बदलने दिया जाए। लोनों को चुकाने को सुनिश्चित करने के लिए उन्होंने परस्पर निर्भरता समूहों को स्थापित करने को प्रोत्साहित किया। ये उन लागों से बनाए गए थे, जिन्होंने एकसाथ लोन के लिए आवेदन किया था और ऋण को चुकाने के लिए एक-दूसरे के जमानतदार बने थे; इस प्रकार से प्रत्येक दूसरे को ऋण चुकाने के लिए समर्थन और प्रोत्साहन देता था और इस प्रक्रिया में पूरे समूह को लोन न चुकाने के ठप्पे से बचाया जाता था।

नब्बे के दशक से यूनुस ने व्यावसायिक हितों में विविधता लाने को प्रोत्साहित करना प्रारंभ किया, जो ग्रामीण बैंक द्वारा संचालित किए जाते थे। उन्होंने गैर-कार्यात्मक संसाधनों से शुरुआत की, जैसे मछली पालनवाले तालाब और सिंचाई

के पंप। इसके पश्चात् उन्होंने लोगों को निर्देशित किया कि इन्हें आय उत्पन्न करनेवाले साधन में कैसे बदला जाए। फिशरीज प्रोजेक्ट ग्रामीण मोटशो या ग्रामीण फिशरीज फाउंडेशन के नाम से जाना गया, जबकि सिंचाई परियोजना को ग्रामीण कृषि या ग्रामीण एग्रीकल्चर फाउंडेशन नाम दिया गया। इस प्रकार से यूनुस के नेतृत्व में, ग्रामीण साहसिक कार्य धीरे-धीरे उपक्रमों के विविध समूह में फैल गए, कुछ लाभदायक और कुछ गैर-लाभदायक। आज इसमें ग्रामीण ट्रस्ट और ग्रामीण फंड भी सम्मिलित हैं, जो शेयर परियोजनाएँ भी चलाते हैं, जैसे ग्रामीण निटवेयर लिमिटेड, ग्रामीण सॉफ्टवेयर लिमिटेड और ग्रामीण साइबरनेट लिमिटेड। ग्रामीण फंड का एक महत्त्वपूर्ण भाग ग्रामीण टेलिकॉम है, जिसकी बाँग्लादेश की सबसे बड़ी निजी फोन कंपनी, ग्रामीणफोन (जीपी) में हिस्सेदारी है।

ग्रामीण बैंक ने आज दिनांक तक बाँग्लादेश में बीस लाख से भी अधिक ग्रामीण परिवारों को ढाई अरब डॉलर से अधिक का लघु-ऋण दिया है। बहुत प्रारंभ से ही यूनुस ने प्राथमिक ऋणी के रूप में अपना ध्यान महिलाओं पर केंद्रित किया। उन्होंने देखा कोई भी दुर्भाग्य, जैसे अकाल या युद्ध का महिलाओं पर विषम प्रभाव होता था, लेकिन तब भी वे पुरुषों की तुलना में अपनी कमाई परिवारों पर अधिक खर्च करती थीं तो इसमें आश्चर्य की कोई बात नहीं कि ग्रामीण बैंकों की चौरानवे प्रतिशत ऋणी महिलाएँ हैं और यह इससे भी अधिक अविश्वसनीय है कि ऋण अदायगी की दर सौ प्रतिशत के आस-पास है।

ग्रामीण बैंक के लघु-ऋण के इस प्रारूप ने विश्व में सौ से अधिक देशों को इस प्रकार के नए उपक्रमों को स्थापित करने के लिए प्रेरित किया और केवल अमेरिका में ही इन पद्धतियों पर लगभग तीन सौ कार्यक्रमों की स्थापना की गई।

ग्रामीण, यूनुस कहते हैं, आशा का एक संदेश है, एक कार्यक्रम है, आवासहीनता और अकिंचनता को एक संग्रहालय में रखने का ताकि एक दिन हमारे बच्चे इसे देखने आएँ और पूछें, कैसे हमने इस प्रकार की भयावह चीजों को इतने लंबे समय तक चलते रहने की अनुमति दी थी।

सामाजिक व्यवसाय

लघु-ऋण की अपार सफलता के बावजूद यूनुस ने बाँग्लादेश जैसे देश में निर्धनता और असमानता की समस्याओं को दूर करने के लिए अधिक बड़े पैमाने पर कुछ करने की आवश्यकता को अनुभव किया। इसके लिए उन्होंने लघु-ऋण

के इतर सोचना प्रारंभ किया और सामाजिक व्यवसाय की एक बिल्कुल ही नवीन धारणा उनके मस्तिष्क में आई, जो निर्धनता और शिक्षा की कमी से लेकर अपर्याप्त स्वास्थ्य सेवाओं और पर्यावरण क्षति तक विभिन्न सामाजिक-आर्थिक समस्याओं के हल ढूँढ़ने के लिए उद्यमशीलता के सृजनात्मक उत्साह को प्रवाहित करेगी। सामाजिक व्यवसाय की मुख्य रणनीति विश्व के सर्वाधिक स्वप्नद्रष्टा व्यावसायिक नेताओं के साथ परिवर्तन लाने के लिए भागीदारी करने में निहित है, जो न केवल उनके लिए आर्थिक रूप से व्यवहार्य हो, बल्कि लोगों के लिए सामाजिक रूप से लाभकारी भी। उदाहरण के लिए यूनुस ने डनोने को बाँग्लादेश के कुपोषित बच्चों के लिए पोषक, लेकिन उचित मूल्य पर दही के उत्पादन तैयार करने के लिए मना लिया। इसी प्रकार से उन्होंने ग्रामीणों को गैर-शहरी क्षेत्रों में आईकेयर अस्पताल में निवेश करने के लिए मनाया। सामाजिक व्यवसाय एक गैर-लाभ, गैर-लाभांशवाला उपक्रम होता है, जिसका प्राथमिक लक्ष्य एक सामाजिक उद्देश्य को पूरा करना होता है, हालाँकि निवेशक को समय के साथ उसकी निवेश की हुई राशि वापस मिल जाती है, लेकिन उसे कोई लाभ प्राप्त नहीं होता है।

फरवरी 2011 में यूनुस ने सासकिया ब्रुयस्टन, सोफी इसेनमैन्न और हान्स रिट्ज के साथ मिलकर यूनुस सोशल बिजनेस की स्थापना की, ग्लोबल इनिशिएटिव्स या वायएसबी की स्थापना विश्वभर में सामाजिक व्यवसाय के सृजन और उसे सशक्त बनाने के उद्देश्य के साथ की गई थी। इस उद्देश्य के एक भाग के रूप में, वाय.एस.बी. फंड को एकत्र करने और सँभालने का प्रबंध करने के साथ ही कंपनियों, सरकारों और गैर-लाभवाली संस्थाओं को परामर्श देने की सेवाओं का प्रस्ताव भी देगा कि कैसे सामाजिक व्यवसायों को खोजा और चलाया जाए।

प्रकाशन

लघु-ऋण और सामाजिक व्यवसाय पर अपने संदेश को विश्व के सुदूरतम स्थान तक प्रसार करने के लिए यूनुस ने कई पुस्तकें लिखीं। 2003 में उन्होंने *बैंकर टू द पुअर* लिखी, जिसमें उन्होंने ग्रामीण बैंक की उत्पत्ति और उसके वर्तमान कार्यक्षेत्र पर चर्चा की। *ग्रामीण डायलॉग* एक सूचना-पत्र था, जिसे बाँग्लादेश के ग्रामीण ट्रस्ट ने प्रकाशित किया था, जिसके लिए यूनुस नियमित रूप से लिखते हैं। *क्रिएटिंग अ वर्ल्ड विदाउट पावर्टी* 2008 में प्रकाशित हुई, जिसने बताया कि गरीबी, भूख और असमानता की समस्याओं को दूर करने के लिए कैसे यह संभव

है कि मुक्त बाजार की शक्ति का उपयोग किया जाए। सामाजिक व्यवसाय का विकास उनकी तीसरी पुस्तक के विशेष विषय के रूप में उभरकर आया, *बिल्डिंग सोशल बिजनेस* 2010 में प्रकाशित हुई, जिसमें उन्होंने सामाजिक व्यवसाय की अवधारणा, उसका कार्यान्वयन और उसके रख-रखाव का और अधिक विस्तृत रूप में वर्णन किया। वास्तविक जीवन की लघुकथाओं, उदाहरणों और केस स्टडी के उपयोग के साथ यूनुस ने पुस्तक में दिखाया कि किसी व्यवसाय को बिना घाटे के कैसे चला सकता है और इसके साथ ही समाज को भी कुछ लौटाया जा सकता है।

विरासत

जिन लोग ने अत्यंत निर्धनता में जीवन जिया होता है, उनके लिए ऋण एक अंतिम आशा बचती है। यह यूनुस के विश्वास के मूल बिंदु का निर्माण करता है, जिसके अनुसार उधार लेने के अधिकार को मूलभूत मानवाधिकार के रूप में मान्यता मिलनी चाहिए। लोगों की सहायता करके उन्हें आर्थिक रूप से आत्मनिर्भर बनाने की यूनुस की यात्रा 1970 के दशक में बाँग्लादेश में गरीबी से जूझते टोकरी बुननेवालों को कम राशिवाले निजी ऋण देने से प्रारंभ हुई थी और फिर 1983 में ग्रामीण बैंक की स्थापना हुई। आज यह संस्था लघुऋण के लगातार विकसित होते वैश्विक चमत्कार में अग्रणी भूमिका निभा रही है, जिसे आज विश्व के सौ से भी अधिक देशों में ग्रामीण सामाजिक-आर्थिक विकास के प्रतिमान के रूप में स्वीकार किया गया है, जिससे दस करोड़ से भी अधिक परिवारों को लाभ मिला है।

उनकी इन सभी पहलों के लिए मोहम्मद यूनुस को विश्व के कुछ सर्वोच्च पुरस्कारों से सम्मानित किया गया। 2006 में यूनुस और ग्रामीण बैंक को लघु-ऋण के द्वारा निचले स्तर से आर्थिक और सामाजिक विकास का सृजन करने के उनके प्रयासों के लिए संयुक्त रूप से नोबल शांति पुरस्कार दिया गया। 2009 में उन्होंने यूनाइटेड स्टेट्स प्रेसीडेंशियल मेडल ऑफ फ्रीडम प्राप्त किया, जो इस देश का किसी नागरिक को प्रदान किया जानेवाला सर्वोच्च सम्मान है। अगले वर्ष, यूनुस को कांग्रेशनल गोल्ड मेडल से सम्मानित किया गया। उनके अपने देश में उन्हें बाँग्लादेश के सर्वोच्च सम्मान, इंडिपेंडेंस डे अवार्ड (1987) से सम्मानित किया गया।

हालाँकि पिछले कुछ वर्षों में लघु-ऋण की प्रभावकारिता के बारे में उभरते संदेहों और कानूनों के उल्लंघन के आरोपों के कारण यूनुस की प्रतिष्ठता थोड़ी धुँधली पड़ी है । मार्च 2011 में बाँग्लादेश सरकार ने उन्हें ग्रामीण बैंक में उनके

पद से हटा दिया, इस निर्णय को उच्च न्यायालय ने भी बरकरार रखा। यूनुस और ग्रामीण बैंक ने इस निर्णय के विरुद्ध इस आधार पर अपील की कि ये आरोप राजनीतिक रूप से प्रेरित हैं।

इन कानूनी उलझनों के बावजूद उनके गृह देश और विश्व में मोहम्मद यूनुस की महत्ता कम नहीं हुई है। गरीबी को दूर करने और गरीबों के लिए आर्थिक आत्म-निर्भरता लाने के योगदान को सम्मान देने के लिए नार्वे की नोबल कमेटी ने कहा था—स्थायी शांति तब तक प्राप्त नहीं हो सकती, जब तक कि विशाल जनसंख्या समूह गरीबी से बाहर निकलने के मार्ग नहीं पा लेते और सभी संस्कृतियों और सभ्यताओं को यूनुस और उनकी ग्रामीण बैंक ने दिखा दिया कि निर्धन से निर्धनतम भी अपना स्वयं का विकास करने के लिए कार्य कर सकता है।

□

रिगोबर्टा मेंचु

रिगोबर्टा मेंचु ग्वाटेमाला की एक सामाजिक कार्यकर्ता हैं, जिन्हें इस मध्य अमेरिकी देश में वहाँ के स्थानीय भारतीयों और दूसरे वंचित वर्गों के अधिकारों के लिए संघर्ष को रेखांकित करने के लिए, 1992 में नोबल शांति पुरस्कार से सम्मानित किया गया। उन्होंने 1970 के दशक में स्वयं ग्वाटेमाला की सैन्य तानाशाही के सामाजिक और राजनीतिक दमन के आवेगों को सहा था। मेंचु ने अपने अनुभवों को *आई, रिगोबर्टा मेंचु* शीर्षक के साथ एक पुस्तक के रूप में प्रकाशित किया, जिसने तुरंत ही पूरे विश्व का ध्यान खींचा। हालाँकि बाद में मेंचु की पुस्तक में अपने अतीत की कुछ घटनाओं को बढ़ा-चढ़ाकर और कुछ को गढ़ने के लिए आलोचना हुई। वे लगातार ग्वाटेमाला के साथ ही मध्य अमेरिकी देशों में सुधारों और मानवाधिकारों के लिए बोलती रहीं।

प्रारंभिक जीवन

रिगोबर्टा मेंचु का जन्म 9 जनवरी, 1959 को चिमेल में एक गरीब स्थानीय भारतीय किसान के घर में हुआ था, जिसका संबंध ग्वाटेमाला की क्विचे जनजाति से था। देश के उत्तरी-मध्य भाग में रहनेवाले, क्विचे लोगों ने स्पेन की इस देश पर विजय के पश्चात् से ही अपनी अनूठी संस्कृति और भाषा को बनाए रखने का प्रयास किया। हालाँकि आर्थिक रूप से संपन्न जमींदारों द्वारा उनका शोषण किया गया और अक्सर उन्हें देश के तटीय भागों में प्रवास करना पड़ा, ताकि वे काम पा सकें, उन्हें एक वर्ष के कई महीनों गन्नों की कटाई या कॉफी के बागानों में काम करना पड़ता।

सक्रियतावाद के लिए मेंचु का उत्साह स्पष्ट रूप से उनकी किशोरावस्था में ही दिखाई देने लगा था, जब वे सामाजिक सुधार लाने और विशेषरूप से समाज

में महिलाओं की स्थिति सुधारने के लिए कैथोलिक चर्च के प्रयासों में सम्मिलित हो जातीं। वे अपने पिता के साथ भूमि सुधारों की माँग में भी सम्मिलित हो गईं, जिसमें गरीब भारतीय मूल निवासी किसानों को उस भूमि पर कुछ अधिकार देने की माँग की जा रही थी, जिसपर वे परिश्रम करते हैं। उसके सक्रियतावाद के कारण मेंचु ने शीघ्र ही उन शक्तिशाली लोगों का ध्यान अपनी ओर खींच लिया, जो अपने विशेषाधिकारों को छोड़ना नहीं चाहते थे, जो उन्हें कई शताब्दियों की प्रथाओं के द्वारा प्राप्त थे।

गृह युद्ध

स्थितियाँ तब अधिक खराब हो गईं, जब संयुक्त राज्य अमेरिका द्वारा समर्थित सैन्य बलों ने देश की सत्ता हथिया ली और कार्लोस कैस्टिल्लो अरमास के अधीन वहाँ तानाशाही शासन की स्थापना हो गई। यह घटना 1960 में ग्वाटेमाला में हुए गृहयुद्ध का कारण बनी, जो 1990 के दशक के मध्य तक जारी रहा। इन साढ़े तीन दशकों के दौरान, सैन्य शासन को कई वामपंथी समूहों ने चुनौती दी, जो देश में समय से वंचित वर्गों, जिसमें मायान, क्विचे और दूसरी जातियों से आनेवाले लोग सम्मिलित थे, के लिए विस्तृत आर्थिक और राजनीतिक सुधारों की माँग कर रहे थे। ग्वाटेमाला का गृहयुद्ध कुछ सर्वाधिक दमनात्मक उपायों से चिह्नित था, जो सैन्य सरकार ने विद्रोही समूहों के विरुद्ध उपयोग किए थे। 1960 के दशक के बाद के भाग ने बलपूर्वक गायब होने के एक सुव्यवस्थित कार्यक्रम को देखा, जो लाखों विद्रोही सक्रियतावादियों और समर्थकों को अचिह्नित कब्रों में भेजने के लिए उत्तरदायी था। राज्य के दमन की तीव्रता 1980 के दशक में चरम पर पहुँच गई, जब सैन्य सरकार ने देश में पूर्ण शक्ति प्राप्त कर ली और उसने समाज के प्रत्येक वर्ग से वास्तविक और संभावित विरोध को बाहर निकाल फेंकने का अभियान चलाया। 1990 के दशक में सेना के उच्च वर्ग की घटती सक्रियता के साथ गृह युद्ध अंतिम चरण में पहुँच गया, लेकिन फिर भी इसने सरकार की दिन-प्रतिदिन की गतिविधियों पर अपना नियंत्रण बनाए रखा। अंततः गृहयुद्ध नवंबर 1995 में राष्ट्रपति, कांग्रेस और नगर कार्यालयों के देशव्यापी चुनावों के साथ समाप्त हो गया। नई सरकार ने सत्ता सँभाल ली, जिसका नेतृत्व अल्वारो अर्जु इरिगोयेन ने किया।

सी.यू.सी. के साथ जुड़ना

1960 के दशक की शुरुआत में मेंचु सक्रिय रूप से सामाजिक सक्रियता में सम्मिलित हो गईं महिलाओं और गरीब मूल निवासी भारतीय किसानों की ओर से किए उनके प्रयास प्रशासकीय अधिकारियों को रास नहीं आए, जिन्होंने उनके परिवार पर विध्वंसक गतिविधियाँ चलाने के आरोप लगा दिए। इसके चलते मेंचु के पिता विसेंटे को गिरफ्तार करके प्रताड़ित किया गया। उन्हें एक स्थानीय बागान के मालिक की हत्या में सम्मिलित होने का दोषी बनाया गया। अपनी रिहाई के बाद विसेंटे नवगठित कमेटी ऑफ पीजेंट यूनियन (सी.यू.सी.) में शामिल हो गए, यह संगठन खेतों में काम करनेवाले मजदूरों के अधिकारों और भूमि सुधारों की माँग कर रहा था।

1979 में मेंचु भी सीयूसी से जुड़ गई, लेकिन इस बार ग्वाटेमाला के प्रशासन ने किसी भी प्रकार के आर्थिक या राजनीतिक सक्रियतावाद से दृढता से निपटने का दृढ निश्चय किया, जो यथास्थिति में परिवर्तन की माँग करता था। इसके परिणामस्वरूप, सेना के द्वारा मेंचु के भाई को गिरफ्तार कर लिया गया, उसे प्रताड़ित किया गया और उसी वर्ष उसकी हत्या कर दी गई। मेंचु की आत्मकथा के अनुसार, जब उसके भाई को गाँव के चौराहे पर जिंदा जलाया जा रहा था, तब उसे इस दृश्य को देखने के लिए विवश किया गया। 1980 में राजधानी में सुरक्षा बलों ने स्पेन के दूतावास पर धावा बोल दिया, जहाँ मेंचु के पिता और कुछ दूसरे किसान रह रहे थे, उन्हें सरकार की नीतियों के विरोध की योजना बनाते हुए पकड़ लिया गया। मेंचु के पिता को प्रताड़ना कक्ष में ले जाया गया और फिर बाद में उन्हें भूमि सुधार आंदोलन में उनकी भूमिका के लिए प्राणदंड दिया गया, यहाँ तक कि उनकी माँ को भी नहीं छोड़ा गया और सक्रियतावादियों के परिवारों से होने के कारण उनके साथ बलात्कार किया गया और फिर उनकी हत्या कर दी गई।

इसी दौरान मेंचु सी.यू.सी. की समर्पित कार्यकर्ता बन गईं। मुख्यधारा के मीडिया तक पहुँचने के लिए उन्होंने स्पेनिश सीखी। हालाँकि वह पहले से ही अपनी स्थानीय भाषा क्विचे जानती थीं, उन्होंने दूसरी मायन भाषाएँ भी सीख ली थीं, ताकि वे देश के दूसरे वंचित वर्गों तक अपनी पहुँच विस्तृत कर सकें। 1980 में सीयूसी द्वारा खेतों में काम करनेवाले मजदूरों के लिए प्रशांत महासागर के किनारे पर आयोजित हड़ताल में मेंचु सबसे आगे थीं। अगले वर्ष 1 मई, 198 1 को ग्वाटेमाला शहर में सरकार की नीतियों के विरुद्ध जो विशाल प्रदर्शन हुआ, उसमें भी वे सबसे प्रमुख व्यक्तित्व थीं। इसके पश्चात्, वे एक इससे भी अधिक

अतिवादी समूह, जिसका नाम 31 जनवरी पाप्यूलर फ्रंट था, की सदस्य बन गईं; इस संगठन के एक भाग के रूप में मेंचु को स्थानीय भारतीय किसानों को शिक्षित करने का कार्य सौंपा गया कि सैन्य सरकार के द्वारा बड़े पैमाने पर किए दमनात्मक उपायों का प्रतिरोध कैसे करें।

1981 में सरकारी बलों द्वारा विरोध के सभी रूपों को समाप्त करने के लिए सक्रियतावादियों की बड़े पैमाने पर क्रूरतापूर्वक हत्याएँ की गईं। आर्थिक, सामाजिक या राजनीति के रूप से यह स्पष्ट हो गया कि अगर मेंचु जीवित रहना चाहती है तो उसे गायब होना पड़ेगा। प्रारंभ में वे ग्वाटेमाला में ही किसी गुप्त स्थान पर छिप गईं, अंततः उन्होंने मैक्सिको भागने का निर्णय लिया और वहाँ से वे फ्रांस निकल गईं। लेकिन विदेश में होने के बावजूद मेंचु ने स्थानीय किसानों के अधिकारों के लिए अपना संघर्ष जारी रखने का निश्चय किया। इसलिए उन्होंने एक विरोध समूह का गठन किया, जिसमें निर्वासित, उनके आंदोलन से सहानुभूति रखनेवाले विदेशी और अंतरराष्ट्रीय मानवाधिकारों के समर्थक थे। 1982 में जब संयुक्त विरोध संस्था, दी यूनाइटेड रिप्रेजेंटेशन ऑफ ग्वाटेमाला अपोजिशन (आर.यू.ओ.जी.) ने ग्वाटेमाला में सैन्य तानाशाही को चुनौती देने के लिए आकार ले लिया, मेंचु इसके संस्थापक सदस्यों में से एक थीं।

अंतरराष्ट्रीय आदर-सत्कार

1982 में फ्रांस आने के पश्चात् मेंचु की एक मानवविज्ञानी और वेनेजुएलियन-फ्रेंच विरासत की कार्यकर्ता एलिजाबेथ बर्गोस-डेबरै से जान-पहचान हो गई। बर्गोस-डेबरै ने मेंचु की कहानी सुनी और उन्हें साक्षात्कारों की एक श्रृंखला में रिकॉर्ड करने के लिए मना लिया। यह किसी और के द्वारा, रिगोबर्टा मेंचु शीर्षक से लिखी आत्मकथा के लिए कच्ची सामग्री थी। 1983 में इसका मौलिक स्पैनिश शीर्षक *माय नेम इज रिगोबर्टा मेंचु एंड दिज इज हाउ माय काशंसनेस रैज़्ड* रखा गया था। यह पुस्तक भागों में क्विचे लोगों के रमणीय अस्तित्व की एक तसवीर प्रस्तुत करती थी, इसके साथ ही हिंसा के कष्टदायी विवरण को प्रस्तुत करती थी जो स्थानीय भारतीय समूहों द्वारा सैन्य सरकार के हाथों भोगा गया है। स्टोरों पर आते ही *आई रिगोबर्टा मेंचु* अंतरराष्ट्रीय बेस्टसेलर बन गई। पाठक क्विचे लोगों और दूसरे जातीय समूहों की दुदर्शा से हिल गए, जिनका पीढ़ियों से शोषण किया गया और अब उन्हें कहीं अधिक शक्तिशाली और बेहतर साधनों से लेस राज्य

कार्यप्रणाली का सामना करने के लिए विवश किया जा रहा है। इस पुस्तक का कम-से-कम बारह भाषाओं में अनुवाद किया गया और कई अंतरराष्ट्रीय पुरस्कार मिले, लेकिन इसका एक अधिक महत्त्वपूर्ण परिणाम था कि इसने मेंचु को ग्वाटेमाला में स्थानीय अधिकारों के लिए अपनी माँगों के लिए आवाज मुखर करने के लिए एक अंतरराष्ट्रीय मंच उपलब्ध करा दिया और गृह युद्ध के दौरान किसानों के गाँवों में सेना के द्वारा की गई नृशंसता की एक वास्तविक तसवीर प्रस्तुत की।

शीघ्र ही मेंचु को विश्वभर से अंतरराष्ट्रीय सम्मेलनों में मानवाधिकारों के मुद्दों पर बोलने के लिए कहा गया। उन्होंने अपनी नई मिली प्रसिद्धि का उपयोग अपने देश में महिलाओं के सशक्तिकरण के साथ ही किसानों और स्थानीय भारतीय समूहों के लिए कानून की माँग के लिए विरोध प्रदर्शन और भाषण देने में किया। जो साक्षात्कार और भाषण उन्होंने दिए, उन्होंने उनमें उन दमनों को रेखांकित किया, जिसका सामना सैन्य शासकों और तानाशाही सरकारों के हाथों ग्वाटेमाला और मध्य अमेरिका में कहीं भी गरीब किसानों, मजदूरों और मायन जाति समूहों को करना पड़ा। 1986 में मेंचु सीयूसी की नेशनल कोआर्डिनेशन कमेटी की अध्यक्ष बन गईं। स्थानीय अधिकारों के लिए जागरूकता बढ़ाने के लिए राजनीतिक मंचों का उपयोग करने के अलावा विश्वभर में एक गहरे प्रभाव का निर्माण करने के लिए मेंचु ने सांस्कृतिक माध्यमों का उपयोग भी किया। इस उद्देश्य को ध्यान में रखते हुए ही उन्होंने, 1987 में माया लोगों के परीक्षणों और पीड़ाओं को सुनाने के लिए विचारोत्तेजक फिल्म *व्हेन दी माउंटेन ट्रेंबल* में अपनी आवाज दी।

नोबल शांति पुरस्कार

1992 में उनके अथक प्रयासों के लिए स्थानीयों लोगों के अधिकारों के लिए, मेंचु को नोबल शांति पुरस्कार से सम्मानित किया गया, यह उन्हें पहला देशज व्यक्ति बनाता है, जिसे इस प्रकार से सम्मानित किया गया। दुर्भाग्य से उस समय पुरस्कार को मेक्सिको में रखा गया, क्योंकि ग्वाटेमाला के राजनीतिक संघर्ष ने मेंचु के लिए लगभग यह असंभव बना दिया था कि वह पुरस्कार को अपने देश ला सकें।

पुरस्कार प्राप्त करने के अवसर पर उन्होंने अपने स्वीकृति भाषण में कहा कि मैं इस पुरस्कार को अपना व्यक्तिगत सम्मान नहीं मानती हूँ, बल्कि इसके बजाय संघर्ष में शांति के लिए, मानव अधिकारों के लिए और जन-जातीय लोगों के लिए सबसे बड़ी विजयों में से एक मानती हूँ...उन्होंने पुरस्कार को मध्य अमेरिका के

लोगों को एक श्रद्धांजलि भी कहा, जो अभी भी अपने स्थायित्व को खोज रहे हैं, अपने भविष्य को आकार देने के लिए और नागरिक प्रजातंत्र व परस्पर सम्मान पर आधारित अपने विकास और समेकन के लिए मार्ग के लिए।

स्टोल विवाद

हालाँकि कुछ अंतरराष्ट्रीय सम्मान, जो मेंचु को दिए गए, उनकी चमक फीकी हो गई, जब 1999 में डेविड स्टोल ने अपनी पुस्तक *मेंचु एंड दी स्टोरी ऑफ ऑल पुअर ग्वाटेमालान्स* प्रकाशित की। यह मेंचु के दमन विवरणों का, जिसका सामना उसके परिवार और समुदाय को ग्वाटेमाला के गृहयुद्ध के दिनों में करना पड़ा, का एक आलोचनात्मक मूल्यांकन था, जिसका वर्णन उन्होंने किसी और के द्वारा लिखी अपनी आत्मकथा में किया था। स्थानीय लोगों के साक्षात्कार और दूसरे दस्तावेजी स्रोतों का उपयोग करके स्टोल ने दिखाया कि मेंचु के अपने अतीत और अपने पारिवारिक इतिहास के विवरण के कुछ भाग अतिरंजित और मनगढ़त भी प्रकट होते हैं। उन उद्धरणों में भी वे संभवत: घटनाओं का आँखों देखा विवरण देती है। इस प्रकार की एक घटना है उसके भाई की मृत्यु से संबंधित, जहाँ वे दावा करती हैं कि उसके भाई को सरकारी बलों के द्वारा गाँव के चौराहे पर जिंदा जला दिया गया था, यहाँ तक कि उसे उस दृश्य को देखने के लिए विवश भी किया गया था। स्टोल इंगित करते हैं कि यह विवरण पहले तो असत्य प्रतीत होता है, क्योंकि उस दिन मेंचु कहीं और थीं, इसलिए वे कथित घटना की प्रत्यक्ष साक्षी नहीं हो सकती थीं और दूसरा, क्योंकि उस विशेष शहर में कभी कोई ऐसी घटना नहीं हुई थी कि किसी विद्रोही को जीवित जला दिया गया हो, तथापि इस तथ्य के बारे में कोई संदेह नहीं है कि मेंचु के भाई को सरकार-विरोधी विद्रोही समूहों में लिप्तता के लिए ढूँढ़ा गया और राज्य बलों के द्वारा उसे मार दिया गया।

स्टोल की पुस्तक ने विरोध की एक लहर पैदा कर दी, लेकिन उतनी ही गहरी प्रतिक्रियाएँ भी। एक ओर ग्वाटेमाला और विश्व के दूसरे भागों में वामपंथ समर्थित समूहों ने उस पर मेंचु की ईमानदारी पर संदेह करके स्थानीय लोगों के अधिकारों के लिए उसके संघर्षों को क्षति पहुँचाने का आरोप लगाया। दूसरी ओर रूढ़िवादी बलों ने मेंचु पर अंतरराष्ट्रीय सहानुभूति पाने के लिए घटनाओं को गढ़ने और निजी प्रसिद्धि पाने के लिए सनसनी फैलाने का आरोप लगाया।

मेंचु ने शुरुआत में अपनी कहानी में किसी झूठी या मनगढ़त बातों का उल्लेख

होने से मना किया, जिन्हें स्टोल ने अपनी पुस्तक में इंगित किया था, लेकिन बाद में उन्होंने स्वीकार किया कि संभवतः उन्होंने अपने अतीत की कुछ घटनाओं को अतिरंजित कर दिया है। अपनी ओर से डेविड स्टोल ने सार्वजनिक रूप से यह कहा कि यद्यपि उसने मेंचु के उनके अतीत के विवरण में कुछ असंगतताओं को रेखांकित किया था, इसमें कभी कोई संदेह नहीं था कि ग्वाटेमाला में सरकारी बलों के द्वारा बड़े पैमान पर स्थानीय लोगों का दमन किया गया। इसलिए चाहे मेंचु इनकी प्रत्यक्ष साक्षी रही हों या न रही हों, गृह युद्ध के दौरान असंख्य वामपंथी कार्यकर्ताओं और समर्थकों को मौत के घाट उतारा गया, कुछ तो तब के ग्वाटेमाला के सैन्य तानाशाही के विरुद्ध लगे नरसंहार के आरोपों को न्यायसंगत ठहराता है। स्टोल के अनुसार, मेंचु का मुख्य आशय अपनी कहानी कहने के अपनी ही तरीके से था। अंतरराष्ट्रीय निंदा को केंद्रित करना एक संस्था पर, जो इसकी पात्र है, ग्वाटेमाला की सेना।

हालाँकि जहाँ तक स्टोल का अपना स्वयं का सरोकार था, वह था मेंचु की पुस्तक में तथ्यों को दूषित करना, जिससे यह माया लोगों और ग्वाटेमाला में क्रांतिकारी आंदोलन के बीच संबंधों की अशुद्ध तसवीर प्रस्तुत करती थी। स्वयं एक मानवविज्ञानी के रूप में स्टोल ने दावा किया कि जो मेंचु ने वर्णित किया, उचित/शुद्ध या अनुचित/अशुद्ध सभी को माया समूहों और उनके सरोकारों के प्रातिनिधिक प्रस्तुतिकरण के रूप में नहीं लेना चाहिए।

इस विवाद के कारण इतना शोरगुल हुआ कि इस पर भी संदेह होने लगा कि क्या मेंचु नोबल पुरस्कार पाने के योग्य है और कई क्षेत्रों से माँग उठी की उनसे पुरस्कार वापस ले लेना चाहिए, हालाँकि स्टोल के आरोपों के परिणामस्वरूप नार्वे की नोबल समिति के तत्कालीन सचिव प्रोफेसर गेइर लुंडेस्टैड ने ऐसे किसी सुझाव को खारिज कर दिया कि समिति उनसे पुरस्कार वापस लेने के बारे में विचार कर रही है और सुस्पष्ट रूप से कहा कि मेंचु को नोबल पुरस्कार देने का निर्णय पूर्ण या प्राथमिक रूप से आत्मकथा पर आधारित नहीं था।

राजनीति में प्रवेश

12 फरवरी, 2007 को मेंचु ने घोषणा की कि वे ग्वाटेमाला के राष्ट्रीय चुनावों में भाग लेंगी और स्थानीय राजनीतिक दल, एनकाउंटर फॉर ग्वाटेमाला के समर्थन के साथ राष्ट्रपति की दौड़ में होंगी। वे पहले राउंड में केवल तीन प्रतिशत ही मत प्राप्त कर पाईं, कुल चौदह उम्मीदवारों में छठे स्थान पर रहीं। रन-ऑफ में अर्हता

प्राप्त करने में असफल होने पर मेंचु को राष्ट्रपति पद की दौड़ से बाहर होना पड़ा, जिसे बाद में सोशल डेमोक्रेटिक पार्टी, दी नेशनल यूनिटी ऑफ होप (यू.एन.ई.) के अल्वारो कोलोम ने जीता। फिर से 2011 में ग्वाटेमाला के राष्ट्रपति पद के चुनाव में मेंचु ने अपनी उम्मीदवारी की घोषणा की, लेकिन पहले राउंड में ही हार के बाद उन्हें बाहर होना पड़ा, हालाँकि इन झटकों के बावजूद मेंचु ग्वाटेमाला की राजनीति में एक प्रभावकारी स्वर रहीं।

संघर्ष की निरंतरता

1990 के दशक के मध्य में ग्वाटेमाला के गृहयुद्ध के अंत ने प्रजातंत्रीय रूप से चुनी सरकार का मार्ग प्रशस्त किया और देश के लंबे समय से वंचित देशज वर्गों के लिए कुछ आशा लाया। हालाँकि मेंचु ने वर्षों के दमन की स्मृति को धुँधलाने नहीं दिया और तब से यह माँग करती रहीं कि गृह युद्ध के दौरान स्थानीय लोगों के नरसंहार और दूसरी बड़े पैमाने पर की गई दमनात्मक काररवाइयों के लिए ग्वाटेमाला की राजनीतिक और सैन्य संस्थानों पर स्पेन के न्यायालयों में मुकदमा चलाया जाए। लंबी दुःखदायी कानूनी प्रक्रिया के पश्चात्, स्पेन की सर्वोच्च अदालत ने यह निर्णय सुनाया कि विदेशों में किए नरसंहार के मामलों के लिए स्पेन की अदालत में मुकदमा चलाया जा सकता है, अगर उसमें कोई स्पेन का नागरिक लिप्त न हो, तब भी। इसी के अनुसार 23 दिसंबर, 2006 को स्पेन ने घोषणा कि वह ग्वाटेमाला की पूर्व सरकार के सात सदस्यों का प्रत्यर्पण करना चाहता है, जिसमें तत्कालीन सैन्य शासक इफ्रेन रिओस मोंट और ऑस्कर मेजिया भी सम्मिलित थे, ताकि उन पर प्रताड़ना और नरसंहार के आरोपों के लिए स्पेन के न्यायलय में खड़ा कर मुकदमा चलाया जा सके।

उनके राजनीतिक संघर्ष के अलावा मेंचु ने ग्वाटेमाला की जन-जातियों को प्रभावित करनेवाले मानवतावादी मुद्दों के लिए भी अपनी आवाज उठाई। उनकी चिंता का एक कारण औषधीय उद्योग से उनका जुड़ाव था, कम मूल्यवाली जेनेरिक दवाइयाँ बनाने के लिए ताकि वंचित समूहों तक उनकी उपलब्धता सुनिश्चित कराई जा सके, मेंचु सैलुड पारा तोडोज या हेल्थ फॉर ऑल और फारमासियास सिमिलारेस कंपनी की अध्यक्ष बन गईं।

जन-जातीय लोगों और विशेषकर अपने देश की महिलाओं के अधिकारों के लिए उनकी लंबी और उत्साही प्रतिबद्धता के बावजूद मेंचु ने अपने प्रयासों को

विभिन्न देशों के समान आंदोलनों के साथ जोड़ने के महत्त्व को पहचाना। मस्तिष्क में इस उद्देश्य के साथ वे 2006 में नोबल वीमंस इनिशिएटिव की संस्थापक सदस्य बनने के लिए तैयार हो गईं। यह एक समूह था, जिसका निर्माण दूसरी नोबल पुरस्कार विजेता महिलाओं जैसे जॉडी विलियम्स, शिरीन ईबादी, वैंगारी मथाई, बेटी विलियम्स और मैरियाड कोर्रिगन मैग्युरी ने मिलकर किया था, जिसका उद्देश्य विश्वभर में महिलाओं के अधिकारों और मानवाधिकारों के मुद्दों के समर्थन पर उनकी ऊर्जाओं का एकीकरण करना है।

□

वैंगारी मथाई

मानव का जीवन अंतर्निहित रूप से पर्यावरण से संबंधित है, इसकी पहचान पूरे विश्व के प्रत्येक बड़े धर्म और प्रत्येक सभ्यता में बहुत पहले ही हो चुकी है, लेकिन फिर भी धरती को नुकसान पहुँचाने के परिणाम पर्यावरण के विनाश की ओर ले जा रहे हैं, इस पर कुछ ही लोगों ने ध्यान दिया है और उससे भी कम लोगों ने सामाजिक और पर्यावरण संबंधी सरोकारों को एक साथ जोड़ने का प्रयास किया है ताकि इस ग्रह को बचाया जा सके। ऐसा ही एक व्यक्तित्व वैंगारी मथाई है। केन्या की एक सामाजिक और पर्यावरण संबंधी कार्यकर्ता, मथाई ग्रीन बेल्ट आंदोलन की स्थापना के लिए बहुत प्रसिद्ध हैं, जिसने पर्यावरण सुरक्षा की आवश्यकता और दीर्घकालीन विकास की ओर बढ़ने के लिए समुदायों को समझाने में महत्त्वपूर्ण भूमिका निभाई है। 2004 में मथाई को नोबल शांति पुरस्कार प्रदान किया गया, इस प्रकार से वे अफ्रीका की पहली महिला बन गईं, जो ऐसा कर पाईं।

प्रारंभिक जीवन

वैंगारी मथाई का जन्म 1949 में केन्या के न्येरी जिले के एक छोटे से गाँव में हुआ था। वह इतनी तो भाग्यवान थी कि उन्हें अच्छी शिक्षा प्राप्त हुई, क्योंकि केन्या के ग्रामीण क्षेत्रों में यह अत्यंत दुर्लभ था कि किसी लड़की को उच्च शिक्षा प्राप्त करने का अवसर मिल जाए। मथाई को बोर्डिंग स्कूल, सेंट सेसिलिया इंटरमीडिएट प्राइमरी में भरती करा दिया गया, जिसका संचालन न्येरी के माथारी कैथोलिक मिशन के द्वारा किया जाता था। मथाई ने सेंट सेसिलिया में चार साल तक पढ़ाई की और इस समय के दौरान न केवल उन्होंने अंगरेजी और दूसरे विषयों की शिक्षा प्राप्त की, बल्कि उन्हें राजनतिक उथल-पुथल जैसे माउ-माउ के विद्रोह से सुरक्षा भी मिल गई, वरना यह घटना उनकी पढाई और जीवन को अस्थिर कर देती।

1956 में मथाई ने अपनी स्कूली शिक्षा पूरी की, वे अपनी कक्षा की हेड गर्ल भी रहीं। उनके बेहतरीन शैक्षणिक प्रदर्शन के बावजूद उन्हें केन्या के लिमुरू में स्थित लड़कियों के एकमात्र कैथोलिक हाईस्कूल, लोरेटो हाईस्कूल में प्रवेश के लिए कड़ी प्रवेश प्रक्रिया से गुजरना पड़ा। इसी दौरान हालाँकि केन्या को स्वतंत्रता मिल गई और राष्ट्र का पुनर्निमाण करने और इसके भविष्य के नेताओं को तैयार करने के लिए कुछ पश्चिमी राष्ट्रों ने योग्य विद्यार्थियों को छात्रवृत्ति देने का प्रस्ताव दिया था। उस समय जॉन एफ. केनेडी संयुक्त राज्य अमेरिका के सीनेट के सदस्य थे, वे पी. केनेडी जूनियर फाउंडेशन की ओर से इस विचार को आगे बढ़ाने के लिए तैयार हो गए, जो औपचारिक रूप से केनेडी एयरलिफ्ट या एयरलिफ्ट अफ्रीका कार्यक्रम बन गया। मथाई उन लगभग तीन सौ केन्याइयों में से एक थीं, जिन्हें छात्रवृत्ति की इस योजना से लाभ हुआ था और सितंबर 1960 में वे पढ़ाई करने के लिए अमेरिका चली गईं।

अमेरिका में मथाई ने कान्सास के माउंट सेंट स्कोलास्टिका कॉलेज से 1964 में अपनी जीवनविज्ञान की स्नातक उपाधि प्राप्त की। यहाँ उन्होंने प्रमुख विषय के रूप में जीवविज्ञान और लघु विषयों के रूप में रसायनशास्त्र और जर्मन भाषा ली थी। इसके पश्चात् उन्होंने स्नातकोत्तर की पढ़ाई के लिए यूनिवर्सिटी ऑफ पिट्सबर्ग में प्रवेश ले लिया, जो अफ्रीका-अमेरिका इंस्टीट्यूट से निधिबद्ध था। जब वे यहाँ अध्ययन कर रही थीं, मथाई ने प्रदूषण के विरुद्ध एक स्थानीय प्रदर्शन को देखा। यह पहली बार था, जब उन्होंने पर्यावरण संबंधी अपकर्ष के विरुद्ध सामुदायिक संघर्ष को देखा था और इसने इस युवा विद्यार्थी पर गहरा प्रभाव छोड़ा। जनवरी 1966 में मथाई ने बायोलॉजिकल साइंसेस में अपनी एम.एस-सी. की उपाधि प्राप्त की और अपने देश वापस जाने के बारे में सोचना प्रारंभ कर दिया।

उसी वर्ष वह केन्या वापस लौट गईं, मथाई ने नैरोबी के यूनिवर्सिटी कॉलेज के स्कूल ऑफ वेटरनैरी मेडिसिन के नव-स्थापित डिपार्टमेंट ऑफ वेटरनरी एनाटॉमी के साथ काम करना शुरू किया, जहाँ उन्हें माइक्रोएनाटॉमी विभाग में रिसर्च असिस्टेंट के पद का प्रस्ताव दिया गया। इसी समय के आस-पास वे अपने होनेवाले पति, मवांगी माथाई से मिलीं, जो उनके समान ही केन्या के थे, अमेरिका में पढ़ाई की थी, लेकिन अब घर वापस आ गए थे।

1967 में मथाई ने जमनी की यूनिवर्सिटी ऑफ गिस्सेन से डॉक्टरेट की उपाधि प्राप्त करने का निर्णय लिया। उन्होंने गिस्सेन और यूनिवर्सिटी ऑफ म्युनिख; दोनों में अध्ययन किया और 1969 में वापस आ गईं। केन्या वापस आने के पश्चात्,

मथाई ने यूनिवर्सिटी ऑफ केन्या में अपना अध्यापन कार्य जारी रखा और इसी वर्ष मई में उन्होंने मवांगी मथाई से विवाह कर लिया।

ये वर्ष मथाई के लिए चुनौतियों से भरे हुए थे। उन्हें यूनिवर्सिटी में अपने पुरुष सह-कर्मियों के पूर्वाग्रह और विरोधों से निपटने के लिए भी संघर्ष करना पड़ता था। अत्यंत कठिनाई के साथ 1971 में उन्हें वेटेरिनेरी साइंस में पी-एच.डी. की उपाधि प्राप्त हुई। इस प्रकार से वे मध्य या पूर्वी अफ्रीका की पहली महिला बन गईं, जिसने ऐसा किया। अपनी शैक्षणिक योग्यता और कार्यकुशलता के द्वारा वे 1976 में डिपार्टमेंट ऑफ वेटेरिनेरी की अध्यक्ष बन गईं और फिर 1977 में सह-प्राध्यापक बन गईं। दोनों ही मामलों में वे पहली महिला थीं, जिन्होंने उस क्षेत्र में ये पद प्राप्त किए थे। अंततः उन्हें वेटेरिनेरी मेडिसिन विभाग का अध्यक्ष नियुक्त किया गया, यह किसी महिला के लिए इस विश्वविद्यालय के किसी भी विभाग के लिए पहली बार था।

विश्वविद्यालय में भी मथाई ने अपने निष्पक्ष व्यवहार और न्याय के अंतर्निहित बोध के प्रमाण दिए। वे विश्वविद्यालय के उन दुर्लभ कर्मचारियों में से एक थीं, जिन्होंने यूनिवर्सिटी के स्टाफ के लिए काम करनेवाली महिलाओं के लिए समान हितों की बात की। इसके साथ ही माथाई केन्या के कई नागरिक संगठनों से जुड़ गईं। वे केन्या की रेड क्रॉस सोसाइटी की नैरोबी शाखा की सदस्य थीं और 1973 में इसकी निदेशक बन गईं। वे केन्या एसोसिएशन ऑफ यूनिवर्सिटी वीमन की सदस्य भी थीं। 1974 में नैराबी में इन्वार्नमेंटल लियासन सेंटर की स्थापना की गई, जिसका उद्देश्य गैर-सरकारी संस्थाओं को संयुक्त राष्ट्र के पर्यावरण कार्यक्रमों (यू.एन.ई.पी.) में भाग लेने के लिए प्रोत्साहित करना था। इसकी स्थापना के तुरंत बाद ही मथाई इसके स्थानीय मंडल की सदस्य बन गईं, बाद में इसकी अध्यक्ष बन गईं।

प्रारंभिक सक्रियतावाद

1970 के दशक में मवांगी मथाई ने राजनीति में प्रवेश करने का निर्णय लिया और संसद् के लिए चुनाव लड़ने का निर्णय लिया, हालाँकि वह मामूली अंतर से हार गई, इसने माथाई का शिक्षा क्षेत्र के बाहर सक्रियावाद के जीवन से परिचय करा दिया। उन्होंने केन्या के ग्रामीण क्षेत्रों के समुदायों में गहरी रुचि लेना प्रारंभ कर दिया और गरीब लोगों के कार्य का व्यवस्थापन करने के लिए उपाय ढूँढ़ने के प्रयास किए। यह देखकर कि उनके आस-पास सब ओर पर्यावरण का अपकर्षण हो

रहा है, मथाई ने यह सोचना प्रारंभ कर दिया कि पर्यावरण को पुनः स्थापित करने को बेरोजगार लोगों को कार्य उपलब्ध कराने के साथ कैसे जोड़ा जाए। इस सोच ने उन्हें इन्वाइरोकेयर की स्थापना करने के लिए प्रेरित किया, जिसने वृक्ष लगाने के कार्य को व्यवसायिक गतिविधि में बदल दिया, इस प्रक्रिया में सामान्य लोगों को न केवल आय का स्रोत मिलने लगा, बल्कि वे पर्यावरण संरक्षण में सक्रिय भूमिका भी निभाने लगे।

ग्रीन बेल्ट आंदोलन

धीरे-धीरे मथाई ने इस कार्य को एक देशव्यापी जनसाधारण आंदोलन में बदल दिया, जिसमें गाँव के समुदाय और विशेष रूप से महिलाओं को वृक्ष लगाने के लिए भुगतान प्राप्त होनेवाला कार्य मिल गया। ग्रीन बेल्ट आंदोलन की औपचारिक शुरुआत 1977 में हुई, इसका परिणाम न केवल उनके वातावरण की सुरक्षा के रूप में आया, बल्कि अपने साथ महिलाओं के लिए स्वावलंबन भी लाया, वे अपने बच्चों के पालन-पोषण और उनके भविष्य को बेहतर बनाने में सक्षम हो गईं।

संयुक्त राष्ट्र संघ की रिपोर्ट 1989 में जारी हुई, जिसने अफ्रीका में वनों के विनाश की एक चिंताजनक तसवीर प्रस्तुत की। प्रत्येक सौ वृक्ष जो काटे जाते थे, उनमें से केवल नौ को पुनः रोपा जाता था। इसी के कारण वनों का विनाश बड़े पैमाने पर हो रहा था और पर्यावरण से संबंधित खतरों की आशंका लगातार बढ़ रही थी, जैसे जलानेवाली लकड़ी की आपूर्ति कम होना, पशुओं के लिए अच्छे चारागाह का अभाव, मिट्टी का कटाव और जल प्रदूषण। ग्रीन बेल्ट आंदोलन के अंतर्गत केन्या में दो करोड़ से अधिक वृक्ष खेतों, स्कूलों और चर्चों के परिसरों में लगाए गए, इसने आज तक वनों के विनाश के कुछ प्रभावों से निपटने में सहायता की है। इस प्रक्रिया में, महिलाओं के लिए अब जलाऊ लकड़ी एकत्र करना आसान हो गया और पूरे समुदायों को मिट्टी के कटाव से होनेवाले गंभीर परिणामों को कम भोगना पड़ा।

1986 में माथाई ने यह निर्णय लिया कि वह ग्रीन बेल्ट आंदोलन को केन्या की सीमाओं के बाहर दूसरे अफ्रीकी देशों में भी विस्तृत करेंगी। इसके लिए इस आंदोलन ने पैन अफ्रीकन ग्रीन बेल्ट नेटवर्क स्थापित किया, जो विभिन्न अफ्रीकी देशों को पर्यावरण से संबंधित 40 गतिविधियाँ समझाने में सफल रहा, जिन्हें वे अपने देशों में प्रारंभ करने की पहल कर सकते हैं। इसके साथ ही ग्रीन बेल्ट

मूवमेंट दूसरे राष्ट्रों से आए कार्यकर्ताओं को पर्यावरण संरक्षण से संबंधित पद्धतियों को कस्टमाइज (और उपयोगी बनाने के लिए उसमें परिवर्तन करना) करने में भी सहायता करते थे, जो उनकी सामाजिक-आर्थिक स्थिति को सुधार सके। उन अफ्रीकी देशों में, जिन्होंने अब तक ग्रीन बेल्ट आंदोलन के उद्देश्यों और रणनीतियों को सफलतापूर्वक अपनाया है, तनजानिया, युगांडा, मालावी, लेसोथो, इथोपिया और जिम्बाब्वे सम्मिलित हैं।

हालाँकि मथाई का दीर्घकालीन विकास के लिए संघर्ष आसान नहीं था। अक्तूबर 1989 में मथाई ने सरकार के विरुद्ध केन्या में टाइम्स मीडिया ट्रस्ट कॉम्प्लेक्स की साठ मंजिला भवन के निर्माण की योजना को लेकर एक विरोध प्रदर्शन प्रारंभ किया। यह भवन यूहुरू पार्क में बनाया जाना था, जो एक सार्वजनिक उद्यान भूमि थी और अपेक्षा थी कि इसे पर्यावरण संबंधी कानूनों के अंतर्गत सुरक्षा प्रदान की जाएगी, लेकिन बार-बार प्रशासनिक अधिकारियों को विरोध-पत्र लिखने के बाद भी सरकार ने इस परियोजना के बारे में विवरण देने से मना कर दिया। मथाई ने अपने समर्थकों को सामुदायिक भूमि को सरकार द्वारा सुस्पष्ट रूप से हड़पने के विरुद्ध लगातार बोलने के लिए प्रोत्साहित करने के द्वारा अपनी प्रतिक्रिया दी, हालाँकि केन्या की सरकार ने राष्ट्रपति डेनियल आराप मोई के नेतृत्व में मथाई को धमकाने ओर ग्रीन बेल्ट आंदोलन को दबाने के अपने सर्वश्रेष्ठ प्रयास किए, अंततः प्रोजेक्ट के विदेशी प्रायोजक राष्ट्रीय और अंतरराष्ट्रीय मीडिया में इसके विरोध में आ रही खबरों से हतोत्साहित हो गए और इस भवन योजना से बाहर हो गए।

1998 में मथाई ने एक बार फिर एक आलीशान आवासीय परियोजना का विरोध किया। कथित रूप से इसका समर्थन स्वयं केन्या के राष्ट्रपति द्वारा किया जा रहा था। इस परियोजना के कारण सैकड़ों एकड़ वनों का विनाश हुआ था। एक कार्य, जिसके बारे में यह निश्चित था कि भविष्य में इसके पर्यावरण से संबंधित गंभीर परिणाम होंगे। इसके अगले ही वर्ष मथाई ने नेरोबी के करूरा सार्वजनिक वन में वृक्षारोपण कार्यक्रम प्रारंभ किया, वनों के विनाश के विरुद्ध अपने लगातार विरोध के एक भाग के रूप में। दुर्भाग्य से इस आंदोलन के दौरान उन पर आक्रमण किया गया और उन्हें सिर पर गंभीर चोटें आईं। मथाई पर होनेवाले इस क्रूर आक्रमण का अगस्त 1999 तक लगातार विरोध होता रहा, जब राष्ट्रपति ने अंततः अपनी हार मान ली और घोषणा की कि सार्वजनिक भूमियों के सभी आवंटन अब से प्रतिबंधित किए जाते हैं।

हाल के वर्षों में मथाई का पर्यावरण से संबंधित सक्रियतावाद दूसरी

दिशाओं में भी विकसित हुआ है। उन्होंने भूमि हड़पने की प्रथा, विशेषकर वनों से आच्छादित क्षेत्रों के विरुद्ध दृढता से बोला है। बड़ी वन भूमियों का कम होना, लोभी उद्योगपतियों, कानूनों के लागू करने में फैले भ्रष्टाचार और अनैतिक राजनेताओं के संबंधों की ओर संकेत करता है। सितंबर 1998 में मथाई ने जयंती 2000 सम्मिलन शुरू किया जिसका उद्देश्य अफ्रीका के गरीब देशों के ऋण को माफ करने के लिए अभियान चलाना है।

राजनीतिक कॅरियर

सामाजिक और पर्यावरण संबंधी उद्देश्यों के लिए कार्य करने के साथ ही वे महिलाओं की स्थिति में सुधार लाने में सक्रिय रूप से सम्मिलित थीं। 1976 में वे केन्या की नेशनल काउंसिल ऑफ वीमन से जुड़ गईं और अगले दस वर्षों तक पूरे केन्या में महिलाओं और बच्चों के अधिकारों के संघर्ष में सक्रिय भूमिका निभाई। प्रशासनिक अधिकारियों से लंबी लड़ाई के पश्चात् उन्हें 1981–87 के लिए काउंसिल का अध्यक्ष नियुक्त किया गया। 1980 की शुरुआत में, एक नए राष्ट्रपति डेनियल आराप मोई केन्या में निर्वाचित हुए, जो लगातार प्रजातांत्रिक अधिकारों को कम करने की दिशा में काम कर रहे थे। मथाई ने मोई की राजनीतिक संरचना को बहुदलीय प्रजातंत्र से एक दल सरकार में बदलने की योजना के विरुद्ध अपनी आवाज उठाई। इसके लिए उन्हें अपने मार्ग में लगातार बाधाओं का सामना करना पड़ा और उन्हें सरकार की ओर से धमकियाँ भी मिलीं।

मथाई का राजनीति में पहला प्रत्यक्ष पर्दापण 1982 में हुआ, जब संसदीय सीट, जो उनके गृह निर्वाचन क्षेत्र न्येरी का प्रतिनिधित्व करती थी, खुली थी और उन्होंने उस सीट के लिए चुनाव लड़ने का निर्णय लिया। हालाँकि मोई सरकार के आदेश पर एक तकनीकी बिंदु के आधार पर उनकी उम्मीदवारी रद्द कर दी गई। 1980 के अंत से सरकार मथाई के साथ ही ग्रीन बेल्ट आंदोलन के साथ संघर्ष की ओर बढ़ गई। यह इस कारण हुआ, क्योंकि धीरे-धीरे आंदोलन ने लोगों के प्रजातांत्रिक और मानवाधिकारों की सुरक्षा के लिए संघर्ष को भी सम्मिलित करके अपना क्षेत्र बढ़ा लिया था। इन अधिकारों की सुरक्षा के लिए आंदोलन ने 1988 में प्रजातंत्रीय गतिविधियों को बढ़ा दिया; उदाहरण के लिए इसने मतदाताओं में जागरूकता बढ़ाने का नेतृत्व किया, पंजीकरण के साथ ही संवैधानिक सुधारों के लिए दबाव बनाना और अभिव्यक्ति की स्वतंत्रता के लिए संघर्ष।

1997 के चुनावों में माथाई ने राष्ट्रपति पद के उम्मीदवार के रूप में खड़ा होने का निर्णय लिया, आशा करते हुए कि वह विरोधी राजनीतिक दलों को एकसाथ लाकर मोई के लिए कड़ी चुनौती प्रस्तुत करेंगी। इसके बावजूद कि उन्हें विशाल लोकप्रिय समर्थन मिल रहा था, पार्टी ने मत डालने के कुछ दिन पहले ही उनकी उम्मीदवारी वापस ले ली और वह भी उन्हें बताए बिना। संसद् के लिए हुए चुनावों में भी मथाई असफल रहीं।

जब 2002 चुनावों का समय आया, मथाई ने एक बार फिर मोई को बाहर निकालने की आशा से विरोधी दलों से गठबंधन किया, जिसे रैनबो कोएलिशन नाम दिया गया। दिसंबर 2002 में रैनबो कोएलिशन ने सत्तारूढ़ दल अफ्रीकन नेशनल यूनियन को हरा दिया। मथाई टेटु निर्वाचन क्षेत्र से 98 प्रतिशत मतों के साथ शानदार जीत दर्ज करते हुए संसद् के लिए चुनी गईं। जब केन्या की नौंवी संसद् का सत्र हुआ, मथाई को नए राष्ट्रपति, मवाई किबाकी द्वारा पर्यावरण, प्राकृतिक संसाधनों और वन्य जीवन का सहायक मंत्री नियुक्त किया गया।

हालाँकि 2007 के चुनावों में मथाई अपनी संसदीय सीट बरकरार न रख सकीं, लेकिन तब भी वे केन्या और विश्वभर के कई प्रतिष्ठित संस्थाओं के बोर्डों में अपनी सेवाएँ देती रहीं। 2011 से उनका स्वास्थ्य खराब रहने लगा और उन्हें गर्भाशय का कैंसर होने का पता चला। सितंबर में उन्हें नैरोबी के एक अस्पताल में भरती कराया गया और इसी महीने की 25 तारीख को स्वास्थ्य संबंधी जटिलताओं के कारण उन्की मृत्यु हो गई।

विरासत

मथाई ने लोगों, महिलाओं और पर्यावरण के अधिकारों के लिए बिना थके कार्य किया, जिनके बारे में उनका विश्वास था कि ये सब आपस में जुड़े हुए हैं। सामाजिक-पार्यावरण संबंधी कार्यों, जैसे ग्रीन बेल्ट आंदोलन प्रारंभ करने के अलावा, उन्होंने अफ्रीकी समाज में महिलाओं की स्थिति को सुधारने के साथ ही अफ्रीकी राष्ट्रों में मानवाधिकारों और प्रजातंत्रीय अधिकारों की सुरक्षा के लिए भी अभियान चलाया। बार-बार, तानाशाही सरकारों से मानवाधिकारों, महिलाओं के मुद्दों और पर्यावरण सुरक्षा के मुद्दों पर उनका संघर्ष होता रहा। कई अवसरों पर उन्होंने संयुक्त राष्ट्र में वैश्विक सभाओं को संबोधित किया और महासभा के विशेष सत्रों में महिलाओं के स्वर के रूप में भी अपनी बात सामने रखी। मथाई

को सर्वोच्च पहचान तब मिली, जब उन्हें दीर्घकालीन विकास, प्रजातंत्र और शांति के लिए उनके योगदान के लिए नोबल शांति पुरस्कार से सम्मानित किया गया। उनका स्वीकृति भाषण नि:संदेह उनके उत्साह और प्रतिबद्धता को प्रतिबिंबित करता है, जिसके साथ उन्होंने अपने जीवन में मानव और पर्यावरणीय कल्याण के आदर्शों का अनुसरण किया; मथाई ने प्रबलता से दावा किया कि इसे मान्यता देना कि दीर्घकालीन विकास, प्रजातंत्र और शांति अविभाज्य हैं, एक विचार है, जिसका समय आ चुका है।

□

शिरीन ईबादी

शिरीन ईबादी एक वकील और सामाजिक कार्यकर्ता हैं, जिन्होंने ईरान में मानवाधिकारों की सुरक्षा के लिए अथक कार्य किया है, खासकर महिलाओं और बच्चों के लिए। 1975 में तेहरान जिला न्यायलय की बेंच चौबीस की अध्यक्ष के रूप में नियुक्ति के साथ वे ईरान की पहली महिला न्यायाधीश बन गईं। 1995 में ईबादी ने बच्चों के अधिकारों के समर्थन के लिए एक संस्था की स्थापना की और 2001 में उन्होंने मानव अधिकार रक्षा केंद्र की स्थापना की। मानवाधिकारों और विशेषकर महिलाओं और बच्चों के अधिकारों के क्षेत्र में उनके प्रयासों के लिए, शिरीन ईबादी को 2003 में नोबल शांति पुरस्कार से सम्मानित किया गया।

प्रारंभिक जीवन

ईबादी का जन्म 1947 में ईरान के उत्तरी-पश्चिम में स्थित हमादान शहर में हुआ था। उनके परिवार के सभी सदस्य इसलाम धर्म पर आस्था रखनेवाले थे, जिनका मूल्यों और शिक्षा के प्रति गहरा सम्मान था। उनके जन्म के समय उनके पिता मोहम्मद अली ईबादी हमादान के पंजीकरण कार्यालय के प्रमुख थे। यद्यपि वे एक शिक्षाविद् थे और देश के पहले प्राध्यापक बने, जिन्होंने व्यवसायिक कानून में विशेषज्ञता प्राप्त की थी, जिस पर उन्होंने कई व्याख्यान भी दिए थे और कई पुस्तकें भी लिखीं थीं। शिरीन की माँ एक समर्पित माँ और गृहिणी थीं और वे चाहती थीं कि उनके सभी बच्चे, शिरीन, उनकी दोनों बहनें और एक भाई बड़े होकर अच्छे नागरिक बनें।

जब ईबादी की आयु केवल एक वर्ष थी, उनका परिवार हमादान से राष्ट्रीय राजधानी तेहरान आकर बस गया। उन्होंने अपनी प्रारंभिक शिक्षा फिरूजकुही प्राइमरी स्कूल में शुरू की और बाद में आगे की पढ़ाई के लिए एनोशिरावन डडगार

एंड रेजा शाह कबीर सेकेंडरी स्कूल्स में चली गईं। हाईस्कूल की पढ़ाई पूरी होने के पश्चात् उन्होंने तेहरान यूनिवर्सिटी में कानून की पढ़ाई करने के लिए प्रवेश परीक्षा दी और 1965 में उन्हें वहाँ प्रवेश मिल गया।

साढ़े तीन वर्ष पश्चात् ईबादी ने कानून की डिग्री के साथ अपना ग्रेजुएशन पूरा किया, जिसके पश्चात् उन्होंने न्याय विभाग की परीक्षा देने का निर्णय लिया। न्याय निर्णय में छह महीने की प्रशिक्षुता के पश्चात्, ईबादी ने 1969 में न्यायाधीश के रूप में अपनी सेवाएँ देना प्रारंभ कीं। इसके साथ ही उन्होंने तेहरान विश्वविद्यालय से निजी कानून में अपनी पी-एच.डी. की पढ़ाई भी जारी रखी और 1971 में अपनी डॉक्टरेट की उपाधि प्राप्त की। 1975 में ईबादी को तेहरान जिला अदालत की बेंच 24 के अध्यक्ष पद पर प्रोन्नत किया गया।

इसलामिक क्रांति का प्रभाव

1979 में इसलामिक क्रांति हो गई और इसके साथ ईबादी का पेशेवर उत्कर्ष पीछे छूट गया, क्योंकि नई व्यवस्था के नेताओं का मानना था कि इसलाम में महिलाओं का न्यायाधीश के रूप में सेवाएँ देना वर्जित है, चार अन्य महिला न्यायाधीशों के साथ ईबादी को उनके पद से हटा दिया गया और उन्हें क्लर्क का पद दिया गया।

लैंगिक अन्याय की यह पहली बड़ी घटना थी, जिसका ईबादी ने अपने स्वयं के जीवन में प्रत्यक्ष रूप से सामना किया था और इसने उनके निष्पक्ष व्यवहार और आत्म-सम्मान के स्वाभाविक बोध पर स्थायी प्रभाव डाला, उन्हें उसी न्यायालय में क्लर्क के रूप में कार्य करने के लिए विवश किया गया, जहाँ एक न्यायाधीश के रूप में वे अपनी सेवाएँ देती थीं। इस अपमान के विरुद्ध विरोध का नेतृत्व करने के पश्चात् ईबादी और उनकी महिला सहकर्मियों को विशेषज्ञ के स्तर तक प्रोन्नत किया गया, लेकिन अभी भी न्यायाधीशों के रूप में बहाल नहीं किया गया। यह ईबादी के लिए एक बड़ा झटका साबित हुआ और उन्होंने आगे और अपमानों को सहने के बजाय न्याय विभाग से त्याग-पत्र दे दिया।

इसके पश्चात् ईबादी ने तेहरान में कानून की प्रैक्टिस करने के लिए लाइसेंस के लिए आवेदन किया, लेकिन इसलामिक क्रांति के कारण बार अस्थायी रूप से बंद थी और आदलत की काररवाइयाँ न्याय विभाग द्वारा चलाई जा रही थीं, ईबादी का प्रैक्टिस करने का आवेदन आगे नहीं बढ़ पाया।

मानवाधिकार मामलों की पैरवी करना

न्याय विभाग से त्याग-पत्र देने और फिर कानून की प्रैक्टिस करने के लिए लाइसेंस देने से मना करने के कारण ईबादी के पास करने के लिए कोई काम नहीं था, लेकिन अगले कुछ वर्षों तक उन्होंने अपने आपको पुस्तकों और पत्रिकाओं के लिए लेख लिखने में व्यस्त रखा। उन्होंने पहले ही 1972 में, *क्रिमिनल लॉज* लिखी थी, लेकिन घर में रहने के इन वर्षों के दौरान उन्होंने *दि राइट्स ऑफ दी चाइल्ड; ए स्टडी इन दी लीगल ऑस्पेक्ट्स ऑफ चिल्ड्रंस राइट्स इन ईरान* लिखी, जो 1987 में प्रकाशित हुई। फिर एक के बाद एक 1988 में *मेडिकल लॉ,* 1989 में *वर्क्सस,* 1989 में कॉपी राइट् लॉ और 1991 में *आर्कीटेक्चरल लॉ* उनकी कई पुस्तकें आईं।

अंत में 1992 में खुमैनी की मृत्यु के पश्चात् ईबादी वकालत का लाइसेंस लेने में सफल रहीं, इसके पश्चात् उन्होंने अपनी लीगल प्रैक्टिस प्रारंभ कर दी। मानवाधिकारों और न्याय के लिए उनका जो अनुराग था, उसने उन्हें उन मामलों को लेने के लिए प्रेरित किया, जहाँ पुरुष-प्रधान न्यायिक अदालतों में विजयी होने के अवसर अत्यंत कम थे। इसके साथ ही इसलामिक क्रांति का उद्देश्य व्यक्तिगत स्वतंत्रता के ऊपर धर्म और राज्य का वर्चस्व स्थापित करना था, ईरान में मानवाधिकार उल्लंघन के मामले लगातार हो रहे थे। इन परिस्थितियों के मध्य ईबादी का मानवाधिकार मामलों को समर्थन और विशेष रूप से जहाँ पीड़ित महिलाएँ और बच्चे थे और अधिक साहसपूर्ण प्रमाणित हुए।

मानवाधिकारों के सबसे प्रारंभिक मामलों में से एक जो ईबादी ने सफलतापूर्वक लड़ा, वह था, जिसमें उन्होंने हिज़्ब-ए-मिल्लत-ए-ईरान के संस्थापक और नेता दारिउश फोरूहर के परिवार का प्रधिनित्व किया, जो उस समय ईरान में विपक्षी दल था। दारिउश और उनकी पत्नी परवैनेह की उनके घर में हत्या कर दी गई, संभवत: उनके शिया धर्मतंत्र के खुलेआम विरोध के कारण। ईबादी ने फोरूहर के संबंधियों की ओर से मुकदमा लड़ा, हालाँकि ईरानी अदालत में यह अनसुलझा रहा, लेकिन वे सार्वजनिक विश्वास को तार्किक रूप से विस्तृत करने में सफल रहीं कि ईरान का गुप्तचर विभाग मंत्रालय हत्याओं में सम्मिलित था और उसने हत्याएँ करने के आदेश दिए थे, क्योंकि दारिउश ने हाल ही में मानवाधिकारों के दुरुपयोग के आरोप लगाए थे।

इससे ही मिलता-जुलता एक विद्यार्थी और कवि इज्जत इब्राहिमिनेजाद का मामला था, जिसे 1999 में तेहरान विश्वविद्यालय में प्रदर्शन करने के दौरान गोली मार दी गई। ईबादी ने इज्जत के परिवार की ओर से उनके इस प्रयास में कि सरकार

पर अभियोग चलाया जाए, मुकदमा लड़ा, लेकिन अदालत ने इसे खारिज कर दिया।

हालाँकि वह मामला, जिसने पूरे विश्व का ध्यान आकर्षित किया, वह एक आठ वर्षीय लड़की अरिन गोलशानी की मौत के आस-पास घूमता था, जो ईरान के बाल अभिरक्षा कानूनों के अंतर्गत अपनी माँ से अलग हो गई थी, जो तलाक के मामलों में स्वत: ही पिता को प्रमुख वैध अभिरक्षक बना देता है। अपने नशे के आदी पिता की अभिरक्षा में आने के कुछ ही सप्ताहों के पश्चात् एरिन को मृत पाया गया, संभवत: उसके पिता और सौतेले भाई की प्रताड़ना के कारण। उसकी मृत्यु के समय, एरिन का भार केवल पंद्रह किलो था, जो बड़ी दृढता से इंगित किया कि वह अपने पिता के घर में भूखे मर रही थी। इस मामले में ईबादी ने एरिन की माँ की ओर से मुकदमा लड़ा। शोकसंतप्त महिला की ओर से मुकदमा लड़ने के उनके प्रयास का न केवल पूरे विश्व में मानवाधिकारों पर नजर रखनेवालों पर, बल्कि ईरान में भी गहरा प्रभाव पड़ा। ईबादी ने सशक्त रूप से तर्क दिए कि कुरान में इसके बारे में ऐसा कुछ नहीं है कि पिता को तलाक के मामलों में बच्चे का अनिवार्य अभिरक्षक बना दिया जाए और अगर ईरानी कानून में इसका बलपूर्वक अनुसरण किया जाता है तो यह कुरान की भ्रांत व्याख्या है।

गोलशानी का मामला लड़की के पिता, अली को दो वर्षों की सजा और इसके अतिरिक्त तीन वर्षों की आंतरिक निर्वासन की सजा के साथ समाप्त हुआ। एरिन के सौतेले भाई, रैमटिन को मामले की सुनवाई के दौरान अट्ठारह वर्ष का होने पर छोटी सी लड़की की हत्या करने के लिए फाँसी की सजा सुनाई गई। हालाँकि ईबादी ने घोषणा की कि एरिन का केस लड़ने का उनका अंतिम उद्देश्य सजा दिलाना नहीं था, वास्तविक न्याय तो तब होगा, जब देश के बाल अभिरक्षा कानून में बदलाव किया जाए।

यद्यपि ईरान के बाल अभिरक्षा कानून में अभी तक महिलाओं के पक्ष में बदलाव नहीं आया है, मजलिस या ईरानी संसद् ने एक नया कानून पास किया, जिसमें कहा गया कि संबंधियों या अनाथालयों को उन बच्चों की अभिरक्षा सौंपी जाएगी अगर यह पाया जाएगा कि उनके माता-पिता बच्चे की देखभाल करने में सक्षम नहीं हैं। बाल अभिरक्षा कानून के इस उपचार के पश्चात्, ईबादी ने स्वीकार किया, यह वह नहीं है, जो हम चाहते थे, लेकिन यह आगे की ओर उठाया एक छोटा कदम है।

इसी प्रकार से ईबादी ने कनाडियन-ईरानियन फोटोजर्नलिस्ट जाहरा काजेमी का मुकदमा भी लिया, जिसकी पुलिस अभिरक्षा में ईरानी अधिकारियों द्वारा हत्या

कर दी गई थी। 23 जून, 2003 को काजेमी उत्तरी तेहरान की इविन जेल में उन लोगों के परिवार के सदस्यों की तसवीरें ले रहीं थीं, जो राजनीतिक विरोध में भाग लेने के पश्चात् अपने प्रियजनों के गायब होने के लिए प्रदर्शन कर रहे थे।

जेल अधिकारियों द्वारा जेल में गोपनीय क्षेत्रों की तसवीरें लेने के लिए काजेमी को धमकाया गया, जिसका उन्होंने यह कहकर खंडन किया कि उन्होंने जेल के किसी भाग की तसवीरें नहीं ली हैं, बल्कि केवल गली और प्रदर्शनकारियों की तसवीरें ली हैं, जो उन सक्रियतावादी विद्यार्थियों के परिवार के सदस्य हैं, जो जेल में बंद हैं।

इसके बावजूद कि उसके पास सरकार के द्वारा जारी किया हुआ पास था, काजेमी को गिरफ्तार किया गया और उससे पूछताछ की गई। 11 जुलाई, 2003 को गिरफ्तारी के उन्नीस दिनों पश्चात्, काजेमी बघिय्यातोल्लाह के अल-आजम मिलिटरी अस्पताल में पुलिस अभिरक्षा में मृत पाई गईं। ईबादी ने काजेमी के परिवार की ओर से अदालत में मुकदमा लड़ा। कोर्ट ट्रायल कुछ महीनों बाद पूछताछ करनेवाले दोनों अधिकारियों की दोषमुक्ति के साथ समाप्त हो गया, जिन्हें पहले गिरफ्तार किया गया था और निर्णय सुनाया गया कि काजेमी की मृत्यु आकस्मिक थी। यद्यपि ईबादी पीड़ित के लिए न्याय नहीं प्राप्त कर पाईं, लेकिन इस मामले ने अंतरराष्ट्रीय पर्यवेक्षकों का ध्यान आकृष्ट किया कि इस घटना में कैसे न्याय को कुचला गया है और पूरे विश्व में जनाक्रोश भड़क गया। अधिक महत्त्वपूर्ण था कि बच्चों के विरुद्ध होनेवाली हिंसा के सभी रूपों को निषिद्ध करने पर एक कानून को अंगीकार करने के लिए इसलामिक कंसल्टैटिव असेंबली (मजलिस) में एक प्रस्ताव रखा गया; इसके परिणामस्वरूप इस कानून पर बहस की गई और 2002 की गर्मियों में इसकी अभिपुष्टि की गई।

उनका लेखन

मानवाधिकारों के मामले लड़ने के अतिरिक्त ईबादी ने कई पत्रकारों या उनके परिवारों की ओर से मुकदमें लड़े, उनकी अभिव्यक्ति की स्वतंत्रता का उपयोग करके, जिनका मानना था कि ईरानी कानून अनुचित है। पत्रकार, जिन्हें ईरान की सरकार द्वारा गिरफ्तार किया गया, उनमें हबीबुल्लाह पेमैन को अभिव्यक्ति की स्वतंत्रता पर लेख लिखने और भाषण देने के कारण, अब्बास मारूफी, मासिक *गैरडोउन* के प्रधान संपादक को कई साक्षात्कार और कविताएँ प्रकाशित करने के

लिए इसके साथ ही मासिक *अदिनेह* के प्रधान संपादक फराज सरकुही थे। ईबादी ने इन सभी लेखकों या पत्रकारों की पैरवी की, यद्यपि वे हमेशा सरकार के विरुद्ध जीत नहीं पाईं, लेकिन सबसे महत्त्वपूर्ण तथ्य यह था कि पत्रकारों की ओर से एक सशक्त प्रतिवाद तैयार होने लगा। इसका अर्थ था कि ईरान में अभिव्यक्ति की स्वतंत्रता का संघर्ष जारी था, अगले दिन जीने के लिए।

अपने मुकदमों में व्यस्त होने के बावजूद ईबादी लगातार मानवाधिकारों और महिलाओं के अधिकारों के मुद्दों पर पुस्तकें लिखती रहीं। 1993 में उनकी पुस्तक *दी राइट्स ऑफ रिफ्यूजी* प्रकाशित हुई और इसी वर्ष उन्होंने *हिस्ट्री एंड डॉक्युमेंटेशन ऑफ ह्यूमन राइट्स इन ईरान* भी लिखी।

दो वर्ष पश्चात्, *ट्रेडिशन एंड माडेर्निटी* प्रकाशित हुई जो ईबादी ने मोहममद जमिरान के साथ मिलकर लिखी थी। 1997 में उन्होंने *चिल्ड्रंस कम्पैरैटिव लॉ* लिखी और 2002 में *दी राइट्स ऑफ वीमन* प्रकाशित हुई। वे लगातार पूरे विश्व में विविध देशों जैसे ईरान, फ्रांस, बेल्जियम, स्वीडन, स्विट्जरलैंड, ब्रिटेन और अमेरिका में अकादमिक सम्मेलनों और गोष्ठियों में बोलती रहीं।

1990 के मध्य से, ईबादी ने दूसरे मानवाधिकार कार्यकर्ताओं के साथ मिलकर कई संगठनों की स्थापना की, जो मानवाधिकारों के पीड़ितों के मामले उठाते थे और जो ईरान में महिलाओं और बच्चों के अधिकारों के लिए अभियान चलाते थे। वे 1995 में स्थापित एसोशिएशन फॉर सपोर्ट ऑफ चिल्ड्रंस राइट्स की सह-संस्थापक थीं और 2001 में चार अन्य वकीलों के साथ मिलकर उन्होंने ह्यूमन राइट्स डिफेंस सेंटर की स्थापना की।

मानव अधिकारों के क्षेत्र में उनके सारे कार्यों के लिए ईबादी को कई अंतरराष्ट्रीय पुरस्कारों और सम्मानों से सम्मानित किया गया। 2001 में उन्हें उनके मानवाधिकारों के लिए किए गए कार्यों के लिए नार्वे में राफ्टो ह्यूमन राइट्स फाउंडेशन प्राइज दिया गया और 2003 में उन्हें नोबल शांति पुरस्कार प्रदान किया गया, इस प्रकार से वे ईरान और किसी मुसलिम देश की पहली महिला बनीं, जिन्होंने विश्व प्रसिद्ध नोबल पुरस्कार प्राप्त किया। पुरस्कार प्राप्त करने के पश्चात् अपने संबोधन में ईबादी ने इस बात पर बल दिया कि मानवाधिकार ही स्वतंत्रता, न्याय और शांति के एकमात्र प्रतिभू हैं। अगर मानवाधिकार विधिवत् कानूनों में व्यक्त होने या राज्य द्वारा कार्यान्वित किए जाने में सफल नहीं हो पाते हैं, तब मानवों के पास कोई विकल्प नहीं बचेगा अत्याचार और दमन के विरुद्ध विद्रोह करने के अलावा।

निरंतर संघर्ष

इसके बावजूद कि ईबादी को कई अंतरराष्ट्रीय पुरस्कारों और सम्मानों से सम्मानित किया गया, उनके देश में ही उनकी सुरक्षा को सुनिश्चित नहीं किया जा सका। 2008 में, जब उन्होंने ईरान में आधिकारिक अत्याचार के विरुद्ध अल्पसंख्यक समुदाय का बचाव करना प्रारंभ किया, उन्हें गिरफ्तार करने, उनके परिवार के साथ हिंसा करने और यहाँ तक कि ईरान सरकार के द्वारा उनकी हत्या कराने की धमकियाँ मिलने लगीं। दिसंबर 2008 में ईरानी सरकार ने बलपूर्वक *सेंटर फॉर उफेंडर ऑफ ह्यूमन राइट्स* को तोड़ दिया, ईबादी जिसकी सह-संस्थापक थीं। अधिकारियों ने उनके निजी कार्यालय पर छापा मारा और उनके कंप्यूटर और फाइलें जब्त कर लीं, जिसमें उन पीड़ितों की संवेदनशील सूचनाएँ थीं, जिनके मुकदमें वह लड़ रही थीं। 2009 में ईबादी को ईरान छोड़कर ब्रिटेन जाने के लिए विवश किया गया और तब से वे वहीं निर्वासन में रह रही हैं। वे अपनी मातृभूमि में वापस नहीं लौट पा रही हैं, यहाँ तक कि उनके पति अभी भी वहीं रह रहे हैं। 2012 में ईबादी ने लंदन में आयोजित पहली ट्रस्ट वीमन कॉन्फ्रेंस में भाग लिया। यहाँ उन्होंने एक बार फिर ईरान के संविधान में लिंग-विभेद कानून में संशोधन करने की आवश्यकता की बात कही।

ईबादी का मानवाधिकार के लिए संघर्ष अभी भी जारी है और वे ईरान में लोगों के साथ किए जानेवाले अनुचित व्यवहार को चुनौती देने का कोई अवसर नहीं चूकतीं। वे कहती हैं, मानवाधिकार एक सार्वभौमिक मानक है। यह प्रत्येक धर्म और प्रत्येक सभ्यता का एक घटक है।

□

अयान हिर्सी अली

अयान हिर्सी अली विश्व की महिला अधिकारों के लिए लड़नेवाले अग्रणी योद्धाओं में से एक हैं, दमनात्मक धार्मिक प्रथाओं और विशेष रूप से महिला जननांग को छेदने की प्रथा से उनकी मुक्ति के लिए। सोमालिया में जनमी अली एक लेखक, सामाजिक कार्यकर्ता और राजनीतिज्ञ हैं, जो डच संसद् की सदस्य रहीं, लेकिन बाद में उन्हें तब त्याग-पत्र देना पड़ा जब नीदरलैंड में राजीतिक आश्रय के लिए दिए उनके प्रार्थना पत्र में गलत जानकारियाँ देने के कारण वे विवादों में आ गईं। अंततः उन्हें अमेरिकी नागरिकता प्राप्त हो गई, लेकिन वे लगातार खानाबदोशी का जीवन जीती रहीं, क्योंकि उन्हें अतिवादी इसलाम धर्म के समर्थकों से खतरा था। अली को उनके अतिवादी इसलाम के निडर विरोध और जननांगों के छेदन की प्रथा के विरोध के लिए कई अंतरराष्ट्रीय उपाधियों और सम्मानों से सम्मानित किया गया।

प्रथा की पृष्ठभूमि

इतिहास के अधिकतर भाग में महिलाएँ समाज के सर्वाधिक वंचित वर्गों में से हैं। पितृतंत्र के साथ या इसके रूपभेद सभी समय और स्थानों पर सामाजिक संस्था का प्रभावी रूप होने के कारण महिलाओं ने लंबे समय से धर्म, संस्कृति और सरकार के आदेश सहे थे और अगर कुछ देशों को छोड़ दिया जाए तो आज भी यही स्थिति है। सर्वाधिक उग्र घटनाओं में से एक है महिला जननांग छेदन, जहाँ दमन के तीनों स्रोत साथ आ जाते हैं। महिलाओं की खतना या जननांग परिच्छेदन की उत्पत्ति रहस्यों में लिपटी हुई है। यह एक प्राचीन प्रथा है, जो अब्राहमिक धर्मों से भी पहले की है और जिसके बारे में माना जाता है कि इसका अस्तित्व प्राचीन मिस्र, इथोपिया और ग्रीस में था। समय के साथ इस प्रथा को धार्मिक, भौगोलिक और

सामाजिक स्तर प्राप्त हो गया। 1997 में विश्व स्वास्थ्य संगठन (डब्ल्यू.एच.ओ.), यूनाइटेड नेशंस चिल्ड्रन फंड और युनाइटेड नेशंस पाप्युलेशन फंड ने एक संयुक्त वक्तव्य जारी किया, जिसमें महिला जननांग को काटने को परिभाषित किया गया, सभी प्रक्रियाएँ, जिसमें महिला के जननांग के बाहरी भाग को पूर्ण या आंशिक रूप से निकाला जाए या महिला के जननांगों को दूसरी क्षति पहुँचाई जाए, चाहे वह संस्कृति के लिए हो या दूसरे उपचारात्मक कारणों के लिए। इसने जागरूकता बढ़ाई कि आवश्यकता है कि इस प्रथा को एक सांस्कृतिक महत्ता दिखानेवाले के रूप में न देखा जाए, बल्कि इसे मानव अधिकार मामले के रूप में देखा जाए। वर्तमान में एफजीसी का प्रचलन मुख्यत: मध्य और पश्चिमी अफ्रीका के भागों, जैसे इथोपिया, इरिटरिया और केन्या, बेनिन, सिएरा लियोन, गाम्बिया, सोमालिया, उत्तरी सूडान और ड्जीबाउटी में है।

इन समुदायों में से अधिकतर में इसे एक महत्त्वपूर्ण धार्मिक और सांस्कृतिक प्रथा के रूप में मान्यता प्राप्त है। इसे मुख्यत: उस समारोह के प्रारंभ के एक भाग के रूप में देखा जाता है, जिसमें युवा लड़के और लड़कियों को समुदाय में वयस्क का स्तर दिया जाता है। समाजशास्त्रियों के अनुसार, रक्त की आकृतियों का फैलना प्राथमिक संबंध का प्रतीक माना जाता है, जो युवा लड़की अपने समुदाय की दूसरी महिलाओं के साथ साझा करती है और इस प्रकार के धार्मिक कृत्यों का घनिष्ठ समूहों में अत्यधिक महत्त्व है। सामाजिक स्तर पर खतना का संस्कार उस समय को चिह्नित करता है, जब लड़की को महिला के रूप में घोषित कर दिया जाता है और जिसके पश्चात् उसके लिए परिवार या समुदाय के द्वारा वर की खोज प्रारंभ की जा सकती है।

प्रारंभिक जीवन

हिर्सी अली का जन्म 13 नवंबर, 1969 में मोगादिशु सोमालिया में हुआ। उनके पिता हिर्सी मैगन इस्से सोमाली साल्वेशन डेमोक्रेटिक फ्रंट के अग्रणी सदस्य और सोमालिया की क्रांति के सबसे महत्त्वपूर्ण व्यक्तित्वों में से एक थे। अयान के जन्म के कुछ समय पश्चात् ही उनके पिता को सियाद बार्रे सरकार का विरोध करने के कारण प्रशासन ने गिरफ्तार कर लिया। अपनी पाश्चात्य शिक्षा के कारण मैगान इस्से खतना की प्रथा का समर्थन नहीं करते थे, लेकिन उनके कारावास के दौरान, उनकी माँ ने हिर्सी अली को इस पीड़ादायक अनुभव से गुजरने के लिए

विवश किया, जब उनकी उम्र केवल पाँच वर्ष थी।

मैगान इस्से जेल से भागने में सफल रहे, जिसके पश्चात् वे पहले अपने परिवार को सऊदी अरेबिया और फिर इथोपिया ले गए। अंततः वे केन्या के नैरोबी आ गए और वहीं एक सुखद मध्यमवर्गीय परिवेश में बस गए। हिर्सी अली ने मुसलिम गर्ल्स सेकेंडरी स्कूल में प्रवेश ले लिया, जहाँ उन्होंने अंगरेजी के साथ दूसरे आधुनिक विषयों में शिक्षा प्राप्त की। हालाँकि अस्सी के दशक के दौरान, सऊदी अरब ने इसलाम के द्वारा अतिवाद की नीति को प्रारंभ किया, जिसमें प्राथमिक रूप से किशोरों और युवाओं की शैक्षणिक संस्थाओं को निशाना बनाया। अपनी उम्र की कई अन्य लड़कियों के समान हिर्सी अली भी इसलाम की रूढ़िवादी शिक्षाओं से अत्यधिक प्रभावित हुईं और उन्होंने अपनी जीवनशैली में परिवर्तन लाना भी प्रारंभ कर दिया। वे स्कूल जाने के लिए हिजाब पहनने लगीं। इस दौरान हिर्सी अली ने भारतीय मूल के ब्रिटिश लेखक सलमान रशदी के उनकी पुस्तक सैटेनिक वर्सेस में इसलाम की आलोचना करने के कारण जारी किए फतवे का भी समर्थन किया। सेकंडरी स्कूल की पढ़ाई पूरी करने के पश्चात्, हिर्सी अली ने एक वर्षीय साचिविक पाठ्यक्रम के अध्ययन के लिए नैरोबी के वैली सेक्रेटैरियल कॉलेज में प्रवेश ले लिया।

नीदरलैंड्स में जीवन

1992 में हिर्सी अली अपने किसी रिश्तेदार से मिलने नीदरलैंड्स आईं। उससे बहुत पहले जब उन्होंने इस देश में राजनीतिक शरण के लिए आवेदन किया था, अपने दादा के प्रारंभिक उपनाम का उपयोग करके और सामान्य आठ महीने के लंबे प्रतीक्षाकाल के विपरीत उन्हें शीघ्र ही तीन सप्ताहों में आवासी-अनुमति पत्र प्राप्त हो गया।

प्रारंभ में हिर्सी अली ने जीविकोपार्जन के लिए छोटी-मोटे कार्य किए। इसी प्रकार के एक प्रसंग में उन्होंने रोट्टरडैम में एक शरणार्थी केंद्र में एक व्याख्याकार के रूप में कार्य किया। इस कार्य के एक भाग के रूप में उन्हें दमन, प्रताड़ना और खतना की भयावह कहानियाँ, जो महिलाओं द्वारा भोगी गई थी, को सुनना और उनका अनुवाद करना पड़ता था। यह वह अनुभव था, जिसने हिर्सी अली के मन पर एक स्थायी प्रभाव छोड़ा था और इस बारे में संदेहों के पहले बीजों को बो दिया कि कैसे महिलाओं को कठोर पितृसत्तात्मक संस्कृतियों में पीड़ाएँ भोगनी पड़ती हैं।

इसी दौरान हिर्सी अली ने आगे पढ़ाई करने का निर्णय लिया। उन्होंने डच में पढ़ाई करना प्रारंभ कर दी और सामाजिक कार्य के एक वर्ष के प्रारंभिक पाठ्यक्रम का अध्ययन करने के लिए ड्राईवर्जन के डी होर्स्ट इंस्टीट्यूट फॉर सोशल वर्क में प्रवेश ले लिया। इन सब प्रशिक्षणों ने उन्हें उनके एक स्वतंत्र व्याख्याकार के रूप में बेहतर कार्य करने में सहायता की, जो उन्होंने 1995 से 2001 तक किया। अपने कार्य के दौरान वे शरण केंद्रों, दुर्व्यवहार की पीड़ित के लिए बनी सरायों में अफ्रीकी महिलाओं के संपर्क में आईं और इन महिलाओं के प्रति उनकी प्रारंभिक धारणा कि इन महिलाओं को सहायता की आवश्यकता है, और दृढ हो गई।

अपनी स्नातक की उपाधि प्राप्त करने के पश्चात् हिर्सी अली एक सदस्य के रूप में विराडी बेकमैन फाउंडेशन से जुड़ गईं। यह एक वैज्ञानिक प्रकृति पर आधारित संस्थान थी, जिसका वामपंथ की ओर झुकाववाली लेबर पार्टी से निकट संबंध था। जब हिर्सी अली ने नई सभ्यता और सोचने के नए अंदाज को अनुभव करना शुरू ही किया था, वर्ल्ड ट्रेड सेंटर पर 11 सितंबर को आक्रमण हो गया। जिस प्रकार से इसलाम धर्म के रूढ़िवादी उस आक्रमण को उचित ठहरा रहे थे, जिसमें हजारों निर्दोष लोगों ने अपनी जान गँवा दी थी, हिर्सी अली ने इस स्थिति में अपने-आपको को बहुत भयभीत पाया।

यह संक्रमण के काल को चिह्नित करता है, जिसमें हिर्सी अली ने पारंपरिक धर्म जैसे इसलाम में विश्वास के पाश्चात्य उदारवाद की ओर चलना प्रारंभ कर दिया था, अंततः वे नास्तिकता पर पहुँच गईं। एक नास्तिक बनने के उनके निर्णय को जिन सबसे महत्त्वपूर्ण चीजों ने तीव्र किया, उनमें से लेडन दार्शनिक हर्मन फिलिप्से द्वारा लिखित *दी एथीस्ट मैनिफेस्टो* (*एथियासटिस्च मैनिफेस्ट*) था। 2002 में, उन्होंने औपचारिक रूप से इसलाम त्याग दिया और स्वयं को नास्तिक घोषित कर दिया। अपने निर्णय के परिणामस्वरूप हिर्सी अली ने इसलाम और रूढ़िवादी इसलामिक संस्कृति पर अपनी प्रत्यालोचनाओं पर व्याख्यान देना, पुस्तकें और लेख लिखने के साथ ही टेलीविजन और रेडियो शो में आना प्रारंभ कर दिया। आश्चर्यजनक नहीं कि उन्हें इसलामिक आतंकवादी संगठनों से जान से मारने की धमकियाँ मिलने लगीं, उन्होंने उन पर उनके धर्म का अपमान करने के आरोप लगाए और इस पर बल दिया कि इसका मूल्य उन्हें अपनी जान देकर चुकाना पड़ेगा।

इसी दौरान हिर्सी अली देश की राजनीति में अधिक से अधिक रुचि लेने लगीं। लेबर पार्टी के साथ उनकी सुरक्षा व्यवस्थाओं पर मतभेद होने के बाद वे दक्षिण-पंथी पीपल्स पार्टी में शामिल हो गईं। 2003 में हिर्सी अली संसदीय चुनावों

में उम्मीदवार बनाई गईं। प्रचार अभियान के दौरान उन्होंने नीदरलैंड्स में मुसलिम महिलाओं और लड़कियों के साथ किए जानेवाले दुर्व्यवहार के मामलों से निपटने में ढिलाई बरतने के लिए डच वेलफेयर स्टेट पर तीव्र प्रहार किए। हिर्सी अली ने कई लोगों को आश्चर्यचकित कर दिया, जब केवल तैंतीस वर्ष की आयु में और वह भी तब, जब उन्हें अभी भी राजनीतिक रूप से नौसिखिया माना जाता था, चुनाव जीत लिया और डच संसद् की सदस्य बन गईं।

इसके बाद हिर्सी अली ने डच फिल्म निर्माता थियो वान गोघ के साथ मिलकर एक फिल्म का निर्माण किया, जो इसलाम में महिलाओं के द्वारा भोगे जानेवाले दमन पर केंद्रित थी। इस फिल्म ने अतिवादी मुसलिमों में रोष भड़का दिया। उन्होंने वान गोघ और हिर्सी अली के विरुद्ध हत्या की धमकियाँ जारी कीं। 2 नवंबर, 2004 को मोरक्को के एक 26 वर्षीय इसलामवादी मोहम्मद बौयेरी, जो कथित रूप से मुसलिम आतंकवादी संगठन होफस्टैड समूह से जुड़ा हुआ था, एम्सटरडम स्ट्रीट में वान गोघ की हत्या कर दी। जिस जघन्यता से वान गोघ की हत्या की गई थी और जो स्पष्ट टिप्पणी उसने हिर्सी अली को धमकाते हुए घटनास्थल पर छोड़ी थी, उसने उन्हें अपनी सुरक्षा के लिए भयभीत कर दिया। हालाँकि डच पुलिस ने उनकी सुरक्षा का स्तर बढ़ा दिया, इंटरनेट और दूसरे माध्यमों से लगातार मिल रही हत्या की धमकी की घटनाओं के बाद, हिर्सी अली गुप्त स्थान पर छिप गईं। कई महीनों तक वे एक गुप्त स्थान से दूसरे स्थान पर जाती रहीं और उन्होंने कुछ महीने संयुक्त राज्य अमेरिका में भी बिताए।

18 जनवरी, 2005 को हिर्सी अली ने डच संसद् में लौटने का एक साहसी कदम उठाया और एक महीने बाद उन्होंने अपने निवास स्थान को भी सार्वजनिक कर दिया। इसके पश्चात् वे अभिव्यक्ति की स्वतंत्रता के पक्ष में और सर्वसत्तावाद के सभी रूपों के अपने विरोध, चाहे वह धर्म में हो या राजनीति में; खुलकर सामने आईं। जो मुद्दे उन्होंने उठाए, उनमें महमूद अहमदीनेजाद की यहूदियों के विध्वंस के निष्पक्ष प्रमाण की माँग; हिर्सी ने ध्यान दिया कि इस प्रकार का यहूदी-विरोधी दृष्टिकोण, मध्य-पूर्व में अत्यधिक फैला हुआ था, जहाँ बच्चों को कभी भी होलोकास्ट या यहूदियों के विध्वंस के बारे में नहीं पढ़ाया जाता था।

2005 में डेनमार्क का समाचार-पत्र *जायलैंड्स-पोस्टेन* विवादों में फँस गया, जिसमें मुसलिमों ने समाचार-पत्र में पैगंबर मोहम्मद के कई कार्टून छापने का विरोध किया था। यह मुद्दा शीघ्र ही बहुत बढ़ गया और विश्वभर में इसका विरोध होने लगा, कुछ मुसलिम देशों में दंगे भड़कने के साथ-साथ हिंसक प्रदर्शन हुए। इसकी

प्रतिक्रिया में प्रबुद्ध लोगों के एक समूह ने, जिसमें हिर्सी अली भी सम्मिलित थीं, एक पत्र निकाला—घोषणा-पत्र: एकसाथ नए सर्वसत्तावाद का सामना कर रहे हैं शीर्षक के साथ, प्रेस की स्वतंत्रता और अभिव्यक्ति की स्वतंत्रता के साथ अपनी पूर्ण एकता प्रदर्शित करने के लिए।

मई 2006 में हिर्सी अली ने स्वयं को उन विवरणों के बारे में विवादों के केंद्र में पाया, जो उन्होंने राजनीतिक शरण पानेवाले आवेदन में प्रस्तुत किए थे। उन पर आरोप लगे कि उन्होंने अपनी पारिवारिक पृष्ठभूमि, निवास स्थान और परिस्थितियों के बारे में गलत सूचनाएँ जमा कराईं कि वे बलपूर्वक किए जानेवाले विवाह से बचकर भाग रही थीं, जो शरण को आवश्यक बनाता था। 16 मई को हिर्सी अली ने स्वीकार किया कि उन्होंने आवेदन में झूठ लिखा था और इसके पश्चात् उन्होंने संसद् से त्याग-पत्र दे दिया। इसके तुरंत बाद मीडिया में खबरें आईं कि उन्हें संभवत: अपनी डच नागरिकता भी खोना पड़ सकती है, लेकिन संसद् में एक लंबी भावनात्मक चर्चा के पश्चात्, अधिकतर दलों ने एक प्रस्ताव पारित किया कि सरकार हिर्सी अली की नागरिकता रद्द करने के अपने निर्णय पर पुनर्विचार करे। अंत में हिर्सी अली को अपना डच पासपोर्ट और निवासीय आज्ञा पत्र रखने की अनुमति प्रदान कर दी गई, जो उन्हें राजनीतिक शरणार्थी होने के आधार पर जारी किया गया था।

संयुक्त राज्य जाकर बसना

उनकी नागरिकता के विवादों के परिणामस्वरूप हिर्सी अली ने पाया कि यह अधिक तर्कसंगत होगा कि वे संयुक्त राज्य अमेरिका चली जाएँ। 2006 में वे वाशिंगटन डी.सी. के अमेरिकन एंटरप्राइज इंस्टीट्यूट में शिक्षक के रूप में कार्य करने लगीं और तब से वे इस संस्थान से जुड़ी हुई हैं। 25 सितंबर, 2007 को हिर्सी अली को संयुक्त राज्य अमेरिका का स्थायी आवासीय कार्ड मिल गया।

महिलाओं के अधिकार

हिर्सी अली का महिलाओं की खतना का अपना स्वयं का अनुभव और बाद में दूसरी महिलाओं के साथ उनकी बातचीत, जो इस भयभीत करनेवाली प्रथा से गुजरी हैं, उन्हें गहराई से प्रभावित किया। उन्होंने पश्चिमी उदारवादी समाज में अपनी स्थिति का उपयोग इस बर्बर प्रथा के विरुद्ध करने के लिए निर्णय लिया। डच

संसद् की सदस्य होने के रूप में हिर्सी अली ने वार्षिक मेडिकल जाँचों को सभी युवा आप्रवासी लड़कियों के लिए आवश्यक बना दिया, जो अफ्रीका या मध्य-पूर्व सभ्यताओं से आई थीं, जहाँ महिलाओं की खतना करना सामान्य था। उनके प्रस्तावों में यह बिंदु भी था कि अगर मेडिकल जाँच में कोई डच लड़की ऐसी पाई जाए, जिसकी खतना की गई है, जाँच करनेवाले फिजिशियन द्वारा रिपोर्ट पुलिस को दी जानी चाहिए। हालाँकि कुछ लोगों ने तर्क दिए कि यह व्यवस्था बच्चे की निजता पर आक्रमण है, हिर्सी अली अपनी बात पर दृढ रहीं कि इन मामलों में सुरक्षा को निजता से बड़ा सरोकार बनाना चाहिए।

अभी तक हिर्सी अली ने कई पुस्तकें लिखी हैं, जो अधिकतर आत्मकथा की शैली में लिखी गईं हैं। द इनफिडलः माई लाइफ में बचपन से लेकर और इसलाम धर्म की अनुयायी से नास्तिक बनने की उनकी यात्रा का वर्णन करती हैं। नोमैडः फ्रॉम इसलाम टू अमेरिकाः ए पर्सनल जर्नी थ्रू दी क्लैश ऑफ सिविलाइजेशंस में वे एक निरंतर खानाबदोश के रूप में अपनी पहचान तलाशती हैं, क्योंकि उनकी हत्या की धमकिर्या दी गई थीं, जिसने उन्हें लगातार एक स्थान से दूसरे स्थान जाने के लिए विवश किया। दी केज्ड वर्जिनः एन इमेनसिपेशन प्रोक्लैमेशन फॉर वीमन एंड इसलाम पर सत्रह निबंधों और लेखों का संग्रह है।

कई विवादों के बावजूद जिन्होंने समय-समय पर उनका पीछा किया, हिर्सी अली शांत रहीं। वे लगातार रूढ़िवादी धर्मों में महिलाओं के दमन के विरुद्ध बोलती रहीं और बच्चों व महिलाओं के अधिकारों की बेहतर सुरक्षा के लिए धार्मिक दबावों के सामने झुके बिना या बिना राजनीतिक सत्यता के भी आवाज उठाती रहीं। 2007 में हिर्सी अली ने एक गैर लाभवाले मानवतावादी संगठन की स्थापना की, जिसका नाम उन्होंने ए.एच.ए. फाउंडेशन रखा और इसके अध्यक्ष का पदभार सँभाला। ए.एच.ए. का उद्देश्य अमेरिका की धरती पर इसलाम और हानिकारक जनजातीय प्रथाओं से, जो अंतरराष्ट्रीय परंपराओं के साथ ही अमेरिकी कानून का उल्लंघन भी है, महिलाओं और लड़कियों के अधिकारों को सुरक्षित रखना है।

वर्तमान में हिर्सी अली ब्रिटिश इतिहासकार निऑल फर्ग्युसन से विवाहित हैं और दोनों के एक पुत्र का जन्म दिसंबर 2011 को हुआ था, जिसका नाम थॉमस है।

उपसंहार

अब मानवाधिकारों के बारे में लगभग विश्व के सभी भागों में जागरूकता

फैलने के साथ ऐसा लगता है कि महिलाओं या दूसरे पारंपरिक रूप से दमित वर्गों के प्रति घोर दुर्व्यवहार के दिन समाप्त हो चुके हैं, हालाँकि समकालीन वैश्विक परिस्थितियों में कुछ निश्चित परिवर्तन हो रहे हैं, उसने यह अत्यावश्यक बना दिया है कि मानवाधिकारों की सुरक्षा के लिए जो सतर्कता है, उसे छोड़ा न जाए।

रूढ़िवादिता का विकास, चाहे धर्म में हो या संस्कृति में, महिलाओं और बच्चों के अधिकारों की सुरक्षा करने में सबसे बड़ी चुनौती बनकर उभरा है। संसार के कई भागों में, धर्म की उग्र और अतिरूढ़िवादी समझ की वापसी हुई है, जिसने महिलाओं पर नए प्रतिबंध थोपे या उन्हें वापस लाया गया, जिनका अस्तित्व बहुत पहले था।

चिंता का दूसरा स्रोत प्राकृतिक संसाधनों की अनियंत्रित क्षति है, विशेषकर वनों और हरियाली का विनाश, जो अकाल, सूखे, बाढ़, विवशतापूर्ण विस्थापन और दूसरे प्रकार के सामाजिक-आर्थिक विनाशों की ओर ले गया। इसलिए आम जनता को पर्यावरण अनुकूल आदतें अपनाने के लिए मनाने की गतिविधियाँ, दीर्घकालिक विकास को सुस्थिर करने के लिए और भ्रष्ट सरकार तथा अति लोभी उद्योगपतियों के गुट से संघर्ष करने की गतिविधियाँ अत्यधिक तीव्रता से चलाई जा रही हैं, जो अपने थोड़े से लाभ के लिए धरती का सौदा करने से पहले दो बार नहीं सोचते।

इसलिए इसके बावजूद कि मानवता की स्थिति कुछ शताब्दियों पहले की तुलना में बेहतर हुई है, सामाजिक सजगता और सुधारों की आवश्यकता अभी भी बनी हुई है। वास्तविक और स्थायी वैश्विक शांति के लिए, यह अत्यावश्यक है कि जनसंख्या के सभी वर्गों को स्वतंत्रता और गरिमा के साथ ही वातावरण के साथ समन्वय में रहने दिया जाए।

□□□